Natalie Zemon Davis

Frauen und Gesellschaft am Beginn der Neuzeit

Studien über Familie, Religion und die Wandlungsfähigkeit des sozialen Körpers

Aus dem Amerikanischen von Wolfgang Kaiser

Verlag Klaus Wagenbach Berlin

Der Band wurde von der Autorin in Zusammenarbeit mit dem Verlag zusammengestellt.

1986 Verlag Klaus Wagenbach Ahornstraße 4 1000 Berlin 30
Lektorat: Thomas Schmid
Umschlaggestaltung: Rainer Groothuis unter Verwendung des Bildes *Marktszene* von Pieter Aertsen (Bildarchiv Preußischer Kulturbesitz)
Satz und Druck: Poeschel & Schulz-Schomburgk, Eschwege
Gesetzt aus der Borgis Walbaum Antiqua Linotype
Bindung: Druckerei Wagner, Nördlingen

ISBN 3 8031 3531 1

Inhalt

Bindung und Freiheit
Die Grenzen des Selbst im Frankreich des sechzehnten Jahrhunderts 7

Die Geister der Verstorbenen, Verwandtschaftsgrade und die Sorge um die Nachkommen
Veränderungen des Familienlebens in der frühen Neuzeit 19

Glaube und nachbarschaftliche Beziehungen
Die Steine von Sainte-Croix 52

Das Heilige und der gesellschaftliche Körper
Wie widerstreitende Glaubensformen den städtischen Raum im Lyon des sechzehnten Jahrhunderts prägten 64

Skandal im »Hôtel-Dieu«
Die verkehrte Welt eines Hospitals in Lyon 93

Die Gaben des Michel de Montaigne
Ein Renaissancetext, mit historischem Blick gelesen 108

Gesellschaft und Geschlechter
Vorschläge für eine neue Frauengeschichte 117

Anmerkungen 133
Quellen 172
Zur Autorin 173

Bindung und Freiheit

Die Grenzen des Selbst im Frankreich des sechzehnten Jahrhunderts

Im Widerspruch zu Jacob Burckhardts berühmtem Ausspruch möchte ich zeigen, daß die Entdeckung des Selbst im Frankreich des 16. Jahrhunderts in einer bewußten Beziehung zu den Gruppen geschah, denen man angehörte; daß in einem Jahrhundert, in dem die Grenzen um das – geistige wie körperliche – Selbst nicht immer klar und fest umrissen waren, Männer und Frauen gleichwohl Strategien entwickeln konnten, die auf Selbstfindung und Autonomie zielten; daß das größte Hindernis für eine Bestimmung des Selbst nicht darin bestand, in einer Gemeinschaft eingebettet, sondern machtlos und arm zu sein. »Alle meine Hoffnung beruht auf mir selbst«, sagte, Terenz zitierend, Montaigne. »Das ist etwas, das jeder vermag, aber leichter diejenigen, die Gott mit den natürlichen und dringlichen Notwendigkeiten versehen hat.«[1]

Praktisch alle Gelegenheiten, über das Selbst zu sprechen oder zu schreiben, schlossen eine Beziehung ein: die Beziehung zu Gott oder zum Beichtvater und zu Gott; das Verhältnis zu einem Freund oder Liebhaber; und vor allem die Beziehung zur Familie und zur Lineage. Mit den beiden letzteren möchte ich mich hier beschäftigen, denn die von ihnen gezogenen Grenzen wurden im 16. Jahrhundert auch dann noch aufrechterhalten, wenn religiöse Verfolgung oder erzwungene Migration die durch Nation oder Beruf definierten geschwächt hatten. Kinder starben jung, Witwer heirateten wieder, Stiefschwestern drängelten sich mit Schwestern, Witwen und ältere Brüder blieben übrig, um die Familie durchzubringen. Trotz all dieser Unwägbarkeiten des Lebens wurde am Leitbild der patriarchalischen Familie nicht gerüttelt. Die Ehe betreffende Gewohnheitsrechte und Bräuche variierten von Provinz zu Provinz und von Klasse zu Klasse, und die Erbregelungen noch stärker – aber die Familie wurde überall als eine Einheit begriffen, aus der man Identität, eine Mitgift oder ein Erbe bezog und, wenn möglich gemehrt, an die nächste Generation weitergab. Der wirtschaftliche Erfolg eines Mannes galt kaum als persönliches Verdienst, obwohl man das Geschick eines Goldschmieds und die Gelehrsamkeit eines Richters anerkannte, sondern als Ergebnis einer kollektiven Anstrengung – Frau und Schwiegereltern helfen dem Ehemann, Brüder unterstützen sich gegenseitig, der Schirmherr greift zugunsten seines Schützlings ein. Und wenn es mit dem Glück eines Mannes bergab ging, war auch die engere Verwandtschaft betroffen. Selbst die Familienstreitigkeiten, die Anwälte und Notare auf Trab hielten, zeugen von der Stärke und nicht von der Schwäche dieser Einheit: sie drehten sich um das Erbteil – darauf zumindest, wenn auf nichts sonst, hatte jedermann Anspruch.[2]

Deshalb sprach sogar Benvenuto Cellini – für Burckhardt ein Mensch, »der sein Maß in sich selber trägt« – von seinem Stolz, »meinem Hause durch meine Kunst einige Ehre verschafft« zu haben und bekannte, daß er wegen des Todes seines unehelichen Sohns »solche Schmerzen fühlte, daß ich niemals einen größeren empfunden habe«. Priester hielten nicht nur die Familienbande aufrecht (wie wir aus ihren Testamenten erfahren können), sie bauten auch verwandtschaftsähnliche Beziehungen zu weiblichen Dienstboten und zu Mitklerikern auf. Der Drucker und Gelehrte Thomas Platter, der in seiner Kindheit Geißen hütete und in seiner Jugend mit einem Haufen fahrender Schüler durch Deutschland zog, dachte, daß Gott sein Leben zum Guten gewendet hatte, als er schließlich heiratete und einen Sohn bekam. Der abenteuerlustige Hochstapler Arnaud du Tilh erreichte sein Ziel, als er sich in der Familie des Bauern Martin Guerre eingenistet hatte.[3]

Die Familie spielte bei der Ausbildung der Weltsicht eines Individuums eine doppelte Rolle: beide Aspekte leiteten sich aus ihrer patriarchalischen Struktur und ihrer Macht, dem Einzelnen zu gesellschaftlichem Status zu verhelfen, ab. Das hieß, daß Eltern manchmal kaum in der Lage waren, Grenzen zwischen ihren Kindern und sich selbst zu sehen: in Gargantuas bewegendem Brief an seinen Sohn Pantagruel läßt Rabelais den Riesenvater sagen, daß sich durch Kinder sein Name und seine Saat bis zum Jüngsten Gericht am Ende der Zeiten verewigten. »In Dir und durch Dich bleibe ich in meiner sichtbaren Gestalt in dieser Welt, lebendig, sehend, und sprechend, (...) wie ich es gewohnt war (...) Ich habe Dir geholfen, als ob ich keinen anderen Schatz auf dieser Welt hätte als Dich dereinst in meinem Leben vollkommen und vollendet zu sehen in Tugend und Ehre (...) wie in allen freien und ehrbaren Künsten, und Dich nach meinem Tod zu hinterlassen als einen Spiegel, der meine Person – die Person Deines Vaters – repräsentiert *(représentant la personne).*«[4] »Denke daran, meine Tochter, daß Du höher hinauskannst als ich« sagt die königliche Hebamme Louise Bourgeois zu ihrer Tochter, die gerade ihren Beruf erlernt, »Du bist Kind einer Familie, in der der Mann Deiner Schwester Doktor der Medizin ist und Dein eigener Mann es wird; einer Deiner Brüder ist Apotheker, Dein Vater Wundarzt und ich bin eine Hebamme. Der medizinische Stand ist in unserem Haus vollständig vertreten.«[5] Montaignes ironischer Essay »Von der Liebe der Väter zu ihren Kindern« (II, 8) erinnert die Leser daran, auf wie vielfältige Weise dieses Gefühl eingeschränkt ist: Väter zeigen mehr Freude an ihren Söhnen, wenn sie klein als wenn sie herangewachsen sind und »uns auf den Fersen stehen«; er erinnert uns daran, daß sie nur »auf Kosten unseres Daseins und unseres Lebens (...) leben« können. Aber dennoch sagt er, daß die Liebe zu denen, die wir gezeugt haben, natürlich und in uns als Gattung eingeboren ist und gleich nach unserem Selbsterhaltungstrieb kommt.[6]

Wenn sich Kinder von ihren Eltern trennten, mußten sie im Rahmen dieser oft wiederholten kulturellen Postulate handeln und sich auch mit dem Gebot auseinandersetzen, das von ihnen Gehorsam gegenüber den Eltern verlangte. Die französischen Gesetze des 16. Jahrhunderts setzten die Volljährigkeit für beide Geschlechter hoch an: in den meisten Regionen lag sie für einen Sohn bei 25 Jahren, wenn er nicht von seinem Vater »emanzipiert« wurde, und gegen Ende des Jahrhunderts wurde für Frauen bis 25 und Männer bis 30 Jahren die Zustimmung der Eltern zur Heirat verlangt. Bei extremem Ungehorsam konnten Eltern den Sohn enteignen oder der Tochter nur eine symbolische Mitgift geben. Wenn eine Tochter heiratete, wurde sie von der formellen Verpflichtung zum Gehorsam gegenüber ihren Eltern entbunden, weil sie rechtlich jetzt ihrem Mann untertan war. Sie brachte aber auch Rechte in die Ehe ein: ihr Ehemann durfte nicht ihr Blut vergießen, auch wenn er sie durch Schläge bestrafen konnte, und ihre Mitgift wie andere im Ehevertrag versprochene Schenkungen mußten, wenn der Mann vor ihr starb, als vorrangige Ansprüche aus dem Vermögen des Mannes befriedigt werden. Aber als Mitglied des weniger wertvollen Geschlechts in einer hierarchischen Gesellschaft, als Mitglied des unordentlichen Geschlechts, dessen feuchte Körpersäfte und wandernde Gebärmutter Willenskraft und Geist schwächten (wie Ärzte und Theologen behaupteten), durfte sie ohne Erlaubnis ihres Gatten nichts unternehmen. Ein Kaufvertrag einer verheirateten Frau war vor Gericht nichts wert – es sei denn, sie hatte den Sonderstatus einer *merchande publique* (Händlerin) –, wenn er nicht die Klausel enthielt: »mit Wissen und Zustimmung ihres Ehemanns.«[7]

Wie zu erwarten, förderte die Strukturierung der Familie als einer durch Liebe und Vertrag zusammengehaltenen Hierarchie bei älteren Kindern oder bei Ehefrauen den Hang zu Manipulation und Berechnung. In der Praxis wurde die Unterordnung der Frau unter den Ehemann oft durch gemeinsame Erfahrungen gemildert: die Begleichung der Hochzeitsschuld (wie das sexuelle Vergnügen genannt wurde), das Aufziehen von Kindern und das wirtschaftliche Überleben oder Vorankommen. Aber das Leitbild der Hierarchie wurde um jeden Preis aufrechterhalten.

Gehen wir jetzt einen Augenblick zu den Grenzen, die das Individuum umgab, über. In einer Gesellschaft, in der Eigentumsgrenzen ständig verwischt wurden durch die vielfältigen Rechte, die Oberherren, Eigentümer und Nießbraucher auf dasselbe Haus oder Feld geltend machen konnten; in der man die Arbeit häufig auch dann als gemeinschaftliche ansah, wenn ihr Ertrag ungleich verteilt wurde; und in der Gegenstände ebenso häufig als Geschenke wie durch Verkauf ihren Besitzer wechselten – in einer solchen Gesellschaft waren die um das Selbst gezogenen Grenzen nicht fest und geschlossen. Man konnte in andere Personen eindringen oder sie in sich aufnehmen, und dies nicht nur während des Geschlechtsakts oder der Schwangerschaft. Man konnte von der Seele eines anderen besessen sein; ein Zauberer oder eine Hexe konnten Gedanken, Gefühle und körperliche Bewegungen eines anderen beeinflussen, manchmal ohne jeden Körperkontakt; und ein einfaches Weiblein konnte anderer Leute Liebe und Feindschaften beeinflussen, wenn ihr bei der täglichen Spinnarbeit das Garn riß oder sie Kräuter aus ihrem Garten zubereitete.[8] In der katholischen Liturgie gab es insbesondere beim Exorzismusritual Augenblicke, in denen die Gebete und der Glaube einer Gruppe die Kraft haben sollten, die innere Verfassung eines Menschen zu ändern; und während des Meßopfers aß ein Individuum für viele. Die Protestanten hatten diese gemeinschaftliche Abhängigkeit natürlich scharf abgelehnt – zugunsten einer direkten Beziehung des Gläubigen zu Gott –, aber auch sie glaubten noch, man könne einem anderen durch Worte und Psalmen Mut einflößen. Tatsächlich gebrauchten die calvinistische Adlige Charlotte Arbaleste und der Calvinist Jérôme Desgouttes, Arbeiter in einer Textilmanufaktur, beide eine diese Offenheit für andere umschreibende Metapher, als sie ihren Kindern schrieben: Ihr seid von Gott gesegnet, in einer Zeit gelebt zu haben, als der papistische Götzendienst hinweggefegt wurde. Ihr habt Euren Glauben mit der Muttermilch eingesogen.[9]

Das bringt mich zurück zur eingangs gestellten Frage: welches Verhältnis besteht zwischen der bindenden Kraft der Familie und der Erkundung des Selbst? Zunächst einmal ist die Familie der Anlaß, über das Selbst zu sprechen und zu schreiben, und sie regt auch Menschen dazu an, es zu tun, die keine außergewöhnlichen spirituellen Größen wie Theresa von Avila waren und ohne diesen Anlaß keine Entschuldigung dafür gehabt hätten. »Schon oft hast Du, lieber Sohn Felix«, sagt der Drucker Thomas Platter zu Beginn seiner Erinnerungen, »von mir begehrt (...), ich solle mein Leben (...) beschreiben. Denn ihr alle habt manchmal von mir gehört, in welcher Armut ich von Geburt an und in wie viel großen Gefahren (...) ich gewesen bin (...), damit (...) du dem Herrn im Himmel dafür dankest, dass er dich so wohl begabt hat und behütet, und dass du nicht solche Armut hast leiden müssen (...) Ich will, so weit mir möglich, nach meinem Gedächtnis alles erzählen, von wem ich herstamme und erzogen worden bin.« Viel später schreibt Felix Platter für seinen jüngeren Halbbruder einen Bericht über seine Studentenzeit, der mit seinem Abschied aus dem Elternhaus zum Medizinstudium beginnt und damit endet, daß er in die Heimat zurückkehrt, um zu heiraten.[10] Nur im Rahmen der Familie konnte ein Mann die ungewöhnlichen Wendungen, die sein Leben nahm, in eine Ordnung bringen.

Montaigne präsentiert seine Reflexionen über sich und andere als Versuch, sich über den Verlust eines geliebten Freundes hinwegzutrösten, eines Freundes, mit dem er geheime Gedanken teilen konnte, die ein Vater aus Angst, eine beunruhigende Vertraulichkeit entstehen zu lassen, einem Sohn nie offenbart hätte – eines Freundes, dem er Vorwürfe machen und den er tadeln konnte, was sich ein Sohn gegenüber seinem Vater nie erlauben durfte. Aber zu den wichtigsten Seiten der Selbsterkundung und Selbstoffenbarung gehören jene, in denen er sich mit seinem Vater in Größe, Erscheinung, Behendigkeit und Temperament vergleicht, in Erinnerung ruft, wie ihn sein Vater erzogen hat – »sein Plan ist ihm keineswegs mißlungen« – und über seine Gefühle für seine eigene Tochter spricht – einige dieser Seiten waren später für Léonor de Montaigne gewiß nicht leicht zu lesen.[11] Auch Vater und Sohn Platter zeigen sich selbst in ihren Beziehungen zu ihren Eltern: Thomas verletzt die Schroffheit seiner Mutter, aber er bewundert ihre Stärke, Felix genießt die vielen Briefe von Thomas voll kleinlicher Aufmerksamkeit für ihn und alles, was er tut, aber er sträubt sich gleichzeitig gegen sie.[12] In der seltenen und bemerkenswerten Biographie einer Frau, die von ihrem Mann verfaßt wurde, spricht dieser, der bretonische Adlige Charles Gouyon, Baron de la Moussaye, fast auf jeder Seite von sich: sein langes Werben, gegen den Widerstand des Hofes, um die schöne glühende Protestantin Claude du Chastel, sein Entzücken, das er an ihrer Gegenwart findet, sein nie endendes Bedauern, daß er während ihrer letzten Krankheit abwesend war und sie nicht pflegen konnte, seine Hingabe an ihr Andenken.[13]

Schriftliche Erinnerungen gibt es von Frauen weniger häufig als von Männern (Frauen scheinen Geschichten aus ihrer Vergangenheit erzählt zu haben, aber Ausbildung im Schreiben und in Rhetorik waren bei ihnen seltener), doch diejenigen, die es gibt, sind tief in Überlegungen über die Familie verstrickt. Charlotte Arbaleste schildert ihr Leben bis zu ihrer zweiten Heirat mit dem protestantischen Publizisten Philippe du Plessis de Mornay und widmet dann ausdrücklich ihm das mehrere hundert Seiten starke Manuskript. Ihrem Sohn soll der Vater als Vorbild für ein Leben im Dienste Gottes vor Augen gestellt werden. Auf den ersten Seiten bekommen wir einige flüchtige Einblicke in ihren Charakter – die Treue zu ihrem Glauben, während ihre Mutter und andere Verwandte zurückweichen, die Tapferkeit, die sie bei ihrer gefährlichen Reise ins Exil beweist, und ihre Tüchtigkeit, ihre gute Moral und ihren Glauben (Qualitäten, die sie mitteilt, indem sie eine Bemerkung ihres Mannes zitiert: so wahrt sie die Konvention der Bescheidenheit) – dann aber tritt sie in den Hintergrund. Aber auch das ist eine Konvention, denn Charlotte ist in ihrem Buch über ihren Ehemann stets präsent – nicht nur, daß sie Kinder bekommt und mit Pastoren diskutiert, sie empfängt seine Briefe, schickt geheime Botschaften und organisiert vor allem sein Leben. Sie ist es, die entscheidet, wo der Bericht endet – als nämlich ihr Sohn stirbt: das Buch war nur für ihn bestimmt.[14]

In dieser Weise kann eine Frau über sich selbst nachdenken und schreiben und gleichzeitig das Leitbild der patriarchalischen Familie unangetastet lassen. (Man müßte ergänzen, daß Charlotte auch Töchter hatte, die das Manuskript gelesen haben müssen, aber ihnen widmete sie es nicht.) Ihre Selbstdarstellung ist ganz gewiß nicht die eines Individualisten aus dem 19. Jahrhundert, der sich gegen andere beweist und völlig selbstbestimmt ist (falls eine solche Gestalt außerhalb des Denkens von Nietzsche und einigen anderen jemals existiert hat), aber ein Verständnis ihres Werts und ihrer Qualitäten scheint durch in ihrem Dienst an Gott, ihrem Einsatz für die Sache der Reformierten und für ihren Mann. Im Gegensatz zum Baron de la Moussaye, der seine politischen Reisen, seine Jagden und seine Prozesse leicht in die Darstellung des Lebens seiner Frau einflechten kann, gibt es einige Themen, die ein abhängiges Weib unmöglich direkt angehen kann.

Ein noch erstaunlicheres Beispiel, wenn auch geschrieben von einer Frau mit weit geringerem literarischen Talent, ist das Manuskript von Jeanne du Laurens »Généalogie de Messieurs du Laurens«.[15] In ihrem Titel erwähnt Jeanne die Töchter und Frauen der Familie nicht, sondern nur die Linie, die ihr Vater Louis gründete, der aus einem Dorf in Savoyen kommend zu einem bedeutenden Arzt in Arles aufstieg, dessen Söhne Ärzte des Königs, Richter und Erzbischöfe wurden und dessen Enkelkinder ihnen nacheiferten. Louis stirbt jedoch, als die meisten seiner Kinder noch klein sind, und die Geschichte von Jeanne ist in Wirklichkeit die Geschichte ihrer aus gutem Hause kommenden Mutter Louise, die begrenzte Mittel mit bemerkenswertem Einfallsreichtum nutzt, um die Karrieren von acht Söhnen und die Heiraten von zwei Töchtern zu arrangieren (sie ähnelt dabei der Witwe d'Estissac, die Montaigne in der Einleitung seines Essays »Von der Liebe der Väter zu ihren Kindern« preist: »Wir [besitzen] zu unserer Zeit kein eindrücklicheres Beispiel mütterlicher Liebe (...) als das Ihrige.«[16]). Die Witwe Louise bewahrt die Genealogie der Familie, aber nach ihren eigenen Worten und denen ihrer Tochter tut sie es als Stellvertreterin ihres verstorbenen Mannes, inspiriert von seinem Leben. Auf sich selber kommt Jeanne in der Geschichte erst sehr spät zu sprechen; und nach den *enfants*, den Kindern, kommen *les filles*, die Töchter. Im Unterschied zu den Söhnen bleiben Jeanne und ihre Schwester bei ihrer Mutter, bis sie verheiratet werden und Kinder haben. Jeanne porträtiert sich als ihrer Mutter ähnlich – zwischen Bruder und Witwe vermittelnd, wenn es darum geht, die Entscheidung über eine Karriere zurechtzurücken – und gleichzeitig von ihr verschieden – wenn sie über Kinderstreiche lacht, während die unbeugsame Louise auf Bestrafung besteht. Aber man könnte meinen, über Jeannes Wertvorstellungen und Gefühle wenig zu erfahren, bis einem aufgeht, daß diese 71 Jahre alte Frau jedem die Worte in den Mund gelegt hat – die Rede ihres Vaters auf dem Sterbebett, die Schelte und die Ermahnungen ihrer Mutter. »Ihr werdet mir sagen«, sagt sie zu ihren Lesern gewandt, »daß ich meine Ahnenreihe rühme. Das gebe ich zu, aber ich schreibe nichts nieder, was nicht wahr wäre.«[17]

In einem 1980 veröffentlichten Essay sagt Michelle Rosaldo, »wir müssen anfangen (...) zu fragen, wie es – in einer Welt, in der Menschen beiderlei Geschlechts eine Wahl treffen, die etwas zählt – kommt, daß schließlich die Männer als vorherrschende Kraft in der lokalen Politik und als die angesehen werden, welche die gemeinsamen Güter schaffen.«[18] Jeanne du Laurens' *Généalogie* zeigt, wie Frauen das Leitbild verewigen helfen und doch in seinem Rahmen versuchen, ein gewisses Selbstverständnis zu gewinnen.

Nun zu einigen Strategien, mit denen man eine gewisse persönliche Autonomie in einer Welt erlangen konnte, in der im Prinzip Eltern und Ehemänner herrschten und in der man, weil Körper und Geist offen waren für andere, nicht immer sicher war, wo eine Person aufhörte und eine andere anfing.

Den Jungen stand in der Auseinandersetzung mit ihren Eltern das oft wiederholte Gebot bei, daß Eltern mit Gerechtigkeit und Liebe und nicht als Tyrannen herrschen sollten. Das heißt für Söhne, daß bei der Wahl ihrer Karriere auch das *naturel* des Jungen berücksichtigt werden sollte – ein Wort mit weitgespannter Bedeutung, das Temperament, Charakter und Anlagen einschließen konnte – wie auch seine Berufung, etwas, wozu ihn Gott gerufen hatte, dessen Zeichen aber in ihm, in seinen Gaben und Neigungen, lagen.[19] Von praktischer Bedeutung war diese Wahl nur in bessergestellten Bauernfamilien, in denen die Eltern überlegten, ihre Söhne in die Stadt zu schicken, in

Handwerker- und wohlhabenderen Familien in der Stadt, in denen über ein Handwerk oder einen Beruf zu entscheiden war, und in einigen adligen Familien. Die Konzepte des *naturel* und der Berufung boten den jungen Männern aus diesen sozialen Schichten eine Sprache, in der sie über sich selbst nachdenken und in legitimer Weise mit ihren Eltern diskutieren konnten. So änderten drei Brüder von Jeanne du Lauren die Laufbahn, auf die sie von ihren Eltern geschickt worden waren: Honoré sagte, nachdem er ein Jahr an der medizinischen Fakultät (Beruf seines Vaters) nichts getan hatte, er wolle kein Arzt werden, sondern die Rechte studieren: »Gott ruft mich in diesen Beruf, der mehr meinem Naturell entspricht«; Gaspard, der nach den juristischen Examina »seiner Inspiration folgen« und Priester werden will; und André, der sagte, er habe nicht den »Willen«, Mönch zu sein, und wolle lieber wie sein verstorbener Vater Arzt werden.[20]

Es war auch offener Ungehorsam möglich für junge Männer in Familien wie der Thomas Platters, in der der Vater tot war und man nicht enterbt werden konnte, weil kein Erbe da war.[21] Wie Thomas erzählt, lief er von seinem Onkel fort, der ihn auf den Priesterberuf vorbereiten wollte, und später auch von seinem vagabundierenden Vetter, der ihn als Betteljungen benutzte; er war bildungshungrig und begann zu studieren: von Zwinglis Predigt überzeugt – »ich wond, es zuge mich einer by dem har uber sich« –, schloß er sich den reformatorischen Lehren an.[22] Sein Sohn Felix besaß solche Entschuldigung für die Entwicklung eines Verständnisses von Autonomie in seinem Leben nicht; er war auch einer von denen, die den neuen Glauben mit der Muttermilch aufgenommen hatten, er stand zu seiner Berufung nicht in Widerspruch: »Mein begirt und verlangen was von iugendt auf, in der artzny zestudieren und doctor zuwerden, dahin auch mein Vatter gedocht, wil er auch dorin gstudiert hat.« So nutzte Felix seine fünf Universitätsjahre weit weg von Basel in Montpellier dazu aus, mit Verbotenem zu experimentieren – mit katholischen Frauen zu tanzen und gleichzeitig seinem Vater nach Hause zu schreiben, wie er sich über seine reformierte Verlobte freue, sich am Neujahrstag und im Karneval zu maskieren, was nach den strengen Vorschriften der Reformierten verboten war, und sich trotz der Bitten seines Vaters solange zu weigern, heimzukommen, bis er soviel Medizin studiert hatte, daß er damit zufrieden war. Wichtig ist auch, daß er das alles für einen Halbbruder aufschrieb und so eine Familientradition begründete, die dem Heranwachsenden einen Freiraum zugestand.[23]

Interessanterweise stützt sich Montaigne, wenn er seine Autonomie und Individualität unterstreicht, nicht auch auf eine Identität, die man aus einer Berufung gewinnt (wenn überhaupt, so zeigt er sich als jemand, der sich in seinem ersten Beruf als Richter ziemlich unwohl fühlte), er spricht über sein Leben – mit seinem trägen und zum Nichtstun neigenden *naturel* und seiner »ganz sich selbst gehörenden« Seele (*une ame toute sienne*) – als handle es sich um eine einzige lange Ferienzeit. Er ist über jene Autoren hinausgegangen, die sich den Menschen »in irgendeiner besonderen und außergewöhnlichen Eigenschaft« zeigen (*marque particuliere et estrangere*). »Ich, als erster, (tue es) mit meinem ganzen Wesen, als Michel de Montaigne, nicht als Sprachgelehrter oder Dichter oder Jurist.«[24]

Könnten wir erwarten, daß eine Frau im 16. Jahrhundert fähig war, in dieser Weise über sich auch nur zu denken, geschweige denn, sich anderen »mit ihrem ganzen Wesen« zu zeigen? Frauen hatten bereits darum zu kämpfen, eine »besondere und außergewöhnliche Eigenschaft« zu besitzen: sie hatten unterschiedliche Naturen, aber keine andere Berufung als die Ehe (oder, für katholische Frauen, das Klosterleben). Um eine Dichterin sein zu können, mußte man einige Vorstellungen über Bord werfen und besondere Musen finden, denn angeblich dämpften bei Frauen kalte und feuchte Körpersäfte die Inspiration.[25] Einer der wenigen mir bekannten Fälle, wo man – abgesehen von den gelehrten Frauen – eine unerschrocken behauptete Berufsidentität finden kann, ist die königliche Hebamme Louise Bourgeois; sie konnte schreiben, daß in einer verzweifelten Notlage Sokrates' Mutter und Lucina, die Göttin der Geburt, ihr zu Hilfe gekommen seien, weil Geburtshilfe an die Geheimnisse der Frauen gebunden war.[26] Sonst besaßen Frauen natürlich bestimmte Fertigkeiten und es wurde anerkannt, daß sie eine Goldgrube sein konnten, ein Gutshaus oder ein Tuchgeschäft gut oder schlecht führen konnten, aber ihre Berufung bestand darin, diese Fertigkeiten in den Haushalt einzubringen, in dem sie nun einmal gerade waren, dem Vater, dem Stiefvater, dem ersten oder zweiten Ehemann angepaßt. Sie waren nicht Michel de Montaigne, *tout court*, sondern Charlotte Arbaleste, Tochter von ..., Witwe des ..., Frau von ... Wenn es eine universelle Natur gab, so war sie für Frauen kein Zeichen des Selbst-Besitzes, sondern ein Zeichen, vergeben, weggegeben zu werden.

Ich möchte behaupten, daß paradoxerweise eine Strategie zur Erringung einer Spur weiblicher Autonomie vielleicht genau auf diesem Verständnis des Weggehens gründete: manchmal kehrten Frauen diese kulturelle Form um – sie gaben sich selbst, sie gaben sich selbständig weg. Erstens wurde ihnen durch die oft wiederholte Vorschrift geholfen, daß Töchter einer Heirat zustimmen mußten – in der Tat wichtig. Wenn sie sich weigerten, einer arrangierten Heirat zuzustimmen – wie Prinzessin Jeanne d'Albret 1541, die zum Altar getragen werden mußte –, konnte die Eheschließung annulliert werden.[27] Zweitens gab es viele Frauen, die ihre Heiraten selber arrangierten, meist Witwen und weibliche Dienstboten, die weit entfernt von ihren Eltern lebten oder deren Eltern gestorben waren.

Aber noch komplizierter lagen die Dinge im Fall der katholischen Prinzessin Marguerite de Valois, Tochter der Katharina von Medici und Frau des Hugenotten Henri de Navarre, des späteren Henri IV. Ihre Memoiren zählen zu den interessantesten aus dem Frankreich des 16. Jahrhundert. Marguerite stellt ihre Kindheit als einen Kampf mit ihrem Bruder, dem späteren König Henri III., um die Gunst und Aufmerksamkeit ihrer verwitweten Mutter dar. Sie beginnt, ihr Verständnis von sich als jemand, der »ohne Ziel gelebt (hat), nur ans Tanzen oder die Jagd dachte, nicht einmal sich herausputzen oder schön erscheinen« wollte, zu ändern, als sie merkt, daß sie für Katharina wegen ihrer Heiratsverbindung wichtig ist. Obwohl sie den Vorschlag ihrer Mutter, sich mit Henri de Navarre zu verloben, in ehrerbietiger Sprache akzeptiert – »ich sagte ihr, daß ich keinen anderen Wille als den ihren besäße« –, zeigt ihr folgendes Verhalten (wie sie es schildert), daß ihr voll bewußt ist, daß es um hohe Heiratspolitik geht und daß sie darin eine Rolle spielt. Sie läßt nicht zu, daß ihre Mutter die Ehe annulliert, und nutzt all ihre Macht als Vermittlerin, um ein Bündnis zwischen dem katholischen Bruder und dem protestantischen Ehemann zu schmieden. Obwohl sie jetzt in Opposition zu ihrer Mutter steht, gebraucht sie bewußt ihren Körper und ihre verwandtschaftlichen Beziehungen, um eine Schlichtungspolitik zu fördern, die einst die ihrer Mutter gewesen war.[28]

Marguerite de Valois war eine Prinzessin und man kann natürlich die Frage aufwerfen, ob ihre Neubestimmung ihrer Rolle im Austausch von Frauen auf andere Familien übertragbar ist. Aber Heirat wurde auf jeder sozialen Stufe als Verbindung zwischen Familien und nicht allein zwischen Individuen betrachtet, und auch andere Ehefrauen konnten initiativ werden, um zum Vorankommen ihrer Familie beizutragen oder im örtlichen Rahmen Streit beizulegen.

Mein letztes Beispiel von Frauen, die ein Gefühl der Autonomie aus der Erfahrung zogen, sich selbst zu geben, ist auf jeden Fall besser belegt. Es hat mit dem Glauben zu tun, daß der Körper für andere offen ist, hier insbesondere der weibliche Körper, und entspricht hunderten von Eheverträgen und Testamenten. Frauen bringen Kleider und Schmuck in die Ehe ein, und von ihren Ehemännern werden ihnen mehr Kleider und Schmuck versprochen. Wenn sie starben, war es sehr viel wahrscheinlicher als bei Männern, daß ihre Testamente Schenkungen an konkret benannte Mädchen und Frauen enthielten, Schenkungen ihrer Ringe, Halsketten und Rosenkränze, ihrer Umhänge, Röcke, Unterröcke, Hemden und anderer Wäsche (die Männer hinterließen ihre Kleidung, ohne sie gesondert aufzuführen, mit dem Rest des Vermögens einfach ihrem Universalerben, der sie entweder behielt oder einem Kleiderhändler verkaufte). In den Testamenten der Frauen werden die Geschenke sorgfältig beschrieben – »mein pelzgefütterter Umhang«, »mein drittbester Unterrock« –, und sie werden danach vergeben, welchen Status die Empfängerinnen haben und wie nahe sie ihnen standen. Man findet diese Praxis bei wohlhabenden Frauen ebenso wie bei Handwerkersfrauen, so daß man nicht argumentieren kann, daß Frauen das nur deshalb taten, weil sie keinen anderen Besitz zu vermachen hatten.[29] Diese ausgefeilten, direkt vom Körper kommenden Geschenke scheinen eher ein Versuch zu sein, die Individualität einer Frau, die aus dieser Welt scheidet, auszudrücken, und gleichzeitig eine Demonstration ihres nachbarschaftlichen Matronagesystems zu sein.

Wenn aber Frauen denken können, sich selbst zu geben, dann können sie auch zu denken beginnen, daß sie – zumindest für irdische Zwecke – stärkere Besitzansprüche auf ihren eigenen Körper haben. Ich dachte lange, daß ein solches Verständnis erst mit der Verbreitung der Ideen Lockes im 18. Jahrhundert möglich geworden sei. Aber eine Frau aus Lyon, die in der Mitte des 16. Jahrhunderts vor das reformierte Konsistorium geladen wurde, weil sie vor der Hochzeit mit ihrem Verlobten geschlafen hatte, hat mich eines Besseren belehrt: »Paris est au Roy et mon corps est a moy« (Paris gehört dem König und mein Körper gehört mir), antwortete sie respektlos und schnippisch. Der Reim läßt vermuten, daß es sich um ein Sprichwort handelte, das vielleicht auch bei anderen Gelegenheiten von Frauen und Männern gebraucht wurde, die aus dem Stegreif Strategien in Richtung Autonomie zu entwickeln suchten.[30]

Eine Untersuchung der Vorstellungen, die die Menschen von ihrem Selbst hatten, sollte nicht im Allgemeinen schweben, sondern in einem präzisen kulturellen Kontext angesiedelt sein. Für das Frankreich des 16. Jahrhunderts habe ich den Rahmen der patriarchalischen Familie jenseits der einzelnen Person nachgezogen und auf Öffnungen im Umriß der Person hingewiesen – beides wichtige Bedingungen für die Bestimmung des Selbst. Insbesondere habe ich die Ansicht vertreten, daß Eingebettetsein die Entdeckung des Selbst nicht ausschloß, sondern im Gegenteil beförderte – gemeinsame Erfahrungen können das Gefühl nähren, eine besondere Geschichte zu haben –, und daß Frauen und junge Männer, die sich auf ihre Erfahrungen stützten, manchmal Leitbilder und kulturelle Kategorien zu ihrem eigenen, unabhängigen Gebrauch umkehrten. Das Beispiel des 16. Jahrhunderts zeigt, daß es wichtig ist, die Person als Teil eines Beziehungsfeldes zu sehen und offen zu sein für Wege und Methoden zur Ausbildung eines Selbst, die anders sind als die im Denken des 19. Jahrhunderts vorgesehenen. Und es zeigt auch wie schwierig eine richtige Gewichtung zwischen der Sorge für sich und der Sorge für andere zu finden ist, selbst im privilegiertesten Fall (das war, denke ich, der Montaignes), und daß unsere wichtigste Aufgabe vielleicht nicht in der Rekonstruktion des Individualismus besteht, sondern darin, ihn ständig der Prüfung zu unterziehen.

Die Geister der Verstorbenen, Verwandtschaftsgrade und die Sorge um die Nachkommen

Veränderungen des Familienlebens in der frühen Neuzeit

Wie können wir im 16. und 17. Jahrhundert von Familienstrategien reden, wenn selbst wohlhabende Familien nicht sicher sein konnten, wie viele Kinder sie bis zum Erwachsenenalter würden großziehen können? Wie können wir von einem verstärkten Sinn für Familienidentität sprechen, für die Vergangenheit und Gegenwart individueller Familien, wenn Wiederheiraten ständig Halbbrüder und -schwestern, Stiefkinder und Stiefeltern und sich überschneidende Verschwägerungen mit sich brachten, so daß nicht immer klar war, wo die Kernfamilie anfing oder aufhörte? Wie können wir die Stärkung der elterlichen Gewalt hervorheben, wenn – wie in Lyon im 16. Jahrhundert – ein Drittel der Jugendlichen Lehrlinge werden und die Hälfte der zum ersten Mal heiratenden jungen Frauen vaterlos ist, wenn – wie in Bordeaux im 17. Jahrhundert – ein Drittel der Lehrlinge keinen lebenden Elternteil mehr hatte?[1] Trotzdem schlage ich vor, das Familienleben der frühen Neuzeit in Begriffen von Strategie, Identität und Ordnung zu charakterisieren, zumindest als Trend – wenn nicht als Faktum –, der alle Familien betraf und ein zunehmend überzeugendes kulturelles Ideal für Familien oberhalb der Stufe der ganz armen bildete. So wie Machiavelli seine Regeln der Politik im Angesicht von Fortunas Launen schmieden konnte, konnten Familien ebensogut ihre Regeln schmieden. In mancher Hinsicht wurde, wie wir sehen werden, die Ausbildung dieser Züge des Familienlebens durch zeitgenössische politische, soziale und religiöse Entwicklungen sehr befördert; in anderer Hinsicht standen sie zu ihnen in einem Spannungsverhältnis, das interessante langfristige Konsequenzen für die Einstellung zu gesellschaftlicher und genossenschaftlicher Solidarität hatte.

I

Beginnen wir mit einem zentralen Anliegen vieler Familien im 16. und 17. Jahrhundert: sie wollen die Zukunft der Familie für die Lebenszeit der gegenwärtigen Eltern und darüber hinaus planen. Einige wollen einfach das Familienerbe so intakt wie möglich denen in der nachfolgenden Generation vermachen, die für das Haus oder seinen Namen in der väterlichen Linie stehen. Andere möchten dieses Erbe vergrößern; wieder andere möchten, wenn er noch nicht besteht, einen Familienbesitz schaffen. Und was hier geplant wird, sind nicht einfach Land, Vieh, Häuser, Scheunen, Pensionen, Renten, Ämter, Werkstätten, Webstühle, Meistertitel, geschäftliche Partnerschaften und Erbteile, sondern auch die Berufe oder Laufbahnen und die Heiraten der Kinder. Auch sie müssen daraufhin entworfen werden, daß sie den Ruf und das Gut der Familie erhalten und vielleicht mehren.

Man muß daran erinnern, daß dies keine »natürliche« und unvermeidliche Handlungsweise von Familien ist. Sie setzt eine Situation voraus, die von der im frühen Mittelalter sehr verschieden ist, als Frauen in Familien mit Landbesitz zuweilen engere Bindungen zu ihrer gebürtigen Familie als zu ihren Ehemännern hatten, als die Familienidentität sich horizontal gut und gerne bis zu den Vettern dritten oder vierten Grades erstrecken konnte, mit denen man eher unmittelbare Angelegenheiten – der Rache oder von Bündnissen – als weitgestreckte Ziele besprach.[2] Die neue Handlungsweise setzt eine Situation voraus, in der die Familieneinheit, wie weit sie auch gefaßt wurde, ihre Zukunft so verstand, daß sie Erfindungsreichtum und Anstrengungen erforderte; man verließ sich nicht mehr auf den traditionellen Brauch und die Vorsehung. Die Familieneinheit mußte zudem über einige Macht verfügen, um ihre Pläne in die Tat umzusetzen, denn es gab andere Gruppen und Personen – Dorfbewohner, Herren, Zunftmitglieder, Stadtregierungen, Kleriker und Monarchen –, die ein Interesse daran hatten, was Eltern mit ihren Kindern und ihrem Eigentum anfingen.

Eine solch langfristige Planung lag selbstverständlich jenseits der Möglichkeiten derer, die überhaupt nichts vererben durften, weil sie Unfreie waren (und wir müssen im Kopf behalten, daß die Leibeigenschaft in England im 16. Jahrhundert zwar fast völlig verschwunden war, aber in Teilen von Burgund und im Bourbonnais noch immer das Los von 20 bis 30 % der Bauern sein konnte). Bestenfalls konnten sie sich erhoffen, daß ihre Kinder sich mit ihnen unter einem Dach drängten und diesen deshalb nach dem Gewohnheitsrecht erlaubt würde, ihr Land zu übernehmen, wenn es soweit war. So erklärte ein *mainmortable** in der Sologne, der versuchte, sich seine Freiheit zu erkaufen, daß er als Unfreier seine Tochter nicht gut verheiraten könne, daß seine anderen Kinder ihn verlassen hätten und nach seinem Tod weder für seine Seele beten noch seine Schulden zahlen würden. Solch langfristige Planung lag auch jen-

* *Mainmortable:* ein Unfreier, der eigentlich das Recht hatte, sein Gut zu vererben; er erkaufte es sich von seinem Herrn durch die Zahlung einer Abgabe, der *main morte* (tote Hand). (A. d. Ü.)

seits der Möglichkeiten landloser freier Bauern und ungelernter oder schlecht bezahlter Arbeiter in der Stadt. Für jene, die nicht einmal Saatgut oder Vieh zu vermachen hatten, die kein Gewerbe oder Handwerk besaßen und die kaum mehr als eine hölzerne Truhe ihr eigen nannten, war die Zukunft gemacht, wenn sie wenigstens ein Kind großziehen konnten, statt ihre Sprößlinge alle sterben zu sehen oder sie im Hospital für Findelkinder abzugeben.[3]

Aber diesseits dieser Schwelle der Leibeigenschaft oder der Armut kann man bereits bei bessergestellten Bauern- und Handwerkerfamilien eine Geisteshaltung antreffen, die sich der Zukunft zuwandte, sobald für die unmittelbare wirtschaftliche und psychologische Stabilität einmal gesorgt war. Hören wir uns zum Beispiel das Gesuch von elf Halbpächterfamilien in Burgund im 16. Jahrhundert an, die alle von einem Haushalt abstammten, der ungefähr sechzig Jahre vorher für eine Augustinerabtei einen Bauernhof aufgebaut hatte. Sie erinnerten die Ordensbrüder daran, wie sie das Land erschlossen, erhalten und gemehrt hatten; wie die Zahl der Haushalte, Kinder und selbständigen Familien sich vergrößert hatte – und daß sie fürchteten, die Abtei könnte beschließen, mit anderen Parteien Pachtverträge abzuschließen und »sie so (...) um die Früchte, die sie sich aus ihrer langen und beharrlichen Arbeit erhofft hatten, bringen«. Angesichts eines solchen Mangels an Sicherheit könnten ihre Kinder sie im Stich lassen und wegziehen, wenn sie alt und schwach wären. Und so erbaten – und gewannen – sie den Status eines Dorfes und einen gewissen Rechtstitel auf das Land: »immerwährender und ständiger Wohnsitz (...) für sie und ihre Nachkommen, die geboren sind und geboren werden sollten«.[4]

Oder schauen wir uns diese Entwicklung bei der Familie des Druckers Jean Barbou an. Er kam aus einem Dorf in der Normandie nach Lyon, arbeitete sich vom Gesellen zum Meister hoch, heiratete eine Witwe, die nützliche Kontakte im Druckgewerbe, wenn auch wenig Geld besaß, und gewann klug einen wohlhabenden Kaufmann und Verleger als Paten für seinen Sohn. Er starb dann mit 53 Jahren, hinterließ seine Frau, drei unverheiratete Töchter, denen er eine bescheidene Mitgift vermachte, eine Druckerei, auf der noch 900 livres Schulden lasteten, und einen Sohn, leider erst vier Jahre alt, den er zu seinem Erben machte. Guillemette, die Witwe, faßte sich, verheiratete ihre älteste Tochter mit einem Drucker, der reicher und gebildeter war als ihr Mann, und achtete darauf, daß sie und ihr Sohn seine Geschäftspartner wurden. Denise, die Schwester, trat an ihre Stelle: sie versagte nie, selbst dann nicht, als ihr Mann einige Zeit ins Gefängnis kam, weil er den antitrinitarischen Servetus (Anathema für Katholiken wie Calvinisten)* gedruckt hatte, und führte

* *Servetus:* Michael Servet, Arzt in Vienne, der in seinem 1553 erschiene-

die Druckerei nach dem Tod ihres Mannes unter ihrem Namen weiter. Der Sohn Hugues Barbou wuchs heran, um ebenfalls Drucker zu werden, erst in Lyon, dann hinter den sichereren Mauern von Limoges, wo er eine Werkstatt für 1200 *livres* erstand und eine Verlegerdynastie begründete, die ungefähr 200 Jahre überdauern sollte. Von Limoges aus dachte Hugues in seinen frühen Dreißigern über den Aufstieg der Familie aus jenem Dorf in der Normandie und über die Vorkehrungen nach, die getroffen worden waren, ihn dahin zu bringen, wo er jetzt stand.[5]

Sicher, auf die Zukunft gerichtete Familienstrategien waren in Westeuropa im 16. Jahrhundert nicht ganz neu. Sorgfältige Studien des Adels im Mâconnais im Frankreich des 12. Jahrhunderts, der Patrizierfamilien Genuas im 12. Jahrhundert, der Familien von Stadtbürgern in Bordeaux im 13. Jahrhundert (mit seinem gerade aufgekommenen Weinhandel) zeigen alle Väter, die auf verschiedene Weise die Erbrechte von Ehefrauen, Töchtern und nachgeborenen Söhnen änderten, um ihre Stellung zu festigen oder zu verbessern. Ende des 14. und Anfang des 15. Jahrhunderts gab es in London Kaufmannsfamilien, die sorgfältig einen Zweig der Familie auf dem Lande ansiedelten, dann zwei oder gar drei Generationen warteten, bevor alle Männer aus dem städtischen Handel herausgezogen wurden.[6]

Einmal begründet, wurde die auf Bewahren und/oder Mehren gerichtete Familienplanung nicht immer von den Nachkömmlingen weitergeführt. Ende des 16. Jahrhunderts handelte in Frankreich der Marschall Gaspard de Saulx gegen seinen eigenen Rat, »den Ruin eines adligen Hauses« zu vermeiden, indem er seine Töchter mit sagenhaften Mitgiften versah und seinen Landbesitz zwischen seinen Söhnen zu gleichen Teilen aufteilte, statt einem den Löwenanteil zu vermachen. Ungefähr zur gleichen Zeit brach die mehr von gegenwärtigen Begierden als zukünftigen Zielen bewegte Aristokratie die Erbfolge und verkaufte hemmungslos Land der Vorväter.[7]

Selbst mit diesen Einschränkungen scheint es jedoch wahrscheinlich zu sein, daß in Frankreich und England im 16. und 17. Jahrhundert auf die Zukunft gerichtete Familienstrategien verbreiteter waren und durchgängiger praktiziert wurden als zuvor (in den fortgeschrittenen Handels-Stadtstaaten Norditaliens würden wir das noch

nen Hauptwerk *Christianismi Restitutio* sich auf der Grundlage eines neuplatonischen Pantheismus gegen die Trinitätslehre wendet. Wegen seiner Auffassung war er seit 1545 mit Calvin zerfallen; nach dem Erscheinen seines Werks 1553 wurde er von Genf aus bei der Lyoner Inquisition angezeigt und am 17. 6. 1553 zum Feuertod verurteilt. Er kam auf seinem Fluchtweg nach Italien nach Genf, wurde dort verhaftet, unter Calvins Druck vom Genfer Rat zum Tode verurteilt und am 27. 10. 1553 in Genf verbrannt. (A. d. Ü.)

früher erwarten). Zwei Arten von Veränderungen helfen uns zu verstehen, warum das im Falle Frankreichs so war. Erstens war in der Mitte des 16. Jahrhunderts die Macht von Feudalherren und entfernten Verwandten genügend unterhöhlt worden, um bessergegestellten Familien eine freiere Hand zu lassen. Lehen wurden gekauft und verkauft und konnten sich gut in Händen von Nichtadligen befinden; langfristige Pachtverträge machten es wohlhabenderen Bauern leichter, das gehaltene Land als ihr eigenes anzusehen. Der *retrait lignager*, nach dem Verwandte bis zum 6. oder 7. Grad Erbbesitz kaufen konnten, bevor man es an Nichtverwandte verkauft, wurde zwar regelmäßig in den französischen Sammlungen der Gewohnheitsrechte aufgeführt, aber reale Fälle betrafen nur Vettern ersten Grades, Neffen oder Nichten. Was weiter bestehende Zwänge anderer Gruppen auf die Familie angeht, so standen sie manchmal in Konkurrenz zu den privaten Zielen der Familie (so die Gemeindeversammlungen in Burgund, die Bauern daran hinderten, Gemeindeland in erblichen Besitz umzuwandeln), manchmal aber unterstützten sie die Familieninteressen oder zumindest die der männlichen Linie der Familie wie die Regelung der ungefähr 300 Seidenarbeiter Lyons, daß nur Töchter und Schwestern weibliche Lehrlinge werden durften, aus Furcht, daß andere Frauen ihre Ehemänner als Eindringlinge ins Gewerbe einführen könnte.[8]

Zweitens eröffneten sich den Familien mit der Expansion der städtischen Wirtschaft, wachsender geographischer Mobilität, den sich vervielfachenden Gewerben, Karrieren, Ämtern mehr Wahlmöglichkeiten – und die Antwort darauf können neuartige Pläne und Formen der Kontrolle sein. Es gab jetzt mehr zu manipulieren, wo Adlige wie Bürgerliche darauf aus waren, sich Renten, Pensionen, Annuitäten und Ämter zu verschaffen, wo selbst königliche Gefängnisaufseher und Wachtmeister versuchten, ihre Ämter ihren Söhnen zu sichern und Ämter schließlich Teil des Familienerbes wurden.[9] Jetzt mußte über die Karriere des Sohns tiefer nachgedacht werden: soll sie im Gewerbe des Vaters oder einem neu in der Stadt auftauchenden liegen? Soll er Notar oder Arzt werden? Jetzt, wo sich der Heiratsmarkt erweiterte[10], erforderten Heiraten ein schärferes Kalkül: Welchen Beruf sollte der zukünftige Ehemann haben? Sollte er ein Einheimischer sein? Konnte man einen Zugewanderten heiraten? Oder wäre eine Heiratsverbindung mit einer Familie aus einem ganz anderen Ort möglich?

Dieses ganze Planen geschieht im seltsamen Zutrauen, daß es mit den eingangs beschriebenen Windungen und Wendungen des Lebens in der frühen Neuzeit in Einklang stehe. Und dieses Zutrauen wird manchmal bestätigt, wie der Fall von Louis de Laurens Mitte und Ende des 16. Jahrhunderts zeigt. Aus einem Dorf in Savoyen und später aus Turin kommend, wird ihm sein Medizinstudium von einem früheren Arbeitgeber bezahlt; Louis heiratet sich empor in die provenzalische Notabelnfamilie eines Mitstudenten. Die Mitgift von Louise de Castilla war für ihre Klasse gering, aber ihr Bruder besaß weitreichende Kontakte. Dann starb der Bruder, als erst für eins von Louis' zehn Kindern gesorgt war. Louise verzagte, »einen so guten Bruder zu verlieren, der so viel für die Kinder zu tun versprochen hatte«. »Faßt Euch, meine Frau«, sagte ihr Ehemann, »ich habe mit fast nichts angefangen und habe jetzt eine so schöne Familie. Laßt uns tugendhaft leben und auf Gott vertrauen.« So sparten sie von den Einkünften aus seiner Tätigkeit als praktischer Arzt und Medizinlehrer, investierten in Grundbesitz, drängten die Söhne in die Schule und knüpften Verbindungen – bis Louis starb, der auf seinem Sterbebett arrangierte, daß sein Sohn seinen Posten als Stadtarzt von Arles übernahm; mehrere Karrieren waren jedoch noch offen. In den folgenden 24 Jahren folgte seine Witwe seinen festgelegten Plänen und schmiedete weiter daran, überredete, verpflichtete, bedrängte, verkaufte jedesmal einen Besitz, wenn ein Sohn für den Doktortitel zahlen mußte, und sorgte dafür, daß ein Sohn dem nachfolgenden half. Als sie 1598 starb, war sie zufrieden. »Als ich mit so vielen Kindern zur Witwe wurde«, erinnerte sie sich, »bat ich Gott, mir beizustehen, meine Kinder gut zu führen (...), damit sie in die Fußstapfen eines so guten und so weisen Vaters treten. Jetzt können sie alle achtbar durch diese Welt gehen.« Zwei Söhne waren Erzbischöfe, zwei herausragende Ordensbrüder, drei Ärzte, einer davon der erste Leibarzt Heinrichs IV., einer war Anwalt im *Conseil privé*, und beide Töchter hatten Juristen geheiratet.[11]

Die Zukunft der Familie wurde jedoch auch noch angesichts der alten, sich nur langsam verändernden Gewohnheitserbrechte geplant, von denen einige die »Freiheit« der Väter beträchtlich einschränkten. In Südfrankreich und in Teilen des Artois durften Väter zum Beispiel ein Kind bei der Erbfolge »bevorteilen« (ein Kind »besser« oder »teurer« machen, wie es hieß). Einige Gewohnheitsrechte legten den ältesten Sohn fest, andere ließen die Wahl offen. In Westfrankreich war das Erstgeburtsrecht beim Adel die Regel, während sonst stets gleiche Erbfolge vorherrschte – entweder gleiche Erbteilung unter männlichen oder unter allen, männlichen wie weiblichen Kindern. Ähnlich unterschiedlich sah es hinsichtlich der Besitzregelungen zwischen Ehemann und Ehefrau aus, innerhalb der Ehe und wenn einer von beiden starb. Meistens brachte in allen Klassen die Frau eine Mitgift ein, die ihr – um ein Drittel oder um die Hälfte vermehrt – zurückgezahlt werden mußte, wenn ihr Mann vor ihr starb. Manchmal (besonders bei Familien mittleren und bescheidenen Stands) taten die Ehegatten all ihre Güter und Erwerbungen in einer »Gemeinschaft« zusammen, in der Gewinne und Verluste 50 zu 50 oder in einer anderen, genau spezifizierten Weise geteilt wurden.[12]

Erwies sich *ein* System von Gewohnheitsrechten und -praktiken als das für den privaten Familienbesitz beste? »Habe nie mehr als einen Erben«, ermahnte ein Jurist aus der Dauphiné 1648 seinen Sohn, »denn ein gutes Haus, das geteilt wird, ist verloren.« Viele andere Familienoberhäupter hätten dem zugestimmt – genau wie Rechts- und Eigentumshistoriker, die nicht müde werden, über »die verhängnisvollen Konsequenzen der Teilung« zu sprechen. So konnten Eltern im 16. und 17. Jahrhundert im Geltungsbereich gleicher Erbfolge das Gewohnheitsrecht umgehen, indem sie den »besseren« Sohn anläßlich seiner Heirat mit der Schenkung eines Großteils des Familienbesitzes »teurer« machten. Ihre anderen Kinder mußten sich mit Mitgiften und bescheideneren Hinterlassenschaften begnügen.[13]

Andererseits hatte eine solche Politik ihre Rückwirkungen, und es ist nicht immer klar, daß die »Ein-Erbe«-Strategie die beste war. Eine Ahnung von den psychologischen Kosten geben uns alte Sprichwörter (Wer auf des anderen Schuhe hofft, bis er tot ist, der geht barfuß; Der Erben Weinen ist heimliches Lachen) und die ausgewählte Behandlung, die dem Erben, dem *dauphin*, in der okzitanischen Familie zuteil wird – den jüngeren Brüdern eine ständige Erinnerung an ihren Status. Manchmal berichten uns Töchter von ihren Gefühlen, wie im 17. Jahrhundert die Märchensammlerin Mademoiselle D'Aulnois, die bis zu ihrem elften Lebensjahr einziges Kind war. »Meine Großmutter hegte jene tiefe Liebe für mich, die Frauen in fortgeschrittenem Alter oft für Kinder hegen, von denen sie erwarten, daß sie ihren Namen und ihre Familie fortführen.« Dann wurde ihr Bruder geboren, »und meine Großmutter überhäufte ihn mit all ihrer Zuneigung. Es war keine Rede mehr davon, daß ich eine Prinzessin werden sollte (...) Mein Bruder hatte mich all dieser großen Vorteile beraubt«.[14]

Es war auch möglich, daß Töchter und jüngere Söhne, statt ihr Los zu akzeptieren, einen Prozeß anstrengten, um ihren Anteil am Familienerbe zu vergrößern. Um solche »Animositäten« zu vermeiden und »Frieden und Eintracht in (seiner) Familie zu mehren«, hinterließ René Fleuriot, ein bretonischer Edelmann und früherer Soldat während der Religionskriege, zwei Drittel seines ererbten adligen Familienbesitzes seinem ältesten Sohn, teilte aber seine wichtigsten Erwerbungen zu gleichen Teilen unter seinen fünf Kindern auf. Es könnte sein, daß aus den gleichen Gründen so viele wohlhabende Eltern in Paris und Lyon im 16. Jahrhundert willens waren, ihr Familienerbe unter den Söhnen, wenn auch nicht immer unter den Töchtern aufzuteilen.[15] Auf jeden Fall zeigen neuere Forschungen, wie wichtig der örtliche Kontext für den Erfolg einer Erbpolitik war. In Dörfern in Cambridgeshire im 16. und 17. Jahrhundert hatte gleiche Erbfolge zum Beispiel einen »schwächenden Effekt« für die Familien in Gegenden mit vorherrschendem Getreideanbau, nicht aber für die Familien in den Mooren, wo Käserei und Viehzucht auf kleinem Landbesitz möglich war. Anderwo brauchte die Bevorzugung eines Kindes die Aussichten der anderen nicht zu beeinträchtigen, wenn die Eltern entsprechende Vorsorge für eine Berufslaufbahn in einer nahegelegenen Stadt oder eine gute Heiratspartie getroffen hatten.[16]

Wenn es also keine unfehlbaren Regeln für den besten Weg gab, Eigentum an die nächste Generation zu vermachen, so gab es gleichfalls keine genauen Vorschriften für das beste wirtschaftliche Arrangement innerhalb der Ehe. Wie Denis Le Brun, ein Jurist gegen Ende des 17. Jahrhunderts zeigte, konnte sowohl das System der Mitgift wie die Gütergemeinschaft die Ehefrau zu Sparsamkeit, Kooperation und gutem Wirtschaften in einer Familie anhalten, an deren Spitze ihr Mann stand. Im ersten Fall konnte sie darauf hoffen, in der Zukunft von ihrem Mann mit besonderen Schenkungen belohnt zu werden; im zweiten Fall hing ihr Zugewinn direkt von ihren Anstrengungen ab. Gleich wie die Strategie aussah, wesentlich war, daß die Autorität in der Familie ungeteilt blieb. So vollzog sich in der Pariser Gegend im Recht, das die gemeinschaftlichen Güter betraf, eine interessante Veränderung: gegen Ende des 16. Jahrhunderts hatte die Ehefrau ihre gesamten früheren Anrechte auf Mitverwaltung verloren. Ihr Ehemann war – mit den Worten eines Rechtshistorikers – »Herr und Meister« der Gemeinschaft geworden.[17]

Die Tendenz zur Planung im frühneuzeitlichen Familienleben oberhalb der Schicht der ländlichen und der Stadtarmut drückte sich zudem in den verschiedenen Regionen und Klassen in unterschiedlicher Weise aus; aber sie hatte, wie ich zeigen möchte, gewisse gemeinsame Konsequenzen für das Denken und Fühlen. Erstens ein neues Verständnis der Beziehungen zwischen den Lebenden und den Toten, d. h. ein neuartiges Gefühl für die Bahn, die das Geschick einer Familie in der historischen Zeit nimmt. Zweitens ein schärferes Gefühl für die Grenzen um die unmittelbare Familie als einem privilegierten Ort für Identität, Befriedigung und Belohnung. Und drittens einen klareren Sinn für die richtige Ordnung der planenden Familie, im Idealfall in Übereinstimmung mit Frau und Kindern, aber mit der auf den Vater übergegangenen Souveränität. Betrachten wir nun jeden dieser drei Bereiche der Familienkultur.

II

Die Beziehungen zwischen den Lebenden und den Toten können in unterschiedlicher Weise kulturell ausgedrückt werden: durch Bestattungs- und Trauerbräuche, durch Erinnerungen, durch Embleme, aufbewahrte Dinge und durch Vorstellungen über Blut und Familienstamm. Im 16. und 17. Jahrhundert scheinen einige dieser Formen das beschriebene Verständnis der Familienplanung und -zeit zu unterstützen, während andere davon verschiedene Vorstellungen über soziale Ziele und die Vergangenheit ausdrücken.

Der Katholizismus bestand natürlich auf der körperlichen Kontinuität der Toten, Lebenden und Ungeborenen, die durch die in dieser Welt streitende Kirche hindurchgehen. Er bestand ebenfalls auf der Gegenwirklichkeit der Verdammten in der Hölle und auf dem unaufhörlichen Austausch zwischen den Seelen im Fegefeuer, den Heiligen im Paradies und den Lebenden. Genau wie in volkstümlichen Glaubensvorstellungen über Geister wurden auch in der katholischen Liturgie, Kunst und Andachtspraxis die Toten zu einer Art »Altersklasse« – neben den Kindern, den Jugendlichen, den Verheirateten und den Alten.

Nun betonte dieser Austausch zwischen den Lebenden und den Toten manchmal die besondere Bindung zwischen Eltern und Kindern. Zuweilen tat er das aber auch nicht, denn er wurde von verschiedenen sozialen Interessen geschaffen und aufrechterhalten – auch vom zölibatären Klerus, der ja selten über legitime körperliche Erben verfügte. Nehmen wir als Beispiel den Ort der Beisetzung. Das kanonische Recht hatte lange Zeit in dieser Hinsicht die Wahlfreiheit garantiert: Frauen mußten nicht mit ihren Männern beigesetzt werden, minderjährige Kinder waren nicht gezwungen, den Wünschen ihrer Väter zu folgen; niemand brauchte sich auf dem Friedhof seines Kirchspiels beerdigen zu lassen, solange die Gebühr gezahlt wurde. Wie wurde von dieser Freiheit Gebrauch gemacht? Viele Adlige und wohlhabende Stadtbürger errichteten Familienkapellen oder setzten zumindest in der Kirche einen Stein, unter dem Familienmitglieder begraben werden konnten: das stärkte sicher Familiengefühl und -kontinuität, insbesondere, wenn die Generationen nah beieinander lebten. Ein Beispiel: Isaac Chorllon, Sohn eines *fermier* (Steuerpächters) und Zehnthebers, Vater eines örtlichen Anwalts und königlichen Rats im Limousin im 17. Jahrhundert, »hat, nachdem er für sich und seine Nachkommen Häuser und Wohnungen für die weltliche Zeit und das sterbliche Leben gebaut hat, ein Haus für die Ewigkeit und für das andere Leben erbaut«, eine Jesus, Maria und Joseph geweihte Familienkapelle. Und so besaß in einem Dorf in den Pyrenäen im 18. Jahrhundert jede Familie einen eigenen Beisetzungsort in der Kirche, auf dem die Familie bei jeder Messe des Kirchspiels kniete.[18]

Andererseits war das in früheren Zeiten, wie Philippe Ariès zeigt, durchaus keine unausweichliche Wahl. Zu Beginn des 14. Jahrhunderts – nach allen registrierten Testamenten im Forez (von bessergestellten Bauern, Stadtbürgern und Landbesitzern) – wünschte nur ein Viertel eine Beisetzung »im Grab ihrer Eltern«, enger Verwandter oder dem des Ehegatten. Katholiken aus Handwerks-, Handels- oder Juristenfamilien in Lyon verfügten Mitte des 16. Jahrhunderts auf vielfältige Weise über ihren Körper. Keiner der vielen Neuankömmlinge wollte Herz oder Körper zum Grab eines Vorfahren zurückbefördert sehen. Männer konnten sich mit ihren Eltern bestatten lassen, sie aber auch ignorieren zugunsten einer eigenständigen Beisetzung mit der Ehefrau oder sogar einem Onkel oder Neffen. Frauen konnten bei ihren Ehemännern oder bei vor ihnen gestorbenen Kindern bestattet werden, sich aber, wenn sie Einheimische waren, ebenso gut entscheiden, ihre Gebeine bei denen ihrer Eltern ruhen zu lassen. Und schließlich gab es jene, deren korporative Verbindung mit Heiligen, mit den Armen in Christus oder mit ihren spirituellen Brüdern ihre Familienloyalität übertraf, und die eine Beisetzung »vor Unser Gnadenreichen Frau« oder »unter dem großen Weihwasserbecken«, auf dem Friedhof des Hospitals oder in der Kapelle einer Bruderschaft wünschten. Obwohl es eine Vorliebe für Familiengräber gab, behielt in der Provence im 18. Jahrhundert das Begräbnis durch die Bruderschaft seine Bedeutung für Zugewanderte, und einzelne Notabeln ließen ihre sterblichen Überreste immer noch in der Kirche oder auf dem Friedhof des Armenhospitals beisetzen.[19]

Dieses gemischte Bild zeigt sich auch bei anderen Gelegenheiten. Unter denen, die bei einer Beerdigung Gebete sprachen, waren Waisen und Leute aus Hospitälern, die nicht als Verwandte beteten, sondern als Empfänger von Almosen, Trauerkleidern und Geschenken des Verstorbenen. Die privaten Messen für die Ruhe einer Seele im Fegefeuer wurden zwar von einer Familie gestiftet, mußten aber immer noch von einem Priester gehalten werden, und oft wurden sie auch von den Mitbrüdern der Bruderschaft des Verstorbenen eingerichtet.[20] Die Seelen, die an Allerheiligen aus dem Fegefeuer zurückkehrten, besuchten zwar vor allem Verwandte, waren aber für alle Gegenstand der Sorge – für die Jungen, die am Vorabend auf dem Friedhof tanzten, für die Männer, die die ganze Nacht hindurch die Glocken läuteten und tranken, um die Toten in Schach zu halten, für die Gemeindemitglieder, die am nächsten Tag den Priester begleiteten, der Weihwasser an den vier Ecken des Friedhofs versprengte. Und wenn Geister- und Totenbeschwörer versuchten, die Toten zu wecken, damit sie ihnen halfen, einen verlorenen Schatz oder ähnliches zu finden, insistierten diese ebensowenig auf der Verwandtschaft mit dem Körper.[21]

Kurz, die katholische Ökonomie der gegenseitigen Seelenrettung – und sogar ihr Schwarzmarkt – boten Raum für Familien- und verwandtschaftliche Bindungen, für künstliche Verwandtschaft und manchmal für weitreichendere Gemeinschaften. Der *culte des morts* war ganz sicher kein »Ahnenkult«.

Wenn wir uns katholischen religiösen Ereignissen zuwenden, die Kinder mit ihren verstorbenen Eltern in Verbindung brachten, treffen wir auf Rituale und Volksbräuche, die Gefühle kanalisieren und auch einiger Ambivalenz Ausdruck verleihen. Die meisten privaten Messen wurden von dem oder der Benefiziar(in) selbst gestiftet – »für die Ruhe«, »das Heil« oder »die Rettung« der Seele, wie die Formeln lauteten; der Testator konnte dann fortfahren und ergänzen: »und für die meiner verstorbenen Vorfahren und Eltern«. Eltern konnten ihre Kinder zu weiteren Gebeten verpflichten: »Mein Sohn«, sagte ein Vater, Kaufmann in Toulon im 17. Jahrhundert, »(...) erinnere Dich an Deine gute Mutter (...) Denke daran, welch große Verpflichtung Du ihr gegenüber hast (...) wie tugendhaft sie war (...) Gib acht auf all meine Mühe, aus Dir einen Mann von Ehre und Schuldigkeit zu machen (...) Bete zum Herrn für unsere Seelen (...) Das ist das Zeugnis, das ich nach diesem Leben von Dir erbitte.«[22] Für den Erben wie für jeden Sohn und jede Tochter, die fortfuhren, für ihre Toten zu beten und an ihrem Todestag Messen zu stiften, vermischten sich wahrscheinlich in ihrem Handeln Liebe, Schuld und Unmut: es war ein Weg, den Eltern zu helfen, in die nächste Welt überzugehen – aber Eltern, die letzten Endes für ihre eigenen Sünden im Fegefeuer waren.

Die Beziehungen zwischen Kindern und den Geistern ihrer Eltern verbanden auch Liebe und Furcht und waren in Intensität und Dauer begrenzt. Direkt nach dem Tod wurden Spiegel umgedreht und Wassereimer zugedeckt, damit die Seele auf ihrem Weg in die nächste Welt nicht gefangen und die Gefahr, die von den Toten ausgehen könnte, begrenzt würde. In bestimmten Dörfern in den Pyrenäen behielt die Familie Stückchen von Finger- und Zehennägeln und Haare des Verstorbenen als Glücksbringer für den Haushalt; aber man mußte schnell handeln, damit der Tote nicht rücksichtslos die magische Kraft mit sich fortnimmt. Wenn es in der Folgezeit zu Besuchen des Geistes kam, hatten sie genau bestimmte Ziele: Zahle meine Schulden, kümmere Dich um meine Almosen, die ich versprochen habe, räche meinen Tod; warum hast Du keine Messen für mich gestiftet? In der Regel konnte diesen Forderungen ohne die Seelenpein eines Hamlet begegnet werden. Geister waren nicht besonders wohlwollend, obwohl sie manchmal zurückkehrten, um ihre Familie aufzumuntern oder Familienmitglieder vor einem bevorstehenden Unglück zu warnen. Aber sie waren ebensowenig besonders eifrig strafende Geister: sie suchten wohl Ehefrauen heim, die sich wieder verheiratet hatten, aber um die Karrieren, Ehen oder den Besitz ihrer Kinder kümmerten sie sich selten.[23]

In welchem Verhältnis standen diese Gefühle und Praktiken zum Verständnis der Identität, Kontrolle und zeitlichen Dauer der Familie, von dem wir oben gesprochen haben? Einerseits könnte der Luftzug von Ambivalenz, der durch das Ritual hineinkam, als ein nützliches Sicherheitsventil für Konflikte über das Erbe funktioniert haben; und die Möglichkeit des Familiengrabs könnte das Gefühl der Kontinuität der Familie verstärkt haben, insbesondere, wenn die Nachkommenschaft am gleichen Ort wie ihre Eltern blieb. Andererseits möchte ich behaupten, daß die katholischen Bestattungsbräuche noch stärker in Spannung standen zur Familie, die gerade ihren Siegeszug begann, zum Privatleben der Familie, zur willentlichen Übernahme oder Verinnerlichung elterlicher Werte. Die Lebenden konnten hier die Toten betrauern, ohne von den emotionalen Forderungen der Vergangenheit überwältigt zu werden. Die Lebenden legten hier einen Abstand zwischen sich und ihre Eltern durch das Ritual, durch eine wohldefinierte Reihe von Austauschprozessen und durch das Eingreifen von Gemeinschaftswerten, die weit über die Interessen der begrenzten Familie und ihrer Zukunft hinausgingen. Und das Zeitverständnis war ein zirkuläres, eine ständige Umkehrung zwischen Toten und Lebenden, da die Ökonomie der Seelenrettung auf das Jüngste Gericht hinarbeitete.

Die Bedeutung eines solchen ausschließenden Gegensatzes zwischen zentralen Formen der Glaubenspraxis und den Bestrebungen vieler Familien in der frühen Neuzeit werden wir etwas später erörtern. Das Problem wird jedoch deutlich durch das Auftauchen der protestantischen Kirchen, die in ganz anderer Weise mit ihren Toten umgingen. Alle Formen des Austauschs und der Kommunikation zwischen Seelen in der anderen Welt und den Lebenden sollten hinweggefegt werden. Gott hat nicht den Heiligen, sondern allein Christus die Sorge um unsere Erlösung zugewiesen, sagte Calvin. Was die Toten angeht, so waren sie ganz auf sich gestellt und außerhalb unserer Reichweite: »Es gibt nichts, was wir hinzufügen oder wegnehmen können.« Die Seelen der Erlösten waren bereits in der Gegenwart Christi, die der Verdammten erlitten bereits Qualen bis zur Wiederauferstehung. Der Herr gab ihnen keinen zeitweiligen Urlaub, um zurückzukehren und uns zu besuchen. Wir sollten unsere Toten anständig begraben; wir könnten maßvoll um sie weinen, »auf männliche Weise«. Das bedeutete kein Klagen und ganz gewiß keine Zoten bei Trauerfeiern und keine prahlerische Spende von Trauerkleidern an Bedürftige bei der Beerdigung. Die Hinterbliebenen selbst durften für eine geziemende Zeit Trauerkleider tragen, war die Meinung der meisten protestantischen Prediger. Aber wie sehr auch unsere menschliche Liebe dazu geneigt sei, verstorbenen Eltern oder Freunden dadurch weiter Liebe zu bezeugen, daß man für sie betete – wir sollten ihr widerstehen, warnte Calvin. Monikas Bitte an Augustinus, daß ihrer nach ihrem Tod am Altar gedacht werden solle, war »der Wunsch einer alten Frau«. Wir beten nur für die Lebenden, für uns und füreinander, die wir noch mitten im Kampf stehen.[24]

Das Fegefeuer war auch nur ein weiteres Beispiel für die perverse Priesterherrschaft. Sie sind wie Abdecker, sagte ein reformierter Pfarrer, die ihren Lebensunterhalt mit menschlicher Haut verdienen. Französische Protestanten entboten ihren Verstorbenen bei einem einfachen Begräbnis ein letztes Adieu, bei dem der Pastor, der sie privat getröstet hatte, manchmal noch nicht einmal anwesend war. (Im lutheranischen Gebieten gab es einen ausgefeilteren Gottesdienst, bei dem Bibeltexte die Hinterbliebenen an die Auferstehung erinnerten und vielleicht eine Grabrede den Verstorbenen in Erinnerung rief.)[25]

So wurden die Toten als »Altersklasse« aus der protestantischen Gesellschaft entfernt. Dieser Bruch im Ritual und in der Andachtspraxis erschien katholischen Beobachtern sehr grausam.[26] Vielleicht war er in verborgener Weise durch eine vorprotestantische Erfahrung vorbereitet worden – von seiner Heimatstadt wegzugehen und es dann schwierig zu finden, in die künstliche Familie der Bruderschaft hineinzufinden und in den Genuß ihrer Gnadensquellen zu kommen. Wie auch immer, der Übergang zu protestantischen Beerdigungsformen geschah nicht über Nacht. Geister kamen zurück, um einige der lebenden Heiligen heimzusuchen, lange nachdem Calvin, Ludwig Lavater und andere Pastoren sie gelehrt hatten, daß das unmöglich sei – daß solche Erscheinungen Engel oder Teufel wären und es unwahrscheinlich wäre, daß sie »denjenigen, denen das Evangelium rein gepredigt wurde«, erschienen. Ende des 16. Jahrhunderts mußten nationale Synoden der französischen Reformierten Kirche die Gläubigen immer noch daran erinnern, daß es bei Beerdigungen keine Gebete, Ermahnungen oder öffentliche Almosenverteilung geben sollte, denn diese könnten zu Aberglauben führen. Und – um ein Beispiel von der anderen Seite des Kanals zu geben – in Herfordshire und anderswo wurden im 17. Jahrhundert Arme als »Sündenesser« benutzt, die Brot und Bier über dem Leichnam verzehrten und so die Sünden des Verstorbenen auf sich nahmen, damit dieser nicht nach seinem Tod über die Erde wandern mußte (eine ›Iß jetzt, zahl später‹-Variante der katholischen Seelenrettungsökonomie auf Gegenseitigkeit).[27]

Aber trotz solcher Übernahmen festigte sich das neue protestantische Feingefühl. Die Beerdigung wurde einfacher: um 1630 konnte selbst ein anglikanischer Aristokrat nachts in aller Stille begraben werden. Während französische Katholiken im 17. Jahrhundert verstorbene Familienangehörige mit einem hinzugefügten »Möge Gott ihm gnädig sein« oder »Möge Gott ihr Frieden geben« notierten, schrieben Protestanten, daß ein geliebter Mensch »bis zum letzten Atemzug seinen Glauben bekannte« und fügten nur »Adieu« hinzu. Und die Lebenden blieben, zumindest in England, mit der Grabrede zurück (die jetzt von zentraler Bedeutung war und, wenn die Familie es sich leisten konnte, gedruckt wurde) und mit dem Grabstein, der jetzt weniger pompös, aber unter wohlhabenden Bauern und Händlern weiter verbreitet war, wahrscheinlich mit einem darauf eingemeißelten Bildnis oder Epitaph, der nahelegte, daß der Verstorbene im Paradies war. Leider wissen wir bis jetzt sehr wenig über protestantische Gräber in Frankreich gegen Ende des 16. und zu Beginn des 17. Jahrhunderts, aber sicher ist, daß die Beisetzung auf einem reformierten Friedhof und nicht in der Kirche stattfand. Da hier die magische und korporative Vorliebe der Katholiken für besondere Beisetzungsorte fehlte, wurde der Verstorbene – wie auf Friedhöfen Neuenglands im 17. Jahrhundert – aller Wahrscheinlichkeit nach in der Nähe enger Familienangehöriger beigesetzt. (Tatsächlich bestand mit dem Verbot der reformierten Friedhöfe in Frankreich 1685 die Alternative für die meisten heimlichen Protestanten in einem Familiengrundstück an einem verborgenen Ort.)[28]

Insbesondere aber waren die Lebenden mit ihren Erinnerungen, die nicht durch eine Art ritueller Kommunikation mit den Toten gefiltert und verändert wurden, alleingelassen. Einige Erinnerungen nagten am Gewissen. Paradoxerweise haben die Protestanten bei ihrem Versuch, alle Geister auf immer zu bannen, vielleicht neue geweckt. Es war sehr einfach, eine verstorbene Persönlichkeit der Gemeinde mit den Worten »Du brauchst mich nicht, ich schulde Dir nichts« zu verabschieden. Aber es war vielleicht nicht so leicht, den inneren Dialog mit einem Elternteil, der einen eine gewisse Zeit erzogen hatte, abzubrechen und auszulöschen – erst recht nicht, wenn man die Entwicklungsrichtung berücksichtigt, die das Familienleben eingeschlagen hatte. Noch im Alter von 73 Jahren erinnerte sich der reformierte Basler Drucker und Lehrer Thomas Platter daran, wie seine katholische Mutter ihn mit einem durchbohrten Kuhhorn säugte, weil sie keine Milch hatte (»das was mins ellentz ein anfang«), und wie sie ihn, als er während seiner Schülerjahre zu ihr zu Besuch kam, gefragt hatte »hat dich der tüfel aber zuher getragen?« und vorhergesagt hatte, daß er nie Priester werden würde – was auch eintrat. Er fuhr fort, enge Bindungen zu seinem eigenen Sohn

Felix zu knüpfen, der später der Arzt wurde, der Thomas einst selbst hatte werden wollen. Felix erinnerte sich, wie ihm sein Vater, als er zum Medizinstudium nach Montpellier ging, versprochen hatte: »Ich werde Dich nie im Stich lassen«.[29]

Ich habe gezeigt, daß der rituelle und korporative Austausch zwischen Lebenden und Toten in der katholischen Frömmigkeit solche Dialoge ein wenig dämpfte. Jetzt möchte ich vermuten – und es würde ein vergleichendes Studium vieler Tagebücher, Briefe und Familiendokumente erfordern, es zu beweisen –, daß das Ende des Fegefeuers und der rituellen Trauer, welche Energien dadurch auch für andere Arbeiten freigesetzt wurden, die Protestanten (und insbesondere die Hugenotten mit ihrem reduzierten Ritual und ihrem prekären Status in Frankreich) weniger von ihren Eltern entfernte, sie mit ihren Erinnerungen eher allein zurückließ, sie verletzlicher für den Stachel der Vergangenheit und offener für die Zukunft der Familie machte.[30]

III

Erinnerungen erzählt man natürlich nicht nur sich selbst, man gibt sie auch an andere weiter. Das führt uns zur wichtigsten kulturellen Quelle, aus der man ein volles und aufrichtiges Verständnis der Identität der Familie und ihres Trachtens und Strebens schöpfen kann – zur Familiengeschichte. Im Unterschied zu Gräbern, Fingernägeln und Haaren konnte sie von reiner Bewahrung zur Veränderung fortschreiten. Sie wurde von Vater und Mutter den Kindern erzählt, wurde von Vätern erzählt, die ihre Heimatstadt oder ihr Heimatdorf verlassen hatten, und von Vätern, die sich nicht von der Stelle gerührt hatten; sie wurden weiter zusammengefügt durch Fragen der Kinder und aufgeschnappte Gesprächsfetzen (Was hat mein Großvater in Rom für den Kardinal de Bourbon getan? Mit wem war meine verstorbene Tante Gabrielle verheiratet? Der Vater meines Vaters wurde 126 Jahre und bevor er starb, habe ich noch mit ihm gesprochen; ich habe den 85jährigen Jean de Lan sagen hören, daß sein Vater, als er 85 war, sagte, daß 1331 ...). Gewöhnlich reichten diese Erinnerungen nur zwei bis drei Generationen zurück. Die Worte eines hugenottischen Flüchtlings im 16. Jahrhundert lassen erkennen, welch bedeutender Teil des Familienlebens diese Gespräche waren: »Die schrecklichen Bürgerkriege [in Frankreich] haben unzählige Familien gezwungen, aus dem Königreich wegzugehen und alles im Stich zu lassen (...) Viele sind gestorben, ohne den Ihren eine Erinnerung zu hinterlassen, woher sie gekommen sind. Kinder werden nicht erfahren, wer ihre Eltern oder Vorfahren waren (...) Die Bücher und Papiere meines verstorbenen Vaters sind verloren, und ich muß darauf zurückgreifen, was ich ihn, meine verstorbene Mutter und meine anderen Verwandten über unsere Vorfahren habe erzählen hören.«[31]

In Haushalten mit begrenzten Lese- und Schreibfähigkeiten, insbesondere unter Bauern, wurde diese Geschichte in der frühen Neuzeit mündlich weitergegeben, und vielleicht gab es noch eine Truhe voll notarieller Verträge und Urkunden der Familie. Aber im 14. Jahrhundert tauchte – am deutlichsten in Florenz – die Familiengeschichte oder die Erinnerungen des Hauses als neue schriftliche Gattung auf (neben anderen Bezeichnungen *libro di ricordanze* oder *livre de raison* genannt); im 15. Jahrhundert pflegten sie in der Provence, im Limousin und im Lyonnais Notare und Bürger in der Stadt und sogar Kaufleute auf dem Lande. Und im 16. und 17. Jahrhundert entstanden in den Mittel- und Oberschichten der französischen und englischen Gesellschaft viele solcher Manuskripte.[32]

Diese Familienerinnerungen, die sich ursprünglich aus Rechnungsbüchern entwickelten, in denen Wirtschaft und Leben des Haushalts und Geschäfte außerhalb aufgezeichnet wurden, angereichert durch die Einzelheiten, die am Herd erzählt wurden, haben unterschiedliche Formen (einige ähneln Tagebüchern, andere haben nur Eintragungen für besondere Ereignisse, wieder andere erzählen eine fortlaufende Geschichte); sie geben unterschiedlich viel an Informationen über das Leben des Verfassers und seine Zeit (die von Ehemännern berichten mehr über sie selbst als über ihre Ehefrauen; die von Ehefrauen erzählen mindestens soviel über Ehemänner und Kinder wie über sie selbst). Einige wurden über Generationen hinweg weitergeführt – meist von Söhnen oder männlichen Erben, aber gelegentlich auch von Ehefrauen, Witwen und Töchtern und, wenn die männliche Linie ausstarb, sogar von Eingeheirateten. Andere wurden nur für die Lebenszeit eines Mannes oder einer Frau verfaßt und blieben zum späteren Nachlesen bei den Familienpapieren, wie Jerôme des Gouttes' »Bericht über das Haus und den Ursprung« seiner Familie aus dem Jahre 1588 oder das berühmte Tagebuch des englischen Pastors Ralph Josselin aus dem 17. Jahrhundert.[33]

Aber alle wurden mit der Absicht verfaßt, den Kindern etwas an die Hand zu geben über die in der Zeit zurückgelegte Lebensbahn der Familie, über Karrieren und Qualitäten der Eltern, Erziehung und Heirat der Kinder, über erlittene Verluste und Gefahren, denen man mit knapper Not entronnen war. »Ich habe diesen Bericht geschrieben«, sagte eine alte katholische Mutter Anfang des 17. Jahrhunderts, »damit meine Kinder und diejenigen, die von mir abhängig sind, sehen können, wie meine Vorfahren gelebt haben und daß Gott denen immer hilft, die ein gutes Leben führen. Nicht Wohlstand und adlige Geburt haben unsere Familie nach oben geführt, sondern Tugend vereint mit göttlicher Gnade.« Memoiren von Familien, die bereits durch adlige Geburt höherstehen, betonen trotzdem die Tugend: »Tugendhafte Väter hinterlassen in ihren Kindern den brennenden Wunsch, ihnen nachzueifern«, sagt ein Sohn des Marschalls Gaspard de Saulx in der Einleitung zu den Memoiren seines Vaters. »Ich stelle Euch das Beispiel Eures Vaters vor Augen«, sagt Charlotte d'Arbaleste über ihren Ehemann, den protestantischen Adligen Philippe du Plessis de Mornay, »daß Ihr einem Mann nacheifern könnt, der soviel getan hat, um Gott zu dienen«. »Ich könnte Dir vier oder fünf Häuser in unserem *pays* nennen, unsere engeren Verwandten eingeschlossen«, schreibt ein bretonischer Adliger in seinem »Rat und Journal« an seinen ältesten Sohn, »die durch Laster [Verschwendungssucht, Glücksspiel etc.] Schiffbruch erlitten haben. (...) Ich möchte Dich und Deinen Bruder den Weg der Tugend folgen sehen, den Weg, der die Menschen in den Himmel führt und sie in der Welt angesehen macht.«[34]

Die Bedeutung dieser Gefühle und der sie begleitenden *livres de raison* wird noch verstärkt, wenn wir uns an andere, mit ihnen wettstreitende Konzepte der Familie erinnern. Hier wird die Zeit der Familie nicht durch Mythen oder die automatische Reproduktion jeder Generation durch die überkommenen Gesetze der Erbfolge bestimmt, sondern durch bewußte Anstrengungen einer Generation für die nächste. Hier steht die Rolle der Familientugend und -planung in Spannung zur Idee der »race« (Rasse) und des »sang« (Blut), das heißt von erblichen Qualitäten, die sich Ende des 16. und im Laufe des 17. Jahrhunderts im Adel verbreiteten. Um ihre *race* zu begründen, konstruierten sich Adlige und Möchtegern-Adlige Stammbäume, die eine Mischung aus Dichtung und Wahrheit waren und – wenn möglich – bis zur Zeit »vor Menschengedenken« zurückgingen. Selbst wohlhabende Bürgerliche übernahmen die Auffassung vom »guten Stamm«, um sich vom »niederen Volk« und von den Armen abzusetzen.[35]

Diese Vorstellung wird gewöhnlich als Verteidigung von Privilegien und gesellschaftlicher Stellung angesehen, während das Argument der Tugend und Leistung denen als Rechtfertigung diene, die hoffen, in der sozialen Hierarchie aufzusteigen oder gar die Hierarchie selbst ein wenig verändern wollen. Das ist sicher richtig, aber ich halte es auch für wahrscheinlich, daß viele Familien sich an beiden Arten, ihre Vergangenheit zu verstehen, hielten, so sehr sich diese einander widersprechen mochten. Für jene, die den »Stamm« betonten, war die Erfahrung der Familienplanung und des Aufzeichnens ihrer Geschichte in einem *livre de raison* (im Gegensatz zu einer Stammtafel) ein Argument für die Rolle, die Leistung spielte, und führte dazu, die *»bonne race«* als Anlage zur Tugend und nicht als die Tugend selbst zu bestimmen. Für jene, die Leistung betonten, war das vom »Stamm« abgeleitete Argument eine nützliche Waffe, um Kinder von den Gefahren einer nicht standesgemäßen Heirat zu überzeugen. Die Erinnerungen eines Kanonikers aus einer provenzalischen Stadt Ende des 17. Jahrhunderts illustrieren eine derartige gemischte Auffassung: der Kleriker versorgt seine Neffen mit einer »kleinen Genealogie«, die nur über acht Generationen reicht, weil die Familienpapiere durch Heirat verstreut worden sind: alles weitere wäre unnütz für eine Familie, die keinen Adelsnachweis zu verteidigen hat; und schließlich ist seine Familie als eine der ältesten und ehrbarsten in Cavaillon bekannt – 400 Jahre lang hat sie Kanoniker der Kathedrale gestellt.[36]

Berichten *livres de raison* und Memoiren die Wahrheit über Familien? Dieses Problem erfordert genaues Studium, aber mein Eindruck ist, daß ihre Sünden nicht in dem liegen, was sie schreiben, sondern in dem, was sie weglassen – manche werden unbewußt von Personen begangen, denen jede literarische Ausbildung fehlt, andere von jenen, die einen Sinn für die »Familienfront« besaßen, also davon, was vergessen werden mußte und was den Kindern erzählt werden durfte. Katholische Eltern in der Mitte des 17. Jahrhunderts waren zum Beispiel nicht willens, das frühere protestantische Zwischenspiel ihrer Vorfahren zuzugeben; und unehelich geborene Kinder werden sehr selten erwähnt. Aber dennoch gibt es bei dem, was von einer an die folgende Generation weitergegeben wird, eine beträchtliche Spannbreite von Gefühlen und Fakten: Ich verliebte mich in eine Frau von der anderen Religion, erzählte ein wohlgeborener Hugenotte seinen Kindern, aber ihr Vater verbot die Heirat, mit dem Ergebnis, daß wir beide an Melancholie erkrankten, und sie ihr Leben lang ihre Gesundheit nicht mehr wiedererlangte. Mein Sohn starb an den Pocken und meine Töchter überlebten sie, obwohl ich sie vernachlässigte, um mich um Richard zu kümmern, schreibt eine aristokratische englische Mutter auf Seiten nieder, die ihre Töchter später lasen. Mein Sohn Alexis starb im Alter von fünf Jahren, berichtet ein französischer Anwalt, ich hatte so große Hoffnungen in ihn gesetzt, er schien so viel Verstand, Urteilskraft und Lernfähigkeit für sein Alter zu besitzen; Gott nahm ihn von mir. Meine 16 Jahre alte Tochter starb in meinen Armen bei der Niederkunft, sagte eine hugenottische Mutter aus einer Handwerkerfamilie, in der bereits fünf Kinder gestorben waren. »Hätte Gott doch mich an ihrer Stelle in den Sarg gelegt; ich werde sie bis zu meinem letzten Atemzug nie vergessen.« Meine verwitwete Mutter widersetzte sich einem Heiratsplan meines Bruders Honoré, weil er mittellos und ein Hallodri war. Aber ein anderer Bruder arrangierte sie, Honoré wurde ein guter Anwalt und gab seinen lockeren

Lebenswandel auf. »Mein Bruder Martial hat gestern unser Haus verlassen«, sagte ein katholischer Anwalt, »nachdem er in einer Art herumgestritten hat, die ich hier nicht aufzuschreiben wage«. Und ein katholischer Erbe zu Beginn des 18. Jahrhunderts schließlich reißt einige Seiten aus dem Familienbuch und warnt Neugierige, nachzuforschen, warum er das getan hat; es ginge nur ihn etwas an.[37]

So bot das Selbstporträt der Familie jedenfalls einige Jahrhunderte lang Raum für Konflikte, Fehltritte und Enttäuschungen – vermutlich offen genug, um glaubwürdig zu sein, und doch nicht so offenherzig, daß die Loyalität zu Ruf und Interessen der Familie untergraben wurden. Eine zusätzliche Unterstützung für diese Interessen bot natürlich der HERR. Oft erscheint er auf den Seiten katholischer wie protestantischer *livres de raison*: entweder wird ihm für Seine Hilfe gedankt, oder man erkennt Seine höhere Weisheit an. Einige Familien unterstrichen die Botschaft der »Tugend, vereint mit göttlicher Gnade«, indem sie Gebete und Kirchenlieder hinzufügten. Daß reformierte Familien das taten, ihre Memoiren sogar mit Psaltern[38] und Neuen Testamenten zusammenbinden ließen, überrascht nicht, wo diese Religion doch so stark den Haushalt als Arena der christlichen Erziehung und des Gebets betonte. Aber die katholische Kirche – die dem Einzelnen wie weitgespannten Verwandtschaftsgruppen sonst großen Spielraum für religiöse Aktivitäten gab – neigte dazu, gegenüber dem Haushalt als Zentrum des Andachtslebens mißtrauisch zu sein. Und doch können wir zum Beispiel Choräle auf die Jungfrau Maria im *livre de raison* einer Kaufmannsfamilie im Limousin im 15. Jahrhundert finden, während ein Beamter der königlichen Bürokratie in Paris in den dreißiger Jahren des 16. Jahrhunderts seine Familiengeschichte mit den Sprüchen Salomos, einer Sammlung medizinischer Rezepte, die Ehefrauen oft auswendig kannten, einer kurzen Anleitung in französischer Sprache, wie man vor sich selbst beichten sollte, und zwei Stundenbüchern zusammenbinden ließ. Übernehmen hier Laienfamilien selbständig eine Form katholischer Frömmigkeit, die die Kirche für die persönliche Andacht des Einzelnen vorsah? Vielleicht. Wenn dem so ist, hilft das zu erklären, warum das Stundenbuch – zunächst als Handschrift und dann in gedruckter Form – das am häufigsten auftauchende und oft das einzige Buch in französischen Privatbibliotheken am Ende des 15. und das ganze 16. Jahrhundert hindurch war.[39]

Haben wir damit eine Form katholischer Sensibilität gefunden, die mit privatistischen Familiengefühlen ganz gut vereinbar war, so werden wir wieder auf die oben beschriebene Disjunktion zwischen diesen Gefühlen und den katholischen Bestattungs- und Trauerbräuchen gestoßen. Wir haben gesehen, daß katholische und protestantische *livres de raison* ziemlich ähnliche Wertvorstellungen besaßen, wie sehr sich auch ihre religiöse Sprache unterscheiden mochte. Aber reformierte Begräbnisregelungen ließen der geraden Bahn, die in der Zeit von der Familie zurückgelegt wurde, viel Raum, während katholische Rituale und Zeremonien ihr einige Hindernisse in den Weg legten. Warum überdauerte diese Disjunktion? Erstens, weil die traditionellen katholischen Formen direkt oder symbolisch mit korporativen Institutionen – wie Gemeindeversammlungen und Kirchenvorständen, berufsmäßigen Gruppierungen und Handwerkszünften, Bruderschaften usw. – verbunden waren, die im 16. und 17. Jahrhundert ganz und gar nicht am Untergehen waren. Zweitens besaß das katholische System einige Elastizität: die Familienkapelle oder das Familiengrab konnten bis ins 18. Jahrhundert wachsende Verbreitung finden; das Fegefeuer konnte, wie Michel Novelle für die Provence im 18. Jahrhundert gezeigt hat, weniger als Ort der Strafe dargestellt werden, sondern als einer, von dem die Seelen schnell dem Paradies übergeben wurden[40]; und die ganze Zeit über konnten, wie wir gerade dargelegt haben, Familien Züge katholischer Frömmigkeit für den Hausgebrauch übernehmen und dabei abwandeln. Drittens gab es in der Erfahrung der Familien selbst einige Widersprüche, etwa zwischen Bewahren und Mehren, zwischen »Stamm« und Leistung. So konnten einige der einander widersprechenden Botschaften – Zeit/Zeitlosigkeit und korporative/private Loyalitäten –, die katholische Trauerbräuche vermittelten, effektiver Ausdruck der dem französischen Familienleben innewohnenden Spannung gewesen sein.

Auf jeden Fall ist die Disjunktion zwischen Begräbnis- und Trauerbräuchen und anderen Formen der Erfahrung keine Besonderheit des frühmodernen Frankreich. In einem bemerkenswerten Essay mit dem Titel »Ritual und sozialer Wandel« hat Clifford Geertz ein javanesisches Begräbnisfest beschrieben, das den miteinander eng verbundenen und religiös einheitlichen Dörfern gut angepaßt, aber für den konfliktreichen und wilden städtischen Raum, in den es übertragen wurde, »inkongruent« ist. Und so hat auch Maurice Bloch gezeigt, wie die Bauern der Merina auf Madagaskar über ein Jahrhundert gewalttätigen Wandels hinweg an den von ihrem gegenwärtigen Wohnsitz oft weit entfernten Gräbern ihrer Vorfahren festhielten, die sie mit der dauerhaften Korporation der Familie und einer als unveränderlich vermuteten Vergangenheit vor der französischen Eroberung verbanden. Durch diese Verbindung mit ihren Vorfahren können die Merina sich an die Unabhängigkeit erinnern und Ordnung erfahren, »das Element der Kontinuität in einer sich ändernden Situation«.[41] Vielleicht besaßen einige unserer französischen Familien wie die Merina eine Verbindung mit ihren Toten, die sie an den unveränderlichen Kreislauf der Natur, die anstrengungslose, ewig gleiche Folge von Generationen, die sich nicht auf die Zukunft stürzen müssen, erinnerten.

IV

Zusammen mit einem neuen Verständnis der Zeit entwickelten viele Familien, die oberhalb der Armutsgrenze standen, im 16. und 17. Jahrhundert schrittweise einen neuartigen Sinn für die Grenzen ihrer Familie. Andere Bindungen – der Freundschaft, Assoziation und der Patronage – blieben wichtig, aber die Interessen der unmittelbaren Familie schienen nun scharf von den Interessen anderer abgegrenzt, insbesondere von denen der Verwandtschaft im weiteren Sinn und von Leuten, zu denen man in einer verwandtschaftsähnlichen Beziehung stand. Schließlich hatte es eine Zeit gegeben, in der die Verwandtschaft bis zum 7. Grad für Verbrechen verantwortlich gemacht wurde und sich für Verbrechen rächen konnte, die eins ihrer Mitglieder betrafen (noch 1420 exkommunizierte Papst Martin V. einen bankrotten Geschäftsmann und Schuldner der Kurie samt seinen Verwandten bis zum 4. Grad); aber jetzt begrenzte das Strafrecht des monarchischen Staates die Verantwortlichkeit auf die unmittelbare Familie, und selbst zu einem Duell kam es nur noch, wenn man selbst oder Ehefrauen, Töchter und Mätressen beleidigt worden waren. Wie Pierre Maranda gezeigt hat, hatte es eine Zeit gegeben, in der die französische Verwandtschaftsterminologie für kollaterale Verwandte ausgefeilter war als für lineare; jetzt aber, seit dem 14. Jahrhundert, vervielfachten sich die Ausdrücke für lineare Verwandte (Urgroßvater usw.), während »engere kollaterale von Verwandten in der direkten Linie unterschieden (...) und in Randpositionen abgedrängt wurden«.[42]

Und es hatte eine Zeit gegeben, in der sogar nicht miteinander verwandte Familien einen gemeinsamen Haushalt mit gemeinschaftlicher Wirtschaft gründeten, der sich selbst eine *frérèche* nannte, als ob die Männer Brüder wären. Wenn im 16. Jahrhundert ein Haushalt während eines Abschnitts des Lebenszyklus oder aus ökonomischer Notwendigkeit erweitert wurde, waren seine Mitglieder stets Eltern oder ein verwitweter Elternteil und verheiratete Kinder, leibliche Brüder und ihre Ehefrauen oder (Dienstboten ausgenommen) andere Mitglieder des inneren Kreises, etwa eine verwitwete Schwester. So spielten auch in Lyon im 16. Jahrhundert *enge* Verwandte – Tanten und Onkel, Nichten und Neffen, Schwäger und Schwägerinnen sowie Stiefeltern – weiter eine beträchtliche Rolle bei Hinterlassenschaften, der Förderung von Lehrlingen und Zuwanderern, bei Partnerschaften und als Ratgeber bei Heiratsverhandlungen, insbesondere, wenn die unmittelbare Familie abwesend war; aber jenseits dieses Grads spielten Verwandte eine erheblich geringere Rolle. In Bordeaux, wo immer noch ungefähr 10 % der frisch verheirateten Kinder mit ihren Eltern einen gemeinsamen Haushalt bildeten, griffen im 17. Jahrhundert entfernte Verwandte sehr selten oder überhaupt nicht in Familienangelegenheiten ein.[43]

Sicher spielte geographische Mobilität bei der Schwächung der Bindungen eine Rolle. »Versucht, Euren Nachbarn zu gefallen«, sagte in der Mitte des 17. Jahrhunderts ein Anwalt aus der Dauphiné seinen Erben, »sucht nach jeder Gelegenheit, ihnen zu Diensten zu sein, denn es ist sehr wahr, wie das Sprichwort sagt, daß ein guter Nachbar mehr wert ist als ein entfernter Verwandter, von dem Ihr nur sehr wenig Hilfe bekommen könnt.«[44] Aber eine derartige Abgrenzung einer Gruppe und ihrer Interessen benötigt auch die Unterstützung durch kulturelle Vorstellungen und Symbole. In einer Gesellschaft von Schäfern – wie Le Roy Laduries Montaillou im 14. Jahrhundert – mag die Familie selbst – der *domus* – das Symbol stellen.[45] Wenn Haushalte jedoch in einem Netz wirtschaftlichen Austauschs und genossenschaftlicher Institutionen gefangen sind, mag mehr erforderlich sein, um die engeren Familienmitglieder klar von den »Vettern« und Halbvettern und den Paten in der Nachbarschaft abzusetzen. Einige der Veränderungen im 16. Jahrhundert auf religiösem Gebiet könnten dabei geholfen haben. Das Bestehen der Reformation auf der Ehe als einziger Berufung hat das Feld der Gefühle in der unmittelbaren Familie und um sie herum sicher intensiviert. Die auf früherem humanistischen Denken aufbauende Gegenreformation sprach dem Eheleben etwas mehr spirituelle Bedeutung zu als es der mittelalterliche Klerus getan hatte. Gleichzeitig aber wertete sie auch die höherstehende Option für das Zölibat mit ihrem Angriff auf das priesterliche Konkubinat und der Schaffung neuer religiöser Orden für beide Geschlechter wieder auf.

Was aber wurde zu diesem Prozeß durch jenen Aspekt der kirchlichen Lehren beigetragen, der am meisten mit Verwandtschaft zu tun hatte – durch die Gesetze über die Verwandtschaftsgrade, innerhalb derer Ehe und Geschlechtsverkehr verboten waren? Im 13. Jahrhundert erinnerten sich die Leute noch an die Tage, als man bis zum 7. Grad nicht heiraten durfte, d. h. keinen Nachkommen seines Ur-Ur-Ur-Ur-Urgroßvaters. Mit dem Laterankonzil von 1215 wurde und blieb es dann der 4. Grad: es war verboten, einen Nachkommen eines seiner sechzehn Ur-Urgroßväter zu heiraten. Das Verbot bis zum 4. Grad erstreckte sich auf die Verwandten des Ehepartners im Fall der Wiederverheiratung und sogar auf eine Person, mit der man Geschlechtsverkehr hatte, solange es sich um eine »fleischliche Vereinigung« handelte, d. h. solange der Verkehr ohne widernatürliche Praktiken vollzogen wurde. (Ein Mann sündigte, wenn er mit einer Frau außerhalb der Ehe Analverkehr oder coitus interruptus praktizierte, aber es stand ihm immer noch frei, ihre Schwester zu heiraten!) Ein Verbot wurde auch zwischen »spirituellen Verwandten« aufgebaut. d. h. zwischen allen Taufpaten, ihren eigenen und ihren Patenkindern. Geschlechtsverkehr oder Heirat unter all diesen Umständen war Inzest, obwohl die Sünde um so schlimmer war, je näher einem der/die Verwandte stand, und jede so geschlossene Ehe war ungültig. Das Konzil von Trient bestätigte 1563 diese Verbote und schränkte nur die Reichweite der spirituellen Verwandtschaft etwas ein: Patinnen waren nicht länger mit Paten verwandt und Patenkinder nicht länger mit den Kindern ihrer Paten.[46]

Im mittelalterlichen und frühneuzeitlichen Europa stand es außer Frage, daß ein solches System zu voller Blüte zu entwickeln sei. »O mon Dieu«, klagte ein Franziskaner Ende des 16. Jahrhunderts, »ich fürchte, daß viele Leute mit ihren eigenen Verwandten im Stand der Verdammnis leben.« Priester eines Kirchspiels besaßen zuweilen Schautafeln und Diagramme der verbotenen Grade und waren angehalten, Nachforschungen anzustellen, bevor sie das Sakrament der Ehe gestatteten; aber viele der Gebildeten, selbst jene, die bei jeder Eintragung einer Taufe im *livre de raison* sorgfältig die Paten aufführten, kannten ihre Abstammung nicht vier Generationen zurück. Ein solches Netz von Verboten war auch nicht notwendig für das, was die Kirche »natürliche« Gründe nannte: es ging ganz sicher weiter, als für biologische oder soziale Exogamie erforderlich war. Es bestand noch nicht einmal klare Übereinstimmung darüber, ob aus einer derartigen Verbindung »Monster« entsprängen.[47]

Tatsächlich geschah mit den verbotenen Graden das gleiche wie mit den komplexen Verboten von Wucher im kanonischen Recht: begründete Ausnahmen wurden gestattet, etwa, wenn es einer Frau unmöglich war, aus einem kleinen Ort wegzugehen, oder wenn die Möglichkeit bestand, in einer berühmten Familie die Ehre zu wahren. Paare, die innerhalb des 3. oder 4. Grades heiraten wollten, suchten und zahlten für den Dispens der Kirche. Paare oder Eltern, die eine Gemeinschaft beenden wollten, konnten solche Hinderungsgründe für die Ehe auch zum passenden Zeitpunkt entdecken – meine Frau ist meine Kusine dritten Grades, die Ehe muß aufgelöst werden. Dieser »Mißbrauch« war bereits einer der Hauptgründe für die Senkung der Verbotsschwelle vom 7. auf den 4. Grad im Jahre 1215 gewesen, er ging danach weiter und bildete zumindest für wohlhabende Familien eine Option.[48]

Für uns hier ist jedoch meiner Meinung nach das Argument wichtig, das gebraucht wurde, um die Reichweite dieser Gesetze zu verteidigen, sowie die Qualität, die sie verwandtschaftlichen Bindungen zusprachen. Mit der langen Kontroverse um die Scheidung Heinrichs VIII. und der folgenden Polemik mit den Protestanten war das im 16. Jahrhundert ein viel diskutiertes Thema. Augustinus war die wichtigste als Beleg zitierte Autorität. Er hatte dargelegt, daß die Kinder von Adam und Eva zwar aus Notwendigkeit einander heiraten mußten, aber nachdem sich die Bevölkerung einmal vermehrt hatte, waren Männer und Frauen durch das höchste Gesetz der Liebe verpflichtet, ihre Beziehungen so weit wie möglich zu streuen. Eva war ihren Kindern Mutter und Schwiegermutter zugleich gewesen, aber wenn zwei Frauen diese Rolle teilten, umfaßte »das Band sozialer Liebe einen weiteren Kreis«, stiege »die Zahl der Menschen, die durch enge Bindungen vereint« sind.[49]

Dies wurde Ende des 16. Jahrhunderts von dem Jesuiten Emond Auger und anderen als Argument vorgebracht, allerdings in einer veränderten Nuancierung. »Unsere fleischlichen Begierden« sind von Natur aus denen gegenüber am stärksten, die uns am nächsten stehen, und sie wären grenzenlos, wenn wir sie heiraten würden. »Selbst wenn wir uns mit einem Fremden verbinden, können wir unsere Gefühle kaum unter Kontrolle halten.« (Soviel zur Frigidität des frühneuzeitlichen Europa!) Außerhalb der verbotenen Grade zu heiraten, gestattet uns, den Kreis unserer Verbindungen um mehr Menschen zu erweitern und zugleich tugendhafter zu sein. Enthaltsamkeit innerhalb der verbotenen Grade schafft eine heilige Allianz der Freundschaft und ein friedliches Verhältnis. Und in der Tat sehnte sich Auger nach den Tagen zurück, in denen die Kirche in der Lage gewesen war, sie bis zum 7. Grad aufrechtzuerhalten.[50]

Das katholische Festhalten an den meisten verbotenen Graden drückte also eine fortwährende Verpflichtung gegenüber weitgefaßten Verwandtschaftsbindungen als einer Quelle sozialer Ordnung und Solidarität aus (obwohl die Jesuiten Eideshelfer, Blutgeld und Bluträcher nicht wieder zum Leben erwecken wollten), sowie eine fortwährende Verpflichtung auf die Ehe als primärer Verbindung, um Konflikte zu reduzieren. Das jahrhundertealte Bild des *Arbor Consanguinitatis*, der jetzt in gedruckten Texten verbreitet wurde, um die verbotenen Grade darzustellen, verewigte diese Vision sozialen Einvernehmens. Da waren alle Verwandten in den Zweigen eines verwurzelten Baums zusammengehalten, ein volkstümliches Symbol im christlichen Denken für Leben, Wissen, für Jesses Stamm und das Kreuz.[51]

Was waren die Konsequenzen dieser katholischen Lehren für die Einstellungen und Strategien von Familien? Dieses Thema ist es wert, erforscht zu werden, obwohl wir wissen, daß es in der frühen Neuzeit Endogamie gab. Daß die Kirche für Heiraten innerhalb

»mäßiger Allianz« Dispense gab, zeigt, wie viel Spiel sie den Interessen der unmittelbaren Familie gab, um blühen und wetteifern zu können. Mehr noch, die tridentinische Einschränkung der spirituellen Verwandtschaft war keine triviale Konzession ans Familienkalkül. Boccaccio mochte zwar über die besonderen Genüsse der Liebe mit der »Gevatterin«[52] witzeln, es war aber für Familien ein wirklicher Vorteil, die Kinder von Paten für eine Heirat mit ihren Kindern verfügbar zu haben, neben anderen Gefälligkeiten, die man von *parrains* (Paten) und *marraines* (Patinnen) erwartete. Andererseits betteten die verbotenen Grade die Familie in ein Netzwerk der Verwandtschaft ein. Wie der zyklische Austausch mit den Seelen im Fegefeuer in einer gewissen Spannung stand zur geraden Bahn der Familiengeschichte, standen so auch die Zweige der verbotenen Grade in einer Spannung zum Kreis um die unmittelbare Familie?

Auch hier wird das Problem durch den Kontrast zur Position der reformatorischen Bewegungen unterstrichen. Für die Protestanten war der ganze Mechanismus von unerlaubten Heiraten und Dispensen nur ein weiteres Beispiel für die päpstliche Tyrannei und den Krämergeist der Priester. Die Calvinisten verboten ganz einfach die Heirat innerhalb der unmittelbaren Familie, zwischen Onkel und Nichte, Tante und Neffe, und zwischen Vettern ersten Grades. In der Anglikanischen Kirche ging das Verbot noch nicht einmal bis zu den Vettern ersten Grades, und Calvin sagte, er hätte es »vorläufig« verfügt, »um Skandal zu vermeiden«. Dispense waren nicht gestattet. Alle anderen Heiraten, einschließlich der zwischen Paten, waren nicht inzestuös. Hier wurde kein komplizierter Baum der Blutsverwandtschaft gebraucht, eine einfache Auflistung wie im »Book of Common Prayer« reichte aus.[53]

Die neue Regelung zog in reformierten Kreisen große Aufmerksamkeit auf sich und weit bis ins 17. Jahrhundert wurden viele Fälle vor lokale Konsistorien bis hin zur französischen Nationalsynode gebracht. Sie erlaubte den Leuten ganz sicher nicht, dadurch aus der Ehe herauszukommen, daß sie entdeckten, daß die Ehegatten Cousin und Cousine waren: Scheidung war nur bei Ehebruch oder Verlassen über einen langen Zeitraum gestattet.[54] Aber dieses Verfahren berücksichtigte viele Bedingungen bei Eheschließungen und paßte sich ihnen an. Es paßte für eine große Stadt wie Genf, voller Flüchtlinge und mit einem großen Heiratsreservoir, und für eine kleine, kampfbereite reformierte Gemeinde, die um ihres Überlebens willen zu Heiraten zwischen Verwandten greifen mußte. Und sie gab Familien eine freiere Hand, ihre Strategien ohne äußere Einmischung auszuarbeiten.

Aber insbesondere die protestantischen Regelungen, die den Inzest betreffen, offenbaren eine von der des Jesuiten Emond Auger verschiedene Sicht der sozialen Allianz; sie ähneln der calvinistischen Haltung zum Wucher. Calvin lehnte die Gesetze des Deuteronismus ab, nach denen Juden keine Zinsen nehmen durften, wenn sie an Brüder Geld verliehen, wohl aber beim Geldverleih an Fremde. »*Notre conjonction*«, sagte er, »unser Bund ist von ihrem völlig verschieden.« Jetzt war jeder ein Bruder – aber einer, von dem man, wenn es sich ergab, auch Zinsen nehmen durfte. So wie das weite Netz einer enthaltsamen und friedlichen Verwandtschaft, das durch Heirat Fremde von außen aufnahm, voneinander getrennten Familien wich, die miteinander um Besitz konkurrierten und durch Heirat Kinder austauschten, so machte in Benjamin Nelsons treffender Formulierung das Bruder-Sein innerhalb des Stammes (Tribal Brotherhood) dem Ein-Anderer-Sein in der Gesellschaft (Universal Otherhood) Platz.[55] Wir müssen nur noch ergänzen, daß die Brüder des Stammes und die Anderen in der Gesellschaft keine isolierten Individuen waren, sondern von patriarchalischen Vätern regierte Familieneinheiten.

Eine Form eines verbotenen Grades wurde im 16. Jahrhundert sehr wenig diskutiert, ob pro oder kontra, weder von katholischen und von protestantischen Pamphletisten – und zwar die durch legale Adoption geschaffene Verwandtschaft. »Adoption ist bei uns verschwunden«, kommentierte Pastor Théodore de Bèze aus Genf in den sechziger Jahren des 16. Jahrhunderts. Im Mittelalter scheint sie in Teilen Frankreichs ziemlich verbreitet gewesen zu sein, aber im 14. Jahrhundert beschrieb ein französischer Anwalt Adoptionen als selten, und gegen Ende des 17. Jahrhunderts bemerkte ein Jurist: »obwohl Adoptionen bei den meisten Nationen schon immer Brauch waren, bei unserer haben sie sich nicht erhalten«. Diese fehlende Bereitschaft, zu adoptieren, lag nun nicht daran, daß es keine kinderlosen Paare in größerer Zahl gegeben hätte (die entweder keine Kinder bekamen oder sie alle durch Tod verloren hatten), noch daran, daß es kein Reservoir von ehelich oder unehelich geborenen Waisenkindern beiderlei Geschlechts gegeben hätte; noch lag es schließlich an dem Unwillen, sich um Kinder zu kümmern, die keine Blutsverwandten waren: Lehrstellen, Waisenhilfe, Patenschaft und Vormundschaft waren ganz verbreitet. Warum dann keine Adoptionen? Warum zögerten Paare in einer Gesellschaft, in der sich Familien so sehr um ihre Zukunft sorgten, derart, das Kind eines anderen in ihren Haushalt aufzunehmen und vor dem Gesetz zu versprechen, es aufzuziehen, ihm ihren Namen zu geben und es zu ihrem rechtmäßigen Erben zu machen, »als ob es ihr eigenes wäre«? Warum wurde die einfachere Option, einem männlichen Erwachsenen ein Erbe unter der Bedingung zu vermachen, daß er den

Familiennamen des Erblassers annahm, weniger oft ergriffen, als es dazu Gelegenheit gab?[56]

Diese Fragen sind wichtig und müßten dringend gründlich erforscht werden. Ich möchte hier nur darauf hinweisen, wie der Widerwille gegen Adoption mit dem von uns untersuchten Verständnis von Verwandtschaft im engeren Sinn und vom Stamm der Familie zusammenhängen könnte. Zunächst gab es die Furcht, die lange zuvor bereits von bestimmten Kirchenvätern geäußert worden und die im 16. Jahrhundert noch sehr lebendig war, daß ein Kind, wenn es nicht wußte, wer seine leiblichen Eltern waren – eine Möglichkeit, die bestand, wenn es adoptiert oder legitimiert wurde oder aus einer ehebrecherischen Verbindung hervorgegangen war –, aufwachsen und eine(n) Verwandte(n) heiraten könnte. Pastor de Bèze erinnerte seine Leser an das verheerende Unglück von Ödipus, während ein Zeitgenosse, Franziskaner und Kasuist, vor der unbeabsichtigten »Vermischung des Bluts« von Bruder und Schwester, Vater und Tochter warnte. Daß es so endet, scheint außerhalb eines kleinen Dorfes kaum wahrscheinlich zu sein; aber die Sorge darum zeigt erneut, wie stark im frühneuzeitlichen Frankreich die Annahme war, es gäbe eine natürliche Anziehungskraft, die enge Blutsverwandte aufeinander ausüben. Montaigne mag seine Zweifel daran ausdrükken, aber für viele Leute klangen die Volkssagen und Geschichten wahr, in denen ausgesetzte oder verlorengegangene Kinder unweigerlich zu ihren »richtigen« Eltern zurückfanden. Familien mochten sich streiten, ein Kind bevorzugen und ein anderes wegen Ungehorsam enterben, aber Märchen wie Sprichwort bestanden darauf, daß es mit Stiefeltern und folgerichtig mit Adoptiveltern schlimmer sei. Vielleicht war es in Thomas Morus' Utopia in Ordnung, Kinder aus demographischen oder ökonomischen Gründen aus einem Haushalt in einen anderen zu adoptieren, aber im täglichen Leben liefen die Dinge nicht so harmonisch ab.[57]

In Utopia gab es natürlich kein Privateigentum, keine Sorge um die Familienlinie und insbesondere nicht den Glauben, daß die Schwächen oder Tugenden der Eltern durch die »Saat« oder das »Blut« an die Kinder weitergegeben werden. Ende des 16. und 17. Jahrhunderts faßte diese Auffassung dagegen in Frankreich zunehmend Fuß, obwohl sie durch die medizinischen Lehren nicht gestützt wurde und zum ebenso zwingenden Glauben in Widerspruch stand, ein Kind gleich welcher Konstitution könne durch die mütterlichen Eindrücke und die Diät der Amme geformt und zur geziemenden Disziplin und Wohlerzogenheit gebracht werden. Was positive Qualitäten wie Verstand und Intelligenz betrifft, so ging selbst ein naturalistischer Denker wie Juan Huarte, der lehrte, daß Eltern die Fähigkeiten ihrer Kinder durch die Nahrung, die sie vor dem Geschlechtsverkehr zu sich nahmen, und durch die Wahl des Zeitpunkts und der Technik des Koitus beeinflussen könnten, davon aus, daß die Würfel gefallen seien, sobald ein Kind aus einer Verbindung von Eltern bestimmter Temperamente hervorgegangen war. Und mehr noch, schlechte Eigenschaften wurden vererbt: »Bastarde ähneln ihren richtigen und natürlichen Vätern«, schrieb ein französischer Jurist 1560, »nicht nur in Gesichtszügen und Körperbau, sondern auch im Verhalten und der geistigen Verfassung«. Drüben in England beklagte Shakespeares Leonato die sexuelle Entehrung seiner Tochter in einer Weise, die, denke ich, manchen französischen Vätern nicht ganz fremd gewesen wäre:

Was nahm ich denn nicht an mit milder Hand
Lieber ein Bettelkind vor meinen Toren? –
Wär das beschimpft, mit Schande so besudelt,
Ich könnte sagen: »*Ich* habe keinen Teil dran,
Aus unbekannten Lenden stammt die Schande!«[58]

So mag der Widerwille gegen Adoptionen in bessergestellten Familien im frühneuzeitlichen Frankreich auf der hohen Bewertung *enger* Blutsverwandtschaft beruhen. Einmal außerhalb dieses Kreises, konnte man nicht auf den Stamm zählen. Einige Belege für diese Behauptung kann man in dem Rinnsal von Adoptionen finden, das durch das 16. und 17. Jahrhundert hindurch weiterlief – Adoptionen von Waisen aus der *Aumône-Générale* und aus dem *Hôtel-Dieu* von Lyon. 68 Kinder wurden über einen Zeitraum von 142 Jahren von kinderlosen Paaren adoptiert, die gewöhnlich den Rektoren versprachen, dem Kind ihren Familiennamen zu geben, es zu ihrem Erben zu machen, es mit einer Mitgift zu versehen usw. Ungefähr die Hälfte waren unehelich geboren worden in bekannten, manchmal Handwerkerfamilien, der Rest waren Findelkinder. Praktisch alle Adoptiveltern waren bescheidene Handwerker, d. h. sie kamen aus der untersten Schicht, die wir in diesem Essay in Betracht gezogen haben, oder lagen sogar noch darunter. Nur wenige reiche Paare »ohne Nachwuchs aus ihrer Ehe« hätten es gewagt, ein Kind aus einer Handwerkerfamilie oder von illegitimer Herkunft zu ihrem Erben zu machen, ebensowenig wie sie ihren Töchtern und Söhnen erlaubt hätten, so jemanden zu heiraten.[59]

V

Eine verstärkte Heiratskontrolle war Teil eines allgemeinen Prozesses im 16. und 17. Jahrhundert, in dem politische und religiöse Autoritäten neue Techniken erprobten, um die Autonomie der Jugendlichen zu begrenzen und sicherzustellen, daß sie mit der richtigen

Einstellung und dem richtigen Verhalten aufwuchsen. Neue Bruderschaften für Jugendliche, systematischerer Einsatz des Religionsunterrichts bei Katholiken wie Protestanten, eine neue Disziplin und Überwachung in Schulen und Universitäten, neuartige Erziehungsmethoden der Humanisten und der Jesuiten, nach denen die Lektion z. B. mit Hilfe theatralischer Darstellungen eingepaukt wurde, die zunehmende Zahl von Waisenhäusern und die Erfindung des Jugendgefängnisses – alles geschah in der Absicht, die Hand der Erwachsenen zu stärken und gleichzeitig die Jungen dazu zu verlocken, die Werte der älteren Generation bereitwillig zu akzeptieren. Der Zusammenhang zwischen willigem Gehorsam in der Familie und in der Gesellschaft insgesamt wurde von Klerikern und von Königen dargelegt. Predigten und Traktate über das Gebot, »Deinen Vater und Deine Mutter zu ehren«, gingen schnell zur kirchlichen oder politischen Obrigkeiten gebührenden Ehrerbietung über, während Louis XIII. sein Volk 1639 in einer Ordonnanz über die Ehe daran erinnerte, daß »die natürliche Ehrerbietung, die Kinder ihren Eltern erweisen, mit dem legitimen Gehorsam der Untertanen gegenüber ihrem Souverän verbunden ist«.[60]

Wie die politische Souveränität im Mittelalter zersplittert worden war, so auch die Heiratssouveränität. Lehnsherren hatten ein ebenso großes Interesse an den Heiraten von Frauen in die Familien ihrer Vasallen und Leibeigenen wie Väter. Jugendliche auf dem Dorf und Nachbarn in der Stadt mochten einen Charivari (Katzenmusik) gegen schlecht zueinander passende Verlobte veranstalten, wenn die Eltern dazu ihre Zustimmung gegeben hatten. Schlimmer noch, das kanonische Recht überließ die Entscheidung über eine Heirat letzten Endes den jungen Leuten selber. Die Gatten mußten im geschlechtsreifen Alter sein, so lehrte die Kirche; sie mußten aus freien Stücken der Heirat zustimmen, und es durfte keine »Hinderungsgründe« der oben diskutierten Art geben. Einer gesetzmäßigen Eheschließung mußten öffentliches Aufgebot und Verlobung vorausgehen, und sie mußte durch eine Art priesterliches Ritual gesegnet werden. Vom 11. Jahrhundert an hatte sich dieses Ritual von einer einfachen häuslichen Angelegenheit, etwa der Segnung des Ehebetts durch den Priester, zu einer Reihe öffentlicher Zeremonien ausgewachsen, die in der Trauung vor der Messe gipfelten. Damit eine Ehe gültig war, bedurfte es jedoch keiner Zeremonie, sondern nur der freiwillig gegebenen Einwilligung von Mann und Frau, miteinander in diesem Augenblick die Ehe einzugehen. Es war Sünde, in dieser »heimlichen« Art zu heiraten, aber die so geschlossene Ehe war ein Sakrament und im Prinzip unauflöslich bis zum Tod.[61]

Die wirklichen auf dem Weg zur Ehe vollzogenen Schritte waren vor der Mitte des 16. Jahrhunderts vielfältig und hingen von der sozialen und ökonomischen Lage der Familie, dem Alter und dem Aufenthaltsort der Kinder usw. ab. Die meisten Leute befolgten einige oder alle Schritte, die das Ritual vorsah, aber eine überraschend große Zahl heiratete »heimlich«, sie tauschten Einwilligungsformeln aus und vollzogen dann die Ehe. Sicher, das waren wahrscheinlich weniger wohlhabende Bauern und Handwerker und oft Kinder von Eltern, die weit entfernt lebten oder verstorben waren. Aber es bestand immer die Möglichkeit, daß Kinder aus Familien, die ihre eigenen Pläne hatten, durchbrannten und heirateten. Sorgenvolle Väter hinterließen Testamente, in denen sie Erbteil und Mitgift für den Fall vorsorglich annullierten, daß die Kinder ohne Erlaubnis der Mutter oder des Vormunds heiraten sollten. Ein gutes Beispiel ist die Geschichte Margery Pastons aus einer englischen Gentry-Familie im 15. Jahrhundert, die von ihren Eltern und vom Bischof eingeschüchtert wurde, weil sie dem *Bailiff* die Ehe versprochen hatte. Margery hatte es in der Macht, sich in die Ehe zu versprechen, sie heiratete den *Bailiff*, und die Familie besaß keinerlei Rechtsmittel gegen sie.[62]

Diese Situation zog zu Beginn des 16. Jahrhunderts viel Kritik auf sich. Die kirchlichen Gerichte waren der Prozesse als Folge von Vertragsbrüchen überdrüssig, bei denen ein Ehepartner aus einer heimlich geschlossenen, auf Konsens beruhenden Gemeinschaft beschloß, wegzugehen. Und es gab vor allem bei den Familien ein Unbehagen, für die, wie wir gesehen haben, die Erweiterung des Heiratsmarkts das Spekulieren auf künftige Partner zu einem verzwickteren Geschäft machte. In einem einflußreichen Traktat plädierte Erasmus für ein anderes Modell: Eltern müssen einer Heirat zustimmen und sie gut arrangieren, aber stets das Beste des Kindes im Sinne haben und so vorgehen, daß sie die Zustimmung des Kindes gewinnen. Eltern sollten eine wirkliche Autorität besitzen, sie aber nicht tyrannisch oder rücksichtslos einsetzen. Andere wiederholten das Argument von Erasmus mit einigen Einschränkungen, so der Jurist aus Toulouse, der schrieb, ohne Zustimmung der Väter geschlossene Ehen seien »nicht nur gegen Gottes Gesetz und die Natur, sondern gegen jedes Recht und alle menschliche Vernunft. Natürliche Vernunft, in unsere Herzen eingepflanzt, befiehlt uns (...), unseren Eltern zu gehorchen«.[63]

In den folgenden Jahrzehnten, nach einer lebhaften Debatte über die Rechte der Eltern und den Charakter der Sexualmoral auf dem Konzil von Trient, revidierte die Heilige Mutter Kirche schließlich dreieinhalb Jahrhunderte kanonischen Rechts. Die Jungen durften nicht länger ihren eigenen Weg gehen, obwohl die Regelungen nicht genau das waren, was Erasmus vorschwebte. Künftig mußte eine Ehe öffentlich geschlossen werden, um gültig zu sein. Aufgebote mußten verlesen und insbesondere mußte das Paar vor dem Priester seines Kirchspiels und vor zwei oder drei Zeugen getraut werden. Daß die Eltern davon hören würden, wenn sie in der Nähe des Kirchenspiels ihres Kindes wohnten, war wahrscheinlich. Für sie war es dann einfach, Druck auf ihr Kind auszuüben, wenn sie mit der Heirat nicht einverstanden waren. Es wurde betont, daß Kinder sündigten, wenn sie gegen den Wunsch ihrer Eltern heirateten. Aber die Zustimmung der Eltern war nicht erforderlich (ebensowenig wie für einen jungen Menschen über 16 Jahren, der feierliche Ordensgelübde ablegen wollte – eine Freiheit, die zu schützen der Klerus gebunden war). Der Priester stand für das öffentliche Interesse.[64]

Wie wir nach unserem Erkundungsgang vermuten können, legten die protestantischen Kirchen mehr Gewicht auf die Familieninteressen und das elterliche Mitspracherecht. Die Ordnungen der Genfer Kirche gestatteten einem Mann unter 20 Jahren und einer Frau unter 18 überhaupt nicht, ohne die Zustimmung des Vaters (oder, wenn dieser verstorben war, der Mutter, des Vormunds und einiger Verwandter) zu heiraten. Jenseits dieser Altersgrenze wurde von ihnen verlangt, die väterliche Zustimmung zu suchen, und erst nach einer ausführlichen Untersuchung durch das Konsistorium – ob sich die Heirat schicke – wurde ihnen erlaubt, nach ihrem Willen zu heiraten. Aber der Vater konnte seinerseits Kinder auch nicht zur Heirat zwingen. Die Reformierten Kirchen Frankreichs übernahmen diese Ordnungen; freilich folgten sie strikt dem französischen Recht und setzten das Volljährigkeitsalter später an.[65]

Tatsächlich waren weder die Eltern noch die Regierung in Frankreich mit den Regelungen des Konzils von Trient und der Reformierten Kirchen zufrieden. Von der Mitte des 16. Jahrhunderts an forderten königliche Edikte die elterliche Zustimmung für Frauen bis zu 25 und für Männer bis zu 30 Jahren, enterbten Kinder, die mit dem/der Geliebten durchbrannten, und legten die Strafe für eine der Parteien genau fest, die sich des Verbrechens der Entführung *(rapt)* schuldig gemacht hatten – die Todesstrafe. 1639 konnten sogar über diese Altersgrenze hinaus Kinder enterbt werden, wenn sie zum ersten Mal heirateten, und das gegen den Willen der Eltern.

Was einen überrascht, wenn man vom Recht zum tatsächlichen Verhalten übergeht, ist das Ausmaß, in dem das Programm von Erasmus im 17. Jahrhundert verwirklicht worden ist. In aristokratischen Familien kam es noch zu einigen Ausreißversuchen; die beiden Parteien wurden dann nach breit veröffentlichten Prozessen und wenn nötig nach der Drohung mit der Todesstrafe getrennt. Einige Protestanten liefen davon und heirateten Katholiken, zum großen Bedauern von Eltern und Pastoren. Es gab noch einige heimliche Eheschließungen auf der untersten Ebene der Gesellschaft, obwohl

Dorfbewohner solche Gemeinschaften nun für anrüchiger hielten als in den Tagen vor Trient.[66] In den meisten Familien von den wohlhabenderen Bauern und erfolgreichen Handwerkern hinauf bis zu den landbesitzenden *parlamentaires* deuten jedoch *livres de raison* und Eheverträge darauf hin, daß es zwischen den Generationen eine Übereinkunft über die Ziele der Ehe gab, etwas Raum für Verhandlungen über den Ehepartner und die Verinnerlichung des Zwangs, daß elterliche Zustimmung – wohl besonders bei Mädchen – nötig war. Charlotte d'Arbaleste, 26 Jahre alt, »alleinlebend seit den mehr als fünf Jahren, die ich Witwe war«, Flüchtling in Sedan, wo sie Malerei und Arithmetik studiert, erhält einen Heiratsantrag von Philippe du Plessis. Sie schreibt ihrer Mutter und allen ihren Verwandten wie auch denen ihres verstorbenen Mannes, »denn ich wollte ohne ihre Erlaubnis in dieser Angelegenheit nicht weitergehen (...) Gott zeigte uns, wie er unsere Heirat zu meinem Guten bestimmt hatte, durch die Zustimmung von all denen, die wir gefragt hatten«. Wenn Eltern verstorben waren, wählten ihre Nachkommen oft mit Sorgfalt Ehepartner aus, die sich auch die Eltern gewünscht hätten.[67]

Aus dem Material, das wir in diesen Essay betrachtet haben, ergeben sich zwei interessante Perspektiven auf historische Veränderungen. Die erste hat mit deren Lokalisierung zu tun. Wenn Historiker an Veränderungen denken, die aus der Entscheidung einer kleinen Gruppe entspringen, besteht diese Gruppe in der Regel aus einem König und seinen Räten, aus einem Parteiführer und seinem inneren Beraterkreis oder aus einer anderen schmalen Elite im Zentrum. Und wenn Veränderungen so begriffen werden, daß sie aus dem Handeln einer großen Zahl von Menschen der mittleren und unteren Schichten der Gesellschaft hervorgehen, so erklärt man sie mit Kräften, die auf diese Menschen einwirken – etwa der Urbanisierung, auf die sie dann quasi automatisch reagieren. Was wir hier sehen, ist jedoch ein historischer Wandel, der aus den Entscheidungen einer Myriade von kleinen Gruppen fließt, von denen einige reich und mächtig sind, viele aber von nur mittelmäßigem Wohlstand in Provinzstädten und kleineren ländlichen Zentren. Ihr Schwenk in Richtung Planung und Manipulation von Eigentum und Personen für private Ziele sowie ihr Glaube an Leistung und zugleich an Familientradition wurden durch das Wachstum des Staates, des Handelskapitalismus und der Palette der Berufe sicher gefördert – gleichzeitig widersetzten sich diese Menschen aber auch einigen sozialen wie demographischen Kräften ihrer Zeit. Manches Handwerkszeug – wie die Familiengeschichte – schmiedeten sie sich selbst zurecht, statt es fix und fertig von gebildeten Spezialisten in Empfang zu nehmen. Die Ausdehnung der Familienkontrolle auf Empfängnisverhütung im Frankreich des 18. Jahrhunderts (die durch das kanonische Recht scharf verurteilt wurde) ist ein weiteres Beispiel für Männer und Frauen in kleinen Gruppen, die selbst entscheiden, wie sie sich verhalten.

Die zweite Perspektive auf historischen Wandel, die sich hier eröffnet, ist die der Disjunktion zwischen privatistischen Werten der Familie und den eher gemeinschaftlichen Werten, die oft von ein- und denselben Familien akzeptiert werden und in den katholischen Trauerbräuchen und den Vorstellungen darüber zum Ausdruck kamen, wann eine Ehe inzestuös sei. Gewöhnlich wird eine derartige Disjunktion als kulturelles Nachhinken interpretiert: man untersucht, ob und wie stark dadurch der Wandel in Richtung »Modernisierung« verzögert wurde. Ich schlage statt dessen vor, daß wir sie als eine möglicherweise schöpferische Disjunktion ansehen, daß wir darüber nachdenken, wie und warum eine Religion oder jedes kulturelle System manchmal sich widersprechende Werte mitschleppt und über Jahrhunderte hinweg nur wenig genutzte Optionen offenhalten kann. Sie könnten eine Fundgrube sein, ein »Schrank voller Heilmittel«, die einem neuen Gebrauch angepaßt werden, wenn wir beschließen, die Dinge wieder einmal zu ändern. Emond Augers ersehnter Kreis der Freundschaft bis zum siebten Grad ist kein sehr starkes Gegengift gegen den »Besitzindividualismus«, der für das soziale Denken und Fühlen nach seiner Zeit so charakteristisch werden sollte. Aber zumindest hält er die Frage offen, ob uns selbst zu besitzen alles ist, was wir haben möchten.

Glaube und nachbarliche Beziehungen

Die Steine von Sainte-Croix

Schon seit einigen Jahren ziehen die Geheimnisse städtischer Nachbarschaften die Anthropologen an, und in jüngerer Zeit haben einige Historiker sich zu fragen begonnen, was sie durch einen Blick auf das dichte Gewebe der Interaktionen auf Plätzen, an Brunnen und auf den Straßen von Städten entdecken könnten. Einige der Anthropologen wollten wissen, wie ihnen wohlbekannte bäuerliche und Stammeskulturen und deren Sozialbeziehungen durch das städtische Milieu umgeformt werden. So zeigt Vincent Crapanzanos Untersuchung über Marabuts verehrende Bruderschaften in Marokko, daß ihr religiöser Kult der Heiligenverehrung und ekstatischer Tänze sich verschieden ausprägt, je nachdem, ob er in den Dörfern, in denen die Heiligen beerdigt sind, ausgeübt wird, in der Altstadt von Meknes oder in den neuentstandenen Barackensiedlungen am Stadtrand. Andere Anthropologen beschäftigten sich damit, wie sich besondere Gruppen, etwa die Italiener in Montreal oder die Schwarzen einer Ghettostraße in Washington D.C., auf die Stadt oder die Gesellschaft als ganze beziehen; wieder andere hofften die Mannigfaltigkeit des gesellschaftlichen Lebens der Arbeiterklasse zu verstehen, so z. B. Peter Wilmott und Michael Young mit ihren Londoner Portraits.

Was auch immer ihre Ziele sind, gewöhnlich beginnen die Wissenschaftler ihre Feldforschung in einer oder mehreren städtischen Nachbarschaften; sie finden heraus, zu welchen Organisationen und informellen Netzwerken ihre Bewohner gehören, beobachten das tägliche Geschehen und sprechen mit den Leuten, sitzen bei einer rituellen Heilung dabei, machen Photos usw. Die Nachbarschaft selber ist für ihre Beobachtungen wichtig: das Treiben auf ihren Straßen wird nicht als passendes Muster des Lebens in der Stadt als ganzes erforscht, die dieser Stufe der sozialen Organisation eigentümliche Beziehungen sind vielmehr für sich genommen wichtig. Nehmen wir die Studie über Marokko. Die aneinandergedrängten kleinen Hütten in der moslemischen Barackensiedlung können die Frauen nicht so isolieren wie die weiter voneinander entfernten Häuser der Medina von Meknes, in jener spielen die Frauen deshalb bei den öffentlichen Trancen und Kulttänzen eine weit größere Rolle. Oder schauen wir uns die Arbeiten über London an. Im alten Arbeiterviertel *entstehen* Freundschaften ohne jede Anstrengung über die vielen Verwandten und Nachbarn, die sich im Haus, auf der Straße, im Pub und auf dem Markt treffen; in den sozial gemischten neueren Vorstädten werden Freundschaften *geschlossen*, man sucht sich Freunde: der Mittelstand lädt ein – in die Wärme seiner Häuser, und die Arbeiterklasse macht es ganz ähnlich, nur nicht ganz so gediegen.

In beiden Fällen bereichert das Gewebe des lokalen Lebens unser Wissen über das Verhalten der Klassen; aber es gibt auch Fälle, in denen die Beobachtung der Nachbarschaften Züge des sozialen und religiösen Wandels ans Tageslicht bringt, die sonst verborgen geblieben wären. Clifford Geertz hat beschrieben, was beim *slametan*, einem rituellen Fest, an dem sich die Männer der Nachbarschaft versammeln, in einem von Unterschichten bewohnten Viertel einer Stadt auf Java geschieht. In Dörfern verläuft das Fest ruhig, denn alle Männer, die um die Matten herumsitzen, haben dieselben religiösen Traditionen und sind durch ökonomische Verpflichtungen einander verbunden. In der Stadt arbeiten die Nachbarn in unterschiedlichen Berufen, zum Islam und zum Nationalismus haben sie verschiedene Einstellungen. Ihr *slametan* ist durch Streit zerrissen; er besänftigt die Geister nur, wenn die Männer die räumliche Begrenzung des Rituals ignorieren und statt dessen Leute von weiterher, die ihre Auffassungen teilen, einladen. Im Gegensatz dazu stellte Milton Singer fest, daß die *bhajanas* in Madras Nachbarn unterschiedlicher Sprache, aus verschiedenen Kasten und Sekten in einem neuen Kult zusammenführen, der sich gut in die städtische Umgebung einfügt. Ungefähr zwölf Männer und ihre Familien aus der Nachbarschaft kommen wöchentlich eine Nacht für mehrere Stunden in einer gleichberechtigten und freundschaftlichen Atmosphäre zusammen, um Krishna anzubeten und religiöse Lieder zu singen. *Slametan* und *bhajanas* offenbaren in bemerkenswerter Weise den Charakter von Integration und Konflikt auf Java und in Indien.

Die Historiker, die sich den städtischen Nachbarschaften zuwandten, waren nicht hauptsächlich an der Umformung der bäuerlichen Kultur oder an einem neuen Zugang etwa zu jüdischen Ghettos oder hanseatischen Handelskontoren interessiert, beides gleichwohl wichtige Studienobjekte. Wir waren erstens daran interessiert, zu sehen, wie sich weithin bekannte Prozesse wie etwa ökonomische Konflikte oder Klientelsysteme außerhalb der Werkstatt, des Kontors oder des Rathauses ausdrückten; zweitens daran, andere Arten von Bindungen oder Streitigkeiten zu untersuchen als die durch physische Nähe oder Patenschaften geschaffenen; und drittens wollten wir die Welt informeller und spontaner Beziehungen wieder einfangen. Das Leben einer Stadt kann als ganzes ohne Kenntnis der kleineren Einheiten des Stadtviertels und des Kirchspiels nicht verstanden werden;

Familien- und Verwandtschaftsbande müssen in den weiteren Rahmen der Nachbarschaft eingebettet werden.

Für die Zeit vom 14. bis zum 16. Jahrhundert haben die Kirchspiele, *gonfalone* und Nachbarschaften von Florenz mit seinen reichen Archiven die größte Aufmerksamkeit auf sich gezogen. Viele verschiedene Indikatoren – Wohnorte von Heiratspartnern, Paten, Mitgliedern von Bruderschaften und Geschäftspartnern; geographische Verteilung der Berufe und Familiennamen; Nachbarschaftsfeste und Prozessionen des Kirchspiels – wurden von Dale und William Kent, Christiane Klapisch-Zuber, Richard Trexler, Samuel Cohn und Ronald Weissman herangezogen, um die wechselnde bindende Kraft lokaler Gemeinschaften gegenüber den stadtweiten politischen Verbindungen und den Vereinigungen für Leute aus verschiedenen Klassen zu ermessen. Obwohl sie in ihren Ergebnissen nicht völlig übereinstimmen, scheint klar zu sein, daß die Florentiner im 14. Jahrhundert Ehepartner und Paten oft in einer Straße in der Nähe suchten, während bis ins 15. Jahrhundert das Bewußtsein, zu einem Pfarrbezirk zu gehören, nicht sehr stark ausgeprägt war; eine solche Identität bildete sich erst heraus, als die Medici neue Herrschaftstechniken entwickelten und die Handwerker sich von Widerstand leistenden Assoziationen abwandten.

Für die französischen Städte im 16. Jahrhundert stehen derartige Forschungen erst am Anfang: Denis Richet und seine Mitarbeiter sind dabei, einen Überblick über Topographie, Wirtschaft und die Notabeln aller Stadtviertel von Paris zu erstellen; Philip Benedict und David Rosenberg erfassen Kirchspiel für Kirchspiel die Protestanten in Rouen bzw. Amiens.

Ich möchte mich für Lyon im 16. Jahrhundert in ein derartiges Projekt stürzen, d. h. nicht allgemein den Charakter von Stadtvierteln und Nachbarschaften erörtern, sondern in eins der neun Kirchspiele von Lyon gehen: Sainte-Croix, in der Zeit von 1545 bis 1575. Meine »Gewährsleute« sind die Notare, die Eheverträge, Testamente u. a. für die Leute von Sainte-Croix abfaßten; die lokalen Amtsträger, die Steuerverzeichnisse und Listen der Miliz anlegten; ein Tuchhändler im angrenzenden Pfarrbezirk, der in seinem Tagebuch auch über die Feste und andere Ereignisse in Sainte-Croix berichtet; drei Männer, die Bewohner von Sainte-Croix umbrachten und vor dem königlichen Gericht ihre Geschichte erzählten; die Priester des Kirchspiels, die Geburten, Taufen und Paten in die Kirchenbücher eintrugen, und vor allem der Hilfsvikar Antoine Richard, der zehn Jahre lang jedes religiöse Ereignis im Kirchspiel, von der ersten Heirat um Mitternacht bis zum letzten Abendgebet, in sein Tagebuch eintrug.

Sainte-Croix erstreckt sich am Westufer der Saône, seine beiden sich von Nord nach Süd ziehenden Arterien werden von kurzen, irregulär verlaufenden Straßen geschnitten. An den Ufern der ruhig dahinfließenden Saône warten Fährfrauen in ihren kleinen Booten auf Kundschaft, die den Weg nordwärts zur überfüllten Brücke scheut. Westlich der Saône, zu Fuß nur ein paar Minuten entfernt, beginnen die Straßen steil anzusteigen und verlieren sich in den Feldern, Gärten und Felsformationen des Hügels von Fourvière. Das Kirchspiel umfaßt drei *pennonages* (Stadtbezirke) und die Randbezirke von zwei benachbarten.

Mit ungefähr 600 Haushalten ist Sainte-Croix mittelgroß, viel kleiner als das Handwerks- und Handelskirchspiel Saint-Nizier auf der anderen Seite des Flusses mit seinen 25 000 Bewohnern. Zwei Gebäudekomplexe am südlichen Ende beherrschen es: das Kloster Saint-Jean und der Palais de Roanne. Beginnen wir mit dem Kloster: dort erhebt sich mit dem Rücken zur Saône die große Kathedrale Saint-Jean und daneben die bescheidenere Pfarreikirche Sainte-Croix; es befinden sich hier der elegante Palast des Erzbischofs und Primas von Frankreich und die Häuser der adligen Domherren und Grafen von Lyon, einst zusammen mit dem Bischof Lehens- und Oberherrn der Stadt; es steht hier das erzbischöfliche Gefängnis, bereit für ungehorsame Priester und andere, die vor die geistlichen und die nur noch in Rudimenten vorhandenen weltlichen Gerichte der Kirche von Lyon geladen werden. Nur einen Steinwurf vom Klostertor entfernt liegt der Palais de Roanne, Sitz der wachsenden juristischen und militärischen Verwaltung, der königlichen Gerichte von Lyon; und hier steht auch das königliche Gefängnis, für Mörder, Falschmünzer, Häretiker u. a.

Kirche und Rechtspflege waren also unübersehbar präsent. Wenn sich auch der Erzbischof selten in seinem Palast aufhielt, zumindest die Würdenträger unter den Domherren und Grafen residierten in Lyon, und das Kloster ist voll von Priestern und Kaplanen – einige leben außerhalb der Klostermauern inmitten der Gemeinde, andere gehen nach Süden zu den Handwerkern, Fährleuten und Prostituierten des Kirchspiels Saint-Georges. Um den Palast von Roanne herum bevölkern die den verschiedenen Gerichten zugeordneten Juristen, Richter, Anwälte und Sekretäre mit ihren Familien und Dienern die Straßen. Vielleicht hat selbst der Gouverneur von Lyon seine Kinder in Sainte-Croix taufen lassen.

Kleriker und Juristen bilden jedoch nicht die Mehrheit der Gemeinde. In den Läden, Höfen und Hinterzimmern der rue Saint-Jean, der rue Tramassac usw. leben Handwerker, allerdings in bescheidener Zahl und in einer Vielzahl von Gewerben arbeitend: besonders stark vertreten sind Goldschmiede, die für die nahegelegene königliche Münze, die Kirche und andere wohlhabende Kunden tätig sind, des weiteren Damen- und Herrenschneider, die auch reiche Nachbarn beliefern mögen; Schuhmacher und Kürschner, letztere froh darüber, die Marktstände, die während der vier jährlichen Messen der Stadt um den Palast von Roanne aufgebaut werden, mit Pelzen bestücken zu dürfen; Zimmerleute und Möbelschreiner. Die Schilder von Barbieren und Wundärzten sind in den Straßen zu sehen, während die Apotheker des Kirchspiels den Kranken Medikamente und für die Messen Gewürze liefern. Fast nicht vorhanden sind in Sainte-Croix Handwerker, die in größeren Werkstätten für den Großhandel arbeiten – Drucker, Sammetmacher, Eisengießer –, ebensowenig ungelernte Tagelöhner, *gagnedeniers*. Genausowenig müssen sich die Juristen im Kampf um Prestige mit der neuen Elite von Lyon messen, den großen ausländischen Bankiers und Kaufherren, die einen wesentlichen Teil des Messehandels kontrollieren. Von ihnen wohnen nur wenige in Sainte-Croix; die Brüder Pellissari aus Graubünden und andere sind nur ein nördlicher Ausläufer der italienischen Kolonie, die in Prunk und Pracht um die *Loge des Changes* herum im Kirchspiel Saint-Paul residiert.

Obwohl also Sainte-Croix gewiß seinen Teil Einwanderer hatte, konnte man auf seinen Straßen und Höfen doch meist Französisch und die Dialekte des Lyonnais und nahegelegener Provinzen hören. Die bedeutenden Domherrn und Grafen stammen zumeist aus Adelshäusern des Lyonnais, die Priester sind gleichfalls Einheimische. Doktoren der Rechte kommen – wie auch ihre Frauen – gewöhnlich aus alten Lyoneser Familien, ihre Dienerinnen aus Dörfern der Umgebung. Der Hintergrund der Handwerker und Kaufleute dagegen ist sehr unterschiedlich: der Wundarzt, Meister Julien Thorel, stammt aus der Normandie, der Kaufmann Jaques Le Michel aus Flandern, der Apotheker Jacques George ist in Lausanne geboren – um Landsleute zu treffen, müssen sie in andere Stadtviertel gehen. Bezeichnenderweise brechen einige der schlimmsten Kämpfe im Kirchspiel zwischen Franzosen und Italienern aus.

Soweit zum sozialen und geographischen Hintergrund der Gemeinde. Welches Verständnis hatten ihre Bewohner von dieser Gemeinde, was bedeuteten ihnen die Nachbarn bei den wichtigsten Ereignissen ihres Lebens? Ungefähr 60 % von ihnen, reiche Juristen ebenso wie bescheidene Schneider, heiraten jemanden von außerhalb des Kirchspiels, mehr als die Hälfte von ihnen findet einen Ehepartner auf der anderen Seite der Saône oder außerhalb der Stadtmauern. In diesem Fall wird die Braut eher in der Pfarrkirche ihres Bräutigams als in ihrem Kirchspiel getraut. In der vornehmen Kirche von Sainte-Croix finden mehr als die Hälfte der Trauungen zwischen Mitternacht und sechs Uhr morgens statt, obwohl der Priester sie bis zur Mittagszeit vornehmen darf. Das bietet zwar keinen absoluten Schutz gegen die Teilnahme anderer – als Claudine

Prunier, Tochter eines Amtsträgers aus Sainte-Croix, den Kaufmann Jean Henry aus dem benachbarten Pfarrbezirk heiratet, zieht ihre mitternächtliche Hochzeit mehr Menschen an, als in zwanzig Jahren bei solchen Anlässen gesehen wurden –, aber die frühe Stunde bedeutet doch, daß viele Hochzeitszüge von den Gemeindemitgliedern nicht miterlebt werden. Ob sie einen Charivari (Katzenmusik) oder das Nestelknüpfen einer Hexe fürchten* oder ganz einfach die Kosten für Musiker, Masken und Festwagen scheuen – die Familien in Sainte-Croix ziehen es häufig vor, selbst die erste Heirat nur mit Verwandten und engen Freunden, Nachbarn oder nicht, zu feiern.

Kommen Kinder auf die Welt, legen ihre Eltern großen Wert auf die Patenschaft. Obwohl drei Viertel der Kinder von Sainte-Croix bereits in ihren ersten beiden Lebenstagen getauft werden, schaffen es die Familien in den vierziger und fünfziger Jahren des 16. Jahrhunderts irgendwie, vier bis sechs Paten für den Gottesdienst zusammenzutrommeln. Obwohl das Konzil von Trient darauf bestand, daß höchstens ein Pate jedes Geschlechts erlaubt ist, erscheint um 1570 das Taufkind noch immer mit einem Paten und zwei bis drei Patinnen am Taufbecken. Die frischgebackenen Eltern wählen die Person, die für ihr Kind vor Gott »ich glaube« antworten soll, nach drei Kriterien aus: sie fragen einen Verwandten – einen Vetter, Onkel oder Bruder, eine Schwester oder eine Tante usw. – und verdoppeln die biologische durch eine spirituelle Verwandtschaft; sie können jemanden fragen, der einen höheren sozialen Status als sie selber besitzt; oder sie fragen ihresgleichen, einen Freund. Gleichrangige und Schutzherren (Patrone) als Paten wohnen meist im Kirchspiel, die Patinnen sind häufig Nachbarinnen. Nicolas de Langes, hoher juristischer Amtsträger am Palais de Roanne und *capitaine* (Hauptmann) der Miliz in seiner Straße, ist Pate eines Malersohns, der seine Patronage, eines Apothekersohns, der seinen Schutz sucht, sowie der Tochter eines Anwalts an seinem Gericht. Dame Claude Caillette, deren Ehemann einen weit niedrigeren sozialen Status als der geadelte Nicolas besitzt, ist unter anderem die Patin der Tochter eines Geldwechslers, eines Florentiner Krämers, eines Kaufmanns aus Paris, eines Tuchhändlers, eines Kochs und eines Anwalts, und drei von ihren weiblichen Verwandten spielen eine ähnliche Rolle. Diese Frauen schaffen zwischen den Leuten auf der Straße, durch spirituelle Verwandtschaft, durch Gevatternschaft** ein informelles Netz.

* *Nestelknüpfen:* bereits bei Vergil bezeugter Glaube, daß durch das Knoten eines Riemens eine Ehe unfruchtbar gemacht werden könne. Im Frankreich des 16. Jahrhunderts war vor allem die Furcht verbreitet, daß eine Hexe bei der Trauung selbst eine Schlinge zuziehen und den Ehemann impotent machen könne. (A. d. Ü.)
** Im Original *»gossip«*, was sowohl Gevatter(in) als auch Klatsch bedeu-

Erstaunlicherweise sind die Leute von Sainte-Croix ihrem Kirchspiel im Tode mehr verbunden als bei der Heirat oder der Wahl eines Paten. Fast 90 % von ihnen möchten in der Kirche von Sainte-Croix begraben werden, während in den Stadtvierteln an der Rhône, mit den Konventen der Bettelorden in Reichweite, nur zwei Drittel ihre Pfarrkirche bevorzugen. Sainte-Croix hat für die Christen, die in die andere Welt hinübergehen, zumindest einen mächtigen Vorteil: es gibt keinen Friedhof im übervölkerten Klosterhof und so wird jeder, ob arm oder reich, im heiligeren Boden des Kircheninnern beerdigt – der Hausmeister des Erzbischofs und die Schwester eines Papiermachers in der Nähe des Taufbeckens, ein Strumpfmacher in der Kirchenmitte, ein Gerichtsschreiber in der Nähe des Chors usw. Die Beerdigungen finden zu fast jeder Tageszeit statt, von zwei Uhr morgens bis nach dem Komplet (Tagesschlußgebet), und gewöhnlich wissen die Mitglieder der Gemeinde Bescheid. Der Leichnam eines reichen Notars wird auf seinem Weg durch die Straßen von Würdenträgern der Kathedrale begleitet; beim Begräbnis einer Bäckersfrau sind sechzehn Priester anwesend; die sterblichen Überreste eines Florentiner Gemeindemitglieds, der bei seinen Landsleuten in der Kapelle der Florentiner jenseits des Flusses seine Ruhestätte finden soll, werden trotzdem in einer Prozession zur Brücke über die Saône gebracht.

Aber alles in allem stärken Heiraten, Sterben und Patesein nur zum Teil den Nachbarschaftsgeist und die Solidarität der Gemeinde. Ähnlich gemischt ist das Bild, wenn wir uns die Feste und das Leben der Assoziationen anschauen. Die kirchlichen und juristischen Eliten haben ihre einflußreichen Organisationen in verschiedenen Kirchen. Sogar die Benefiziare der Kathedrale haben ihre eigene Gemeinschaft in der Kapelle Maria Magdalenas, wo sie ihre Angelegenheiten besprechen und während der Inflationsjahre Ende der sechziger und siebziger Jahre des 16. Jahrhunderts Streiks anzetteln, ihre liturgischen Pflichten verweigern, bis ihnen die Domherren und Grafen mehr zahlen. Die Bruderschaft der Juristen und königlichen Amtsträger befindet sich in Saint-Alban, einer kleinen Kirche gegenüber dem Gericht. Dort hat auch die *Bazoche*, die Organisation der Gerichtsschreiber am Palais, ihren Sitz, halb eine Saint-Nicolas gewidmete Bruderschaft mit ihren Prozessionen im Stadtviertel, halb eine *Abbaye de Maugouverne* (Abtei der Mißregierung)* der Elite,

tet. Solche Wortfelderweiterungen findet man auch im Französischen und im Deutschen, z. B. Klatschbase, Gevatterklatsch. (A. d. Ü.)

* *Abbaye de Maugouverne:* Organisation zumeist männlicher Jugendlicher, die zur Faßnacht, im Mai oder in der Zeit zwischen Weihnachten und Epiphanias karnevalistische Umzüge, Theaterspiele u. a. veranstaltet. »Maugouverne« bedeutet dabei sowohl schlechte Regierung, Mißwirtschaft als auch verkehrte Welt. (A. d. Ü.)

die Maibäume aufstellt, Wettkämpfe auf der Saône veranstaltet, Adlige, die sie angreifen, übel zurichtet, in Scheinprozessen mit derbem und anstößigem Humor Liebesaffären verhandelt und an den Festlichkeiten der Bürgerschaft teilnimmt.

Außer diesen gibt es jedoch wenige Vereinigungen, die Leute aus der Nachbarschaft zusammenbringen. Die Fronleichnams-Bruderschaft in der Pfarrkirche, eine Art Kirchenvorstand der Gemeinde, führt nur ein Schattendasein. Die Heiligkreuz-Bruderschaft, einst auf das Kirchspiel beschränkt, hat jetzt wohlhabende französischsprachige Mitglieder auf beiden Ufern der Saône, führt Prozessionen in allen Vierteln der Stadt durch und unterstützt das *Hôtel Dieu*, das Armenhospital drüben in der Stadt nahe der Rhônebrücke. Die Handwerker gehören keiner der Bruderschaften im Kirchspiel an, sie sind Mitglieder der Assoziationen ihres Gewerbes in den Konventen der Bettelorden oder in Saint-Nizier, einer Kirche in der Nähe des Rathauses jenseits des Flusses. (Die Kürschner aus der Nachbarschaft besichtigen zwar mit ihren Kollegen der Bruderschaft den Kiefer Johannes des Täufers in der Kathedrale, aber das Fest ihres Schutzpatrons begehen sie jenseits des Flusses im Konvent der Augustiner.) Die Bruderschaften der Florentiner, der Luccheser und der Deutschen befinden sich woanders; Schwesternschaften für die Frauen des Kirchspiels gibt es überhaupt nicht.

Abbayes de Maugouverne der Handwerker und männlichen Jugendlichen, in den meisten anderen Stadtteilen im Überfluß vorhanden, gibt es in Sainte-Croix fast gar nicht – hier dominiert die Kultur der Oberschicht und es gibt keine Konzentration von Mitgliedern eines spezifischen Handwerks. Einige Ältere mögen sich vielleicht noch an den »Patriarchen von Saint-Jean« erinnern, den Anführer eines Festes, der um 1518 zusammen mit dem Prinzen der *Bazoche* und den *Abbayes de Maugouverne* im an der Rhône liegenden Teil der Stadt ein religiöses Straßentheater organisierte, aber seine Mitra war inzwischen aus den stadtweiten Umzügen der »Abteien« verschwunden. Masken und Mummenschanz gab es noch am »Mardi gras« (Faßnachtsdienstag), aber den Leuten fehlt es für diese Vergnügungen an Platz. Der Streit des Karnevals mit den Fasten kann nur schlecht in einem Klosterhof stattfinden und so müssen die Gemeindemitglieder zur *Loge des Changes*, zu den prächtig gekleideten Italienern des benachbarten Kirchspiels, gehen. In den langgezogenen Straßen gibt es Umzüge, bei denen unter dem Pantoffel stehende Ehemänner rückwärts auf einem Esel sitzend durch die Stadt geführt und so gedemütigt werden: zum Beispiel der arme Seidenwickler vom Hügel von Carille, dessen Frau ihn solange schlug und ihm vorwarf, daß er keine Eier habe, bis er sagte: »Gib mir meine Truhe, ich gehe.« Aber das geschah spontan, das Gerede darüber verbreitete sich über den Klatsch der Frauen, über das Netzwerk der *commérage**, über die sieben Tavernen, die das Viertel mehr schlecht als recht versorgten, und vielleicht über die *dixaines*, die Grundeinheiten (von zehn Männern) der städtischen Miliz.

Welchen Beitrag leisten die religiösen Zeremonien im Kirchspiel zum Zusammenhalt oder zur Zersplitterung des Viertels? Auch hier ist das Bild nicht einheitlich. Zunächst wird das liturgische Leben von Sainte-Croix von dem der Kathedrale überschattet, besonders am jährlichen »Pardon« Johannes des Täufers, bei dem das Kloster mit Kanonikern, Pilgern, Bauern, Städtern und Bettlern überfüllt ist. Manchmal jedoch organisiert die Pfarrkirche selbständig ein großes Ereignis: die Erwachsenentaufe eines Türken und eines Juden, die von Notabeln als Paten zum Taufbecken gebracht werden, findet in Anwesenheit einer großen Menschenmenge statt, die Gott wegen der Bekehrungen preist. Die Teilnahme an der Sonntagsmesse und an der Predigt, die sie begleitet oder nach dem Essen folgt, ist ungleichmäßig. Nur wenn der redegewaltige Jesuit Emond Auger predigt, kann der Vikar Antoine Richard in seinem Tagebuch notieren: »es waren eine Menge Leute da.« Geldsammlungen für das Kirchspiel liegen ausschließlich in der Obhut der vornehmsten Gemeindemitglieder. Die Frauen der angesehenen Juristen sammeln von Tür zu Tür, um die Prediger zu bezahlen; das jährliche »Königreich«** am Sankt Christopherus-Tag wird nie einem Handwerker, sondern nur einem wohlhabenden jungen Mann angeboten, dessen Eltern dem Kirchspiel silberne Abendmahlskelche, samtene Meßgewänder o. ä. stiften können. Es gibt häufig vom Klerus des Kirchspiels angeführte Prozessionen, aber sie bewegen sich selten durch das ganze Kirchspiel, gehen statt dessen um das Kloster herum oder durch die rue Saint-Jean in andere Kirchspiele und wieder zurück. Was die Leute in gewisser Weise am spontansten mit dem Kirchspiel verbindet, ist die einer unmittelbaren Eingebung folgende Stiftung einer Hochmesse »aus Andacht«. Das kann täglich außer sonntags geschehen und wird besonders häufig von Frauen getan, nicht nur von »Madame ..., Frau des königlichen Beamten XY«, sondern auch von der Wirtin des »Weißen Kreuz«, der »petite cordonnière« (kleinen

* *Commérage:* Klatsch, leitet sich von »commère«, Gevatterin (auch: Klatschbase), her; *compérage* dagegen von »compère«, Gevatter, und bedeutet sowiel wie Komplizenschaft, heimliche Unterstützung und Kumpanei – im Wortsinn werden unterschiedliche Geschlechterrollen und soziale Arbeitsteilung deutlich. (A. d. Ü.)

** Im Französischen »royaume« – an wichtigen Festtagen wurde ein (oder mehrere) Führer gewählt, der an der Spitze der Prozession oder des Umzugs ging und bei den Festlichkeiten den Vorsitz führte. (A. d. Ü.)

Schuhmacherin) oder einer »armen Frau«, die 5 Sous für dieses fromme Werk gespart hat.

Was lehrt uns das Verhältnis von Glaubenspraxis und nachbarschaftlichen Beziehungen? Wie in den zu Beginn genannten Beispielen gewinnen wir neue Einblicke in die Kultur der Klassen, in Geschlechtssysteme und religiöse Formen. Die Handwerkerkultur mag innerhalb einer Stadt oder von Stadt zu Stadt gewisse einheitliche Züge aufweisen, aber das Kirchspiel von Sainte-Croix zeigt andererseits, wie sie durch den politischen und sozialen Kontext, ja sogar die einfache physische Anordnung beeinflußt wird. In der Nähe der Institutionen der Macht und des Prestiges und von ihnen zum Teil abhängig, ungemildert durch die starke Präsenz von Bettelorden oder einer Kaufmannsklasse, verliert die Handwerkerkultur einiges an Macht und nachbarschaftlicher Struktur, selbst wenn die Handwerker an den Verbindungen mit ihren Kollegen in anderen Teilen der Stadt festhalten. Wenn es so etwas wie eine Struktur in diesem Viertel gibt, so ist sie in männlichen Händen. Das informelle Leben der Nachbarschaft läuft über die Frauen, ob arm oder reich, und angesichts der organisatorischen Schwäche der Handwerker spielt das durch die Gevatternschaft zwischen den Familien gebildete Netzwerk eine besonders wichtige Rolle. Wir können weiter sehen, daß die Elastizität der religiösen Formen auf bestimmte Grenzen stößt. Prozessionen und Bruderschaften können zum Beispiel den Zusammenhalt eines begrenzten sozialen Kreises stärken und einen Teil der Stadt mit einem anderen verbinden, aber hier können sie sich nicht so weit dehnen, um Handwerker und Juristen, Fremde und Einheimische, Männer und Frauen wirklich zu umfassen.

Für Außenseiter oder Leute, die Grund hatten, dem einen oder anderen der Machtzentren etwas zu verübeln, war es nicht einfach, in diesem Viertel zu leben. Das zeigt der Aufstieg und Fall des Prostestantismus im Kirchspiel von Sainte-Croix. Denn der Kreislauf von Heiraten, Taufen und Beerdigungen, von Prozessionen und Umzügen wird natürlich mehrere Jahre lang unter dem Ansturm des Calvinismus unterbrochen.

In der Fastenzeit 1524 predigt ein aus einer bekannten Lyoner Notarsfamilie stammender Dominikaner in Sainte-Croix: »Wir sind gerechtfertigt durch den Glauben (...) Wenn Ihr etwas über menschliche, kirchliche oder weltliche Gesetze hören wollt, stellt einen Doktoren der Rechte auf diese Kanzel. Wenn Ihr mich hierherstellt, werdet Ihr von keinen anderen als göttlichen Gesetzen predigen hören.« Er wird als Häretiker eingesperrt.

1534, während der Bittage vor Himmelfahrt, schaut ein protestantischer Büchsenmacher aus Genf vom Gefängnis des Erzbischofs aus den Prozessionen zu, die von Fourvière herunterziehen und sagt: »Das Geld für die Fahnen sollte man lieber den Armen geben«, und – sich der Kathedrale zuwendend – »sie ist nur ein Haufen Steine«.

In den vierziger und fünfziger Jahren heiraten die, »die das Evangelium kennen«, untereinander. Heimliche Protestanten halten die Kinder heimlicher Protestanten über das Taufbecken von Sainte-Croix und geben ihnen alttestamentarische Namen wie Isaak. Einige Familien ziehen nach Genf.

Im September 1561 geht das Gerücht um, daß die Hugenotten im großen Haus des italienischen Kaufherrn Pellissari in der rue Saint Jean ihren Gottesdienst abhalten. Eine Menschenmenge versammelt sich davor und ruft Drohungen und Verwünschungen.

Später tritt die protestantische Bewegung im Viertel an die Oberfläche. Sie ist nicht so stark wie in den Stadtteilen, in denen Handel und Manufakturen konzentriert sind, vielleicht ein Sechstel statt einem Drittel der Familien. Wer sind sie? Die Goldschmiede und Möbelschreiner (die qualifiziertesten Handwerker), einige Damen- und Herrenschneider, die Apotheker; mehr Kaufleute, als ihr proportionaler Anteil im Viertel vermuten ließe, und zwei Dutzend Juristen, Anwälte und Sekretäre, nicht von den Spitzen der Gerichte – keiner ist geadelt oder gehört zu den alten Konsulatsfamilien – sondern aus den niederen gesellschaftlichen Rängen. Viele ausländische und regionale Akzente sind zu hören, wenn die Protestanten gemeinsam ihre Psalmen singen: Italienisch, Deutsch, Flämisch sowie die Dialekte der Normandie und des Languedoc.

Als die Protestanten 1562-63 die Stadt kontrollieren, modeln sie ihr Stadtviertel um. Erst säubern Bilderstürmer, dann effiziente Kaufleute und Handwerker die Kathedrale, diesen »Haufen Steine«, und aus der Pfarrkirche wird der »Temple Sainte-Croix«, von Götzen und glitzerndem Silber gereinigt. Nur noch ein Pate bringt jetzt die Kinder zur Taufe, das ganze System spiritueller Verwandtschaft verengt sich. Die Barbierswitwe Léonarde Couturier, Marguerite Tonnel, die Seidenhändlerswitwe, und die Anwaltswitwe Yolande de Siena müssen nun neue Netzwerke unter den Frauen schaffen, um über das Evangelium und die Aufgaben einer Christenfrau zu sprechen. Die *surveillants* von Sainte-Croix (wie die Kirchenältesten jetzt heißen) für das städtische Konsistorium – zwei Anwälte, ein Notar, Meister Julien Thorel, der Wundarzt, und sein Sohn, der Arzt ist – werden nicht aus der Gemeinde, sondern über den Stadtbezirk ausgewählt. Die Testamente der neuen Christen geben nicht den genauen Ort des Grabes an, sondern äußern nur noch den Wunsch, »nach der Art derer der reformierten Kirche« begraben zu werden.

Aber der Ort, das Kirchspiel von Sainte-Croix, rächt sich schließlich. Eine den Hugenotten auferlegte hohe Steuer, die Beschlagnahme ihres Besitzes, die Entlassung häretischer Anwälte und Schreiber aus königlichen Diensten werden von den Vertretern des Königs beschlossen und von den katholischen Beamten im Stadtbezirk in die Tat umgesetzt. Einige der Nachbarn wenden sich dagegen, aber andere zwingen die Protestanten von Sainte-Croix, den »Gott aus Teig« in den Mund zu nehmen. Milizionäre dringen in ihre Häuser ein, um zu kontrollieren, wer auch wirklich zur Messe zurückgekehrt ist. 1572, als der Jesuit Possevino seine aufstachelnden Predigten in Sainte-Croix hält, füllen sich die Gefängnisse des Erzbischofs und des Palais von Roanne mit angesehenen Hugenotten aus der ganzen Stadt. Am Sonntag, dem Tag des hl. Bartholomäus, hält ein Priester, ehemals ein »reformierter Pfarrer«, eine Predigt, die sich mit der reformierten Häresie befaßt. Einige Tage später, als die Neuigkeiten aus Paris in Lyon eintreffen, schreibt der Vikar Antoine Richard an den Rand seines Gemeindetagebuchs: »Halte fest, daß dies der Beginn des Massakers und Blutbads an den Hugenotten dieser Stadt war.« Die Mörder kommen aus verschiedenen Stadtteilen, und aus den Gefängnissen am südlichen Ende von Sainte-Croix fließt Blut. Unter den Ermordeten auf den Straßen des Kirchspiels befinden sich der Jurist Antoine Barnoud, der die Reformierte Kirche am Hof vertreten hatte, der Jurist Christophe Godon, einer der *surveillants* des Konsistoriums, sowie der Goldschmied Claude Thierry, der die Reliquiarien und Abendmahlskelche von Saint-Jean und Sainte-Croix eingeschmolzen hatte.

Zwei Monate lang gibt es in der Kirche von Sainte-Croix keine Trauung. Doch dann beginnt der Reigen des Gemeindelebens wieder, alle protestantischen Juristen mit ihren Familien, der Wundarzt Thorel und sein Sohn, der Arzt, und die meisten der protestantischen Handwerker kehren zur Messe, zum Taufbecken und zum Begräbnis in der Kirche zurück. Der italienische Kaufherr Pellissari und einige andere flüchten nach Genf, aber Sainte-Croix hat mit seinen Gefängnissen und seinem schwachen Gerüst für kulturellen Widerstand die höchste Abschwörungsrate aller Kirchspiele von Lyon. Einige Handwerker halten die Botschaft des Evangeliums in aller Stille weiter am Leben – der Goldschmied Pierre Perrachon und seine Frau, der Möbelschreiner Melchior Lair und seine Frau –, aber es sollte Jahrzehnte dauern, bevor ihre Kinder zu einem reformierten Gottesdienst gehen konnten, und auch dann nur weit weg von den Augen der Nachbarn und weit entfernt von den Steinen von Sainte-Croix.

Das Heilige und der gesellschaftliche Körper

Wie widerstreitende Glaubensformen den städtischen Raum im Lyon des sechzehnten Jahrhunderts prägten

Wo hat das Heilige in der französischen Stadt des 16. Jahrhunderts seinen Ort? Wir denken schnell an Kirchtürme und Turmspitzen, die in den alten Stichen der Stadt ihr charakteristisches Profil geben. Wir hören die Glocken läuten, zum Neun-Uhr- oder zum Mittagsgebet oder zu anderen Stunden im Tagesablauf eines Priesters; Glocken, die das Meßopfer anzeigen, ein herannahendes Fest ankündigen, den Tod eines Nachbarn oder einen Trauerzug. Wir haben die Prozessionen der Büßer vor Augen, die sich mit ihren Reliquien, Statuen und großen Kreuzen durch die Straßen winden, um in den Tagen einer Hungersnot oder wegen eines begangenen Sakrilegs Gottes Zorn zu besänftigen. Wir sehen die Prozessionen der Bruderschaften, die vielleicht fröhlicher sind, mit flatternden Bannern und Trommelschlag, gesegnetes Brot hochhaltend, alles der Anbetung ihres Schutzheiligen gewidmet. Wir sehen die Armen der Stadt auf einem Haufen oder in Schlangen in Höfen, an Türen und Toren auf Brot, auf ihre Almosen warten. Wir sehen protestantische Kirchgänger in dunkle Kleider gehüllt die Psalmen Davids singen, während sie durch die Stadt zu ihren Predigern ziehen. Protestantische Haufen, die in der Kathedrale Götzen zerschlagen, die Hostie verhöhnen und Priester bedrohen; katholische Mengen, die sich auf jene stürzen, die es gewagt haben, sich am Leib von Jesus Christus zu vergreifen und seine heilige Mutter zu beleidigen.

Dies sind vertraute Szenen, und Historiker haben sie zu ganz unterschiedlichen Zwecken genutzt: um zu erfahren, ob religiöses Verhalten den Menschen Ruhe und spirituelle Sicherheit bringt, ob es sich nach den Grundsätzen erasmischer oder lutherischer Frömmigkeit entfaltete. Sie sind es inzwischen gewohnt, den Konflikt zwischen Klerus und Laien zu beschreiben – eine wichtige Perspektive[1] – und die religiösen Stile verschiedener gesellschaftlicher Gruppen, etwa der Kaufleute, zu charakterisieren. Aber trotz einer wachsenden Dokumentation über städtische Frömmigkeit im 16. Jahrhundert, über städtische Wohltätigkeitseinrichtungen, über die Geschehnisse der protestantischen und der katholischen Reformation in einzelnen Städten und über Fälle von Hexerei und Besessenheit sind wir nur zu wenigen Schlußfolgerungen darüber gekommen, wie Religion städtische Wertvorstellungen und die Mentalität in jener Zeit formte und zum Ausdruck brachte.

Warum mußte das so sein? In meiner Sicht, weil Historiker in zu engen Grenzen über die Rolle, die Religion in der Stadt spielen kann, und die Quellen, die verfügbar sind, um sie zu erforschen, nachgedacht haben. Was die Rollen angeht, so haben wir z. B. in Betracht gezogen, wie Religion die Bürger der Stadt während einer Pestkatastrophe oder einer Hungersnot mobilisieren kann, aber sehr viel weniger die von Ernst Troeltsch, Max Weber und Bernd Moeller gestellte Frage[2]: wie kann Religion fortwährend einen städtischen Gemeinschaftssinn, ein Verständnis städtischer Solidarität schaffen? Wir haben untersucht, wie Religion die Aufspaltung in Klassen erleichtern kann (etwa durch die Wirkung der calvinistischen Doktrin von der göttlichen Vorsehung), aber sehr viel weniger die anderen Arten gesellschaftlicher Differenzierungen (wie jene zwischen Einheimischen und Fremden oder zwischen Männern und Frauen), welche die Religion fördern kann. Für viele ist die frühneuzeitliche Stadt entweder die Quelle der »rationalen«, ethischen Religion oder der Laisierung, der Fragmentierung und der Anonymität. Nur diese Entwicklungen verbindet man mit der modernen Ökonomie. In einer derartigen Sicht erscheint das Heilige als ein Überbleibsel des Dorfs oder der traditionsgebundenen Stadt vor der Neuzeit; und wenn sich in den unteren Klassen Millenarismus entwickelt, wird er als Verteidigung *gegen* die Stadt angesehen. Warum sollten wir nicht die evolutionäre Sicht der Säkularisierung der Stadt überprüfen und nach einer weitgefaßteren Palette möglicher religiöser Antworten auf die Stadt Ausschau halten?[3]

Was die der religionsgeschichtlichen Forschung zur Verfügung stehenden Quellen betrifft, so haben die Historiker, die sich auf das 16. Jahrhundert spezialisiert haben, die symbolischen Aspekte der Religion etwas vernachlässigt; d. h., sie sind nicht so tief, wie es möglich wäre, in die Bedeutung von Metaphern eingedrungen, die in religiösen Texten verwendet werden oder in der Kirchenorganisation liegen; und sie haben sehr viel mehr die sozialen und ethischen Lehren der Kirche untersucht als die Liturgie und andere Andachtsformen, als Bittgebete und Opfer. Symbolanalyse hat ihre eigenen Gefahren – manchmal ist ein Maibaum eben nur ein Maibaum, warnt mich ein Kollege –, aber neuere historische Arbeiten über das königliche Zeremoniell zeigen, wie viel uns diese Methode über gesellschaftliche Beziehungen und tiefverankerte Glaubensvorstellungen lehren kann.[4]

In diesem Essay möchte ich die Rolle des Heiligen und Geweihten in der Stadt Lyon untersuchen, insbesondere in den Jahren von 1550 bis 1580, als der Calvinismus als organisierte Bewegung aufgetaucht war und sich mit dem Katholizismus in einem aktiven Konflikt um die Kontrolle der Stadt befand. Ich werde mich nicht mit den Ursprüngen der Reformation beschäftigen, obwohl einiges von dem hier präsentierten Material damit in Zusammenhang steht. Ebensowenig werde ich das Verhältnis der Stadt zum König berücksichtigen (so wichtig die Frage auch sein mag), weil ich mich hier auf die soziale Interaktion innerhalb der Stadtmauern konzentrieren möchte.

Ich nähere mich dem Protestantismus und dem Katholizismus als zwei Sprachen, die – neben vielem anderen, wozu sie benutzt wurden – das Leben der Stadt, und insbesondere den Raum, die Zeit und die Gemeinschaft der Stadt beschreiben, kennzeichnen und interpretieren konnten. Sie teilten miteinander einen Teil des Vokabulars und der Metaphern – wie die des menschlichen Leibs –, und zumindest in den dreißiger Jahren des 16. Jahrhunderts konnten sie gemeinsame Begriffe finden, um über das brennende Thema der Armenpflege zu sprechen. Um die Jahrhundertmitte jedoch wurde es offensichtlich, daß ihre Grammatiken verschieden waren. In beiden Sprachen gab es Bereiche der menschlichen Erfahrung, über die sie sich ausschwiegen oder auf die sie nur in Füllwörtern antworten konnten. Aber beide konnten einigen der Bedürfnisse und der komplexen Verhältnisse in der Stadt im 16. Jahrhundert adäquat sein. Ich werde auf Max Webers Sicht der positiven und neuartigen Verbindung zwischen Calvinismus und Kapitalismus aufbauen und sie neu formulieren, indem ich zeige, daß auch der Katholizismus sich in positiver Weise mit einer sich verändernden städtischen Ökonomie und dem Leben der Stadt verbinden konnte, während der Calvinismus manchmal der Stadt machtlos gegenüberstand. Das heißt, ich werde Max Webers Auffassung von der Potenzialität einer traditional-magischen Religion und von der »Rationalität« des Calvinismus umformulieren.

I

Beginnen wir mit einem Blick auf die wichtigsten Züge des Lebens in Lyon im 16. Jahrhundert. Lyon war eine Stadt, die schnell zur zweitgrößten Frankreichs anwuchs, größer als jede Stadt in Deutschland; zwischen 1530 und 1555 wuchs die Zahl ihrer ständigen Einwohner um ein Drittel – von ungefähr 45.000 auf 65.000 Menschen – an. Sie war eine der Finanz- und Handelsmetropolen Europas, ihre Messen, die im 15. Jahrhundert begannen und ihre neuen Gewerbezweige (Buchdruck, Seidenherstellung, Metallverarbeitung) zogen junge Menschen aus nahegelegenen Dörfern und weit entfernten Städten an. In der Mitte des Jahrhunderts (nach allen in den Archiven aufbewahrten Eheverträgen für die vier Jahre von 1557 bis 1560) waren über 60 % der Männer und etwa ein Drittel der Frauen, die in Lyon lebten, woanders geboren. Es war eine Stadt, deren Sozialstruktur sich seit der *république des clercs* (Republik der Kanzlisten) in der Mitte des 15. Jahrhunderts verändert hatte. Jetzt nahmen reiche Kaufleute gemeinsam mit den Anwälten und Doktoren der Rechte ihre Plätze im Stadtrat ein. Die Handwerker genossen im Verhältnis zu den Kaufleuten ein etwas höheres Ansehen als vorher, besonders die im Druckgewerbe, in der Goldschmiedekunst und in der Seidenherstellung tätigen. Sogar bei ihren Gesellen waren Lese- und Schreibfähigkeit in höherem Grad verbreitet: im Buchdruck- und Metallgewerbe zum Beispiel konnten mehr als 70 % der Männer ihren Namen schreiben. Schließlich hatte die Sozialstruktur auch am unteren Ende der gesellschaftlichen Stufenleiter ihre Gestalt etwas verändert – oder zumindest schien es den »gens du bien«, den »ehrbaren Leuten«, so, die sich große Sorgen um die Vagabunden und armen Bettler machten, deren Zahl in Lyon zunahm. Eine neue städtische Wohlfahrtsorganisation, die *Aumône-Générale*, war gegründet worden, die sich um sie kümmern sollte.[5]

Aus dieser kurzen Skizze möchte ich zwei Elemente herausgreifen, die für meine Analyse wichtig sind: die Messen sowie die Ausländer und Fremden. Beide waren wesentlich für die Existenz und das Überleben der Stadt mit ihrer fortgeschrittenen Wirtschaft. Aber gleichzeitig schienen sie ihre moralische Gesundheit zu bedrohen und den Banden des Vertrauens, die den gesellschaftlichen Körper zusammenhielten, eine schwere Last aufzuerlegen. Betrachten wir die Messen: viermal im Jahr atmete die Stadt ungefähr zwei Wochen lang ein, öffnete sich, senkte ihre Wachen, so daß Leute und Waren »aus jedem Land der Welt« durch ihre Tore kommen und in ihren Häfen anlegen konnten. Alle Teile der Stadt waren *en foire*, wurden Messegrund; da gab es keine Begrenzungen mehr – wie etwa die, mit denen die Lyoneser jüngst versucht hatten, die Pest auf das neue Quarantäne-Hospital St. Laurent draußen vor den Stadtmauern zu begrenzen. Die Tage selbst waren privilegiert: Kaufleute aus feindlichen Ländern durften mit einem Geleitbrief nach Lyon kommen; Handelssstreitigkeiten wurden von einem besonderen Gericht schnell und wirksam entschieden. Alles stand zum Verkauf, jede Währung wurde gewechselt und getauscht; und alles mußte sich mit der Leichtigkeit eines Flusses bewegen – nicht träge wie die Saône, sondern flink wie die Rhône. Die Organisation des Handwerks war fast so frei wie die des Handels. Von den Gewerben der Wundärzte, Goldschmiede und Schlosser abgesehen, gab es in Lyon keine *métiers jurés* oder voll ausgebildeten Zünfte. Jeder, der Geld oder Kredit hatte, konnte kommen und sich als Buchdrucker, Barchentweber oder Zinngießer niederlassen.[6]

Und wie stand es mit diesen Ausländern? Nicht mit jenen, die nach den Messen die Stadt verließen, sondern mit dem großen Prozentsatz von nicht in Lyon geborenen Männern, die in ihren Mauern lebten? Ungefähr 19 % aller erwachsenen Männer, die ständig in Lyon wohnten, kamen um die Jahrhundertmitte von außerhalb des französischen Königreichs. Die bedeutendsten waren *Messieurs des Nations* – die Kaufherren aus Florenz, Genua und Lucca, die den Geldmarkt bei den Messen kontrollierten und den Lyonesern die Methoden des internationalen Fernhandels beigebracht hatten. Die *Messieurs des Nations* besaßen ihre eigenen politischen Institutionen in Lyon, ihre eigenen Ehrenplätze bei städtischen Umzügen; sie spendeten großzügig an die neue *Aumône-Générale*; sie veranstalteten extravagante Mummereien und Kostümspiele und brachten den *Enfants de la ville* (den einheimischen jungen Patriziern) das Staunen bei, die noch nicht daran gedacht hatten, sich als afrikanische Königinnen oder römische Soldaten zu verkleiden oder eine scherzhafte Schlacht zu veranstalten, bei der man sich gegenseitig mit Orangen bewarf. Manche der wohlhabenden Italiener waren schnell bereit, sich naturalisieren zu lassen und Bürger Frankreichs zu werden, ihre Namen zu französisieren und eine Lyoneserin zu heiraten. Aber die meisten dieser Familien blieben abgesondert, manchmal über Generationen, sprachen Italienisch, heirateten untereinander, und hielten engen Kontakt mit ihren Heimatstädten und ihren Verwandten in Handelszweigen in Amsterdam oder in Spanien.[7]

Was die anderen Ausländer in Lyon betrifft – die zahlreichen savoyardischen Händler und Handwerker, die italienischen Seidenarbeiter, die Deutschen, Flamen und jene Franzosen aus benachbarten und entfernten Provinzen (jeder, der nicht aus dem Lyonnais kam, galt als *étranger*) – so hatten nur die deutschen Bankiers bürgerliche Institutionen wie die der italienischen Kaufherren. Die anderen Neuankömmlinge fügten sich mehr oder weniger langsam in die Stadt ein, nutzten Kontakte zu ihren Landsleuten, Verwandten und Arbeitskollegen und nahmen oft eine Lyoneserin zur Frau.[8]

Die Messen und die Ausländer waren notwendig und wurden gepriesen. Aber warum waren sie zur gleichen Zeit gefährlich? Weil die Leute fürchteten, daß dieser Überfluß, diese Freiheit des Austauschs die Dämme bersten ließen, welche die menschlichen Begierden im Zaum hielten. Welche Unordnung konnte daraus erwachsen, daß die Öffnungen des gesellschaftlichen Körpers so weit waren? Was für »ein Zusammenbrauen gegensätzlicher Temperamente«, wenn »treue und natürliche Bürger« mit »Leuten aus allen Ecken der Erde« gemischt wurden? Welche Feindseligkeiten konnte man in einer Stadt erwarten, die wie »ein großer Park (war), unzählige Tiere, alle verschieden und gegensätzlich in ihrer Natur, einschließend«? »Lyon«, so sagte man, »ist so gescheckt und zerstückelt wie ein Leopardenfell.« So bemerkte der Humanist Symphorien Champier: »Lieber zwanzig Sous unter seinesgleichen als goldene Dukaten unter Fremden.« Ein protestantischer Gelehrter sehnte sich nach den guten alten Tagen zurück, in denen alle wollene Kleider trugen: »Da kam es nicht in Frage, daß ein einfacher Fleischer oder Handwerker Lyons an jedem Festtag in einem Staat herumlief, der allein für den Schneider 30 Kronen kostete, vom Stoff ganz zu schweigen.« Das war die Schuld des neu eingeführten Handels mit Seidenstoffen, der in den Händen ausländischer Bankiers lag, die »durch dieses süße Gift alles Geld aus dem Königreich herausziehen«. Wie kannst Du Menschen vertrauen, fragte der katholische Stadtanwalt, die ihr »natürliches Heimatland« vergessen und keine andere Bindung zu Lyon haben als »ihren Ehrgeiz und Geiz«. »Wir bekennen«, beginnt ein katholisches Gebet in Liedform:

Wir bekennen, daß Wucher
noch immer fortbesteht,
Daß Hochmut und Geilheit
Und Habgier Einfluß behalten,
Uns verzehren
Und Deinen Zorn wecken.

Eine protestantische Ekloge versicherte:

Wucherer sind in Lyon viel zu willkommen ...
Habe ich nicht den Italiener brennen sehen
Auf Profit, ob er ging oder kam?
Nahe der Saône-Brücke, um Gewinn zu machen.
Er mißachtet die Ehre Gottes und schätzt sie gering.[9]

Ich möchte betonen, daß diese Stimmungen nicht aus Gruppen kamen, die die Messen verbieten und die Ausländer aus Lyon ausweisen wollten. Tatsächlich war zwar zu Beginn des 16. Jahrhunderts eine fremdenfeindliche Bewegung aufgetaucht, als Nadelmacher, Sattler und Kürschner unter dem Vorwand, eine Bruderschaft zu gründen, versucht hatten, sich als *métiers jurés* zu etablieren. Das war ein praktischer Versuch, das System freier Arbeit und Konkurrenz einzuschränken, und der mißlang.[10] Hier handelt es sich jedoch eher um eine gewisse ambivalente Einstellung. Der Protestant, der sich gegen die Bankiers aussprach, war selbst ein Fremder aus der Franche-Comté; unter den Ältesten des reformierten Konsistoriums waren Sammetmacher; und das Regime der Hugenotten in Lyon 1562-63 hatte versucht, die Messen um jeden Preis in der Stadt zu halten. Der katholische Jurist, der den Geiz und den Ehrgeiz der Ausländer anprangerte, war selbst mit einer Italienerin verheiratet und sonst eigentlich willens, den Handel der Stadt, die mildtätigen Handlungen der *Messieurs des Nations* und die hervorragenden Erzeugnisse, die das Ergebnis von »Beratung und Erfahrungsaustausch« zwischen Handwerkern aus so vielen Gegenden waren, zu preisen.[11]

Wir werden später auf diese Ambivalenz zurückkommen und sehen, wie sie sich in den calvinistischen und katholischen Einstellungen zur Stadt ausdrückte. Aber zuerst wollen wir einen Blick auf die soziale Zusammensetzung der beiden Glaubensrichtungen in den Jahrzehnten um die Mitte des 16. Jahrhunderts werfen, insbesondere der Milieus, die den liturgischen Stil und die Andachtspraxis beeinflußten.

Die hugenottische Bewegung, die 1562 ihren Höhepunkt erreichte, zog nie mehr als ein Drittel der Bevölkerung Lyons in ihren Bann (meine Beschreibung beruht auf der Analyse von ungefähr 2.300 Menschen, die zwischen 1550 und 1575 Protestanten waren[12]). Sie zog Menschen aus dem Patriziat, Notabeln aus den mittleren Rängen, und dem *menu peuple* (niederen Volk) in Zahlen an, die ungefähr ihrer Stärke in der Gesamtbevölkerung der Stadt entsprachen. Nur die instabile Welt der ungelernten Tagelöhner und der ganz Armen war nicht vertreten. Auf jedem sozialen Niveau kamen die Protestanten jedoch aus Berufen, die qualifizierter waren, aus Gewerben, die sich im Umbruch befanden oder gerade erst in Lyon eingeführt worden waren. Beim Stadtrat kamen sie mehr von den Unternehmern und Verlegern, sehr viel weniger von den Rechtsdoktoren und juristischen Amtsträgern, die sich bereits im 15. Jahrhundert an den Schaltstellen etabliert hatten. (Das heißt, wir haben einen Konflikt zwischen Laieneliten darüber vor uns, wie Macht gebraucht werden sollte, nicht einen Konflikt zwischen einer Gruppe von Laien, die Macht besitzt, und einer ohne Macht.) In der kleinen Welt der Notare, Rechtsbeistände und Schreibmeister waren andererseits die Protestanten zahlreicher. Fast alle Buchdrucker und Barbiere bzw. Wundärzte, arme Gesellen ebenso wie wohlhabende Meister, folgten eine gewisse Zeit der *Religion des Evangeliums*, und die Seidenherstellung und das Metallgewerbe – Uhrmacher, Kanonengießer und Büchsenmacher – waren in bedeutendem Maße vertreten. Im Gegensatz dazu blieb der Handel mit Nahrungsmitteln – eine große Gruppe ohne hohen Alphabetisierungsgrad – im großen und ganzen der Messe treu – mit einer Ausnahme: den Wirten der Schenken und Herbergen, d. h. Männern, die fast alle lesen konnten und für die Kommunikation in der Stadt von zentraler Bedeutung waren. Die protestantischen Frauen kamen aus Familien ähnlicher Ränge, und obwohl bei ihnen der Prozentsatz derer, die lesen und schreiben konnten, im ganzen gesehen sehr viel niedriger lag als bei den Männern, waren unter den Anführerinnen weibliche Gastwirte und

Buchdrucker – wieder Leute in einer Stellung, die für die Kommunikationsökonomie von zentraler Bedeutung waren.[13]

Es gab ein zweites wichtiges Charakteristikum der protestantischen Männer in Lyon – ihre geographische Herkunft (siehe Tabelle). Ungefähr 68 % der reformierten Männer waren außerhalb von Lyon geboren. Während in der gesamten Bevölkerung der Stadt etwa 20 % geboren worden waren, stellte diese Gruppe nur 7 % der Protestanten. Männliche Anhänger der neuen Religion kamen aus einem wei-

Geographische Herkunft von Männern mit ständigem Wohnsitz in Lyon und von männlichen Protestanten

	Geographische Herkunft von Männern, die ständig in Lyon wohnen und in der Zeit von Ostern 1557 bis Ostern 1561 heirateten(a)		*Geographische Herkunft männlicher Protestanten in Lyon 1550-1575*(b)	
Geburtsort	Zahl	Herkunft bekannt in %	Zahl	Herkunft bekannt in %
Lyon	140	38	345	32
Lyonnais (ohne Lyon)	75	20	71	7
Andere französische Provinzen	87	23	318	29
Außerhalb Frankreichs	70	19	350	32
Nicht bekannt	157(c)	–	1232(d)	–
Insgesamt	529		2316	

Anmerkungen und Quellen:
(a) Beruht auf der Auswertung aller Eheverträge in den Archives départementales du Rhône von Ostern 1557 bis Ostern 1561. Alle relevanten Register wurden ausgewertet in den Serien B und 3 E, Eheverträge wurden gefunden in B (Insinuations), Donations, Vols. XI-XXV, und in 3 E 349, 366, 374, 538-40, 565, 608-9, 666, 3227-8, 3848, 3851, 3930-3, 3947-50, 4735, 4482-3, 4497, 5295, 5300-1, 5304, 6942, 7167-70, 7176, 7183-5, 7598.
(b) Beruht auf der Analyse der Herkunft aller männlichen Protestanten, deren Beruf bekannt ist und die 1550-1575 in Lyon wohnten. Die Informationen stammen insbesondere aus: Archives municipales de Lyon, BB, CC, EE, GG; Archives départementales du Rhône, B, 3 E, G, H; Archives de la Charité de Lyon, E; Archives de l'Hôtel-Dieu de Lyon, E; Archives d'Etat de Genève, Livre des habitants, Registres du consistoire, Notaires (J. Rageau, J. Jovenon), Procès criminels.
(c) Herkunft aus Lyon ist ebenso wahrscheinlich wie das Gegenteil, verifiziert durch die Überprüfung von Personen, deren Herkunft bekannt ist, deren Geburtsort aber nicht im Vertrag angegeben ist.
(d) Wahrscheinlicher, daß sie nicht aus Lyon stammen, da eine breite Palette örtlicher Dokumente nicht nur für den individuellen, sondern auch für den Familiennamen geprüft worden ist.

ten geographischen Bereich, der die Ile-de-France und die Normandie einschloß. Des weiteren war der Prozentsatz von Männern, die außerhalb des französischen Königreichs geboren waren, in der reformierten Bewegung einzweidrittelmal so hoch wie in der gesamten Stadtbevölkerung. Und wie stand es mit den *Messieurs des Nations?* Ließen diese Kaufherren und Bankiers Mutter Kirche im Stich? Nur wenige taten das, und die waren besonders unter den Deutschen anzutreffen und bei denen aus Genua und Lucca eher als bei den Florentinern.[14] Die Mehrzahl der ausländischen Protestanten in Lyon waren die Italiener, Piemonteser, Savoyarden, Deutschen und Flamen, die nicht mit den besonderen Bürgerinstitutionen »nationaler« Prägung assoziiert und, denke ich, eher bereit waren, den Weg der Assimilierung einzuschlagen.

Die religiöse und politische Führung der hugenottischen Bewegung in Lyon war also ein Bündnis – ein heiliges Bündnis – zwischen Ausländern, Leuten aus Frankreich und einer gewissen Zahl von Familien, die aus Lyon stammten. Die Geistlichen, die im reformierten Konsistorium den Vorsitz führten, hatten einen ähnlich gestreuten sozialen Hintergrund, und fast alle waren von auswärts in die Stadt an der Rhône gekommen. Pierre Viret zum Beispiel, der bedeutendste reformierte Prediger in Lyon in den sechziger Jahren des 16. Jahrhunderts, war in einem Dorf in der Schweiz geboren.[15]

Das waren die Leute, die in den späten fünfziger Jahren des 16. Jahrhunderts durch Gottes Hilfe hofften, die Sozialstruktur der Stadt zu verändern, indem sie die Klasse der Kleriker eliminierten. Sie wollten die Lügen des Klerus zum Schweigen bringen, ihren »Zauber«, »Unfug« und ihre »Mimereien« aus den Gotteshäusern verbannen, und ihr »widerwärtiges« Monopol auf die spirituellen Angelegenheiten brechen – die Kleriker sind »schreckliche Händler (...), ihr Beruf umfaßt eine ganze Welt«; und sie wollten sie und ihre Konkubinen die Koffer packen lassen. Zunächst nicht sehr fest in heimlichen Zusammenkünften organisiert, dann sich auf informelle Netzwerke – Almosenvergabe und städtische Miliz – stützend, und schließlich in einem stadtweiten Konsistorium vereint, wollte die Kirche Gottes der katholischen Entzweiung und der papistischen Monarchie ein Ende setzen. Lyon könnte dann »eine heilige und freie Gemeinschaft« von Familien sein, die einander durch Gottesdienst und Nächstenliebe verbunden wären.[16]

In der katholischen Mehrheit gab es drei Gruppen, die bei der Gestaltung der öffentlichen Frömmigkeit eine herausragende Rolle spielten: der Klerus, die Bruderschaften und die Pfarrgemeinden. An der Spitze des Klerus standen die Domherren und Grafen der Kathedrale St. Jean, allesamt Söhne aus sehr alten adligen Familien des Lyonnais oder anderer benachbarter Gegenden. Einige von ihnen, wie Gabriel de Saconay, residierten in Lyon und brachten ihren besonderen und stark ausgeprägten Sinn für die Landschaft, die Erzdiözese von Lyon und ihre Vergangenheit ins Kloster ein. Die restlichen Säkularkleriker waren meist in der Stadt gebürtig: die Kanoniker von St. Paul Söhne von Juristen, die von St. Nizier Söhne von Kaufleuten; der Bruder eines Tuchfärbers Priester des Kirchspiels St. Sorlin. Im Gegensatz dazu waren die religiösen Männerorden die Domäne von Neuankömmlingen und Fremden: im Franziskanerkonvent zum Beispiel waren drei Viertel der Brüder aus Burgund, der Dauphiné, aus Paris, sogar aus Savoyen. Als die Jesuiten 1561 in Lyon ankamen, waren ihre begabtesten Prediger Emond Auger, Sohn eines Bauern aus der Champagne, und der Italiener Antonio Possevino.[17]

Was die Bruderschaften betrifft, so gab es während des 16. Jahrhunderts mindestens 68; trotz eines ernsten Absinkens der Mitgliederzahl zwischen 1550 und 1565 prägten sie den religiösen Stil der Laien in starkem Maße. Von ziemlich abgeschlossenem Charakter, tendierte ihre Brüderlichkeit dazu, sich auf Männer desselben Berufs oder der gleichen sozialen Schicht zu begrenzen. Hier drei Beispiele, die etwas über die sozialen und psychologischen Grundlagen für die katholische Reform aussagen. Erstens die Bruderschaft der florentinischen Nation in Lyon, d. h. der großen Kaufherren und Bankiers, die den *Notre Dame* geweihten Dominikanerkonvent mit kostbaren Orgeln, silbernen Reliquiarien, Meßgewändern aus Damast und blumenbesetzten Altartüchern beschenkten und das in der Stadt vielleicht einzigartige Recht besaßen, zwei Ordensbrüder »der italienischen Sprache« im Konvent plazieren zu dürfen. Ein zweiter Typus war die Heiligkreuz-Bruderschaft, die reiche Kaufleute und bedeutende Juristen beiderseits der Saône vereinte und die einen Friedhof für die Armen und sich selbst im *Hôtel-Dieu*, dem Armenhospital, unterhielt. Und schließlich gab es die Bruderschaft der Pilger nach Santiago di Compostela, die Fleischer, Zuckerbäcker, Fuhrleute und andere Männer aus dem Einzelhandel zusammenbrachte und sich der Anbetung dieser alten Wallfahrtsstätte in Spanien widmete. Dreißig Jahre lang stritt sich diese Bruderschaft mit den Kanonikern von St. Nizier um den Besitz der Schlüssel ihrer Kapelle St. Jacquême, einer Kapelle, die – ein interessantes Detail – mit der frühesten politischen Geschichte der Kommune von Lyon eng verbunden war.[18]

Eine wichtige Basis hatte die katholische Reform auch in der Organisation bestimmter Kirchspiele. 1572 zum Beispiel beklagten sich die Gemeindemitglieder von St. George, einer kleinen Nachbarschaft von Fischern und Handwerkern, beim Offizial der Kirche von Lyon, weil weder ihr *curé* noch sein Vikar im Pfarrbezirk die Messe hielten und weil sie jedes Mal, wenn sie einen von beiden brauchten, losgehen und ihn aus einem skandalösen Bordell außerhalb des Kirchspiels holen mußten. Einige Jahre später war alles ruhig; der *curé* residierte im Pfarrbezirk, und während der Festtage von St. George, Mariä Himmelfahrt und St. Eulalie wurde ein »Königreich« im Kirchspiel organisiert – das den Gemeindemitgliedern erlaubte, einen König, eine Königin, einen *dauphin* und eine *dauphine* zu wählen, und der Kirche, großzügige Spenden von Kerzenwachs zu empfangen.[19]

Dieser Überblick über die Zusammensetzung und Struktur der beiden Glaubensrichtungen in Lyon bereitet uns vor auf ihre unterschiedliche Interpretation des Raums, der Zeit und der Gemeinschaft der Stadt. Die katholische Richtung schloß Fremde ein, besaß aber stärkere Wurzeln in den Milieus von Lyon und des Lyonnais als die protestantische. Beide besaßen Anhänger in den fortgeschrittenen Wirtschaftssektoren, aber Fabrikanten waren bei den Calvinisten, Bankiers bei den Katholiken zahlreicher.[20] Und außerdem nahm die katholische Richtung mehr Menschen aus traditionellen Gewerben auf. Aus dem, was ich über die Organisierung der beiden Strömungen gesagt habe, mag der Leser schon ahnen, was ich über die unterschiedliche Wahrnehmung ihrer eigenen Gemeinschaft ausführen werde: die Protestanten sahen sie als ein in etwa symmetrisches Kommunikationsnetzwerk, das Familieneinheiten verband, die Katholiken als eine organische Kombination verschiedener Gruppen.

II

Der Raum der katholischen Stadt war keineswegs homogen oder symmetrisch. Die neun Pfarrbezirke, seit Jahrhunderten fest etabliert, mit wohlbekannten Grenzen, entsprachen nicht der Verteilung der Bevölkerung. Das große Kirchspiel St. Nizier, im Herzen des Handwerkerviertels, hatte – so sagte man 1534 – zu Ostern 22.000 Kommunikanten, während die Pfarrbezirke St. Pierre und St. Romain nur einen kleinen Kreis von Familien umfaßten. Der katholische Raum war voller besonderer Plätze und geweihter Orte. Die Präsenz von Reliquien – der Kiefer von Johannes dem Täufer in der Kathedrale, der Körper von St. Irénée (des zweiten Bischofs von Lyon) in der Kirche auf dem Hügel von Fourvière, von St. Bonaventure in der Kirche der Franziskaner, von St. Ennemond (im 7. Jahrhundert Bischof der Stadt) in St. Nizier, von St. Reine, »die Wunder tat für die Gesundheit«, im Karmeliterkloster, und viele andere mehr – verstärkte die Heiligkeit bestimmter Orte. Die katholische Treue zu diesem Raumverständnis wurde durch den calvinistischen Bildersturm von 1562-63 nur verstärkt: die Katholiken beeilten sich, Gebäude zu reinigen, Reliquien wiederaufzufinden und zu prüfen (wie den Kopf

Ansicht des Hügels von Fourvière über der Saône
(Ausschnitt aus einem Bernard Salomon zugeschriebenen Stich, aus: G. Guérolt, *Epitome de la corographie*, Lyon 1553)

von St. Irénée, der, welch ein Wunder, zehn Jahre lang unter Ruinen verborgen erhalten worden war) und sie öffentlich auszustellen.[21] Die katholischen Zeremonien achteten auch sehr feinfühlig auf die natürlichen Züge der städtischen Umwelt – den Hügel von Fourvière, der die Stadt beherrschte, und die Flüsse. Mindestens zweimal im Jahr stiegen Prozessionen des Klerus hinauf zur kleinen Kapelle *Notre Dame de Fourvière*, und fast das ganze 16. Jahrhundert lang machte ein »Königreich« der Jungverheirateten an Mariä Himmelfahrt eine Wallfahrt dorthin. Die als erwachsene Domherren-Grafen gekleideten Chorknaben der Kathedrale gingen nach Weihnachten zu Ehren von St. Just den Hügel hinauf, empfingen den Segen ihres Knaben-Bischofs und bezeugten den Gebeinen eines der von Herodes hingeschlachteten Unschuldigen Kinder ihre Ehrerbietung. Der Hügel galt als Quelle des Schutzes und der Hilfe für die Stadt. Oft gab er Überreste aus seiner römischen Vergangenheit preis, die von Gärtnern entdeckt und von wohlhabenden Städtern und Humanisten aufbewahrt wurden, und er enthielt auch das Blut und die Gebeine der ersten Märtyrer und Begründer des Christentums in Lyon.[22]

Die träge dahinfließende weibliche Saône – die Kennzeichnung stammt von ihnen – war der Schauplatz fröhlicher geistlicher und volkstümlicher Feste. Im 14. Jahrhundert hatte man in den Tagen vor den Messen, wenn die Saône zur zentralen Arterie der Stadt wurde, im Juni ein Fest der Wunder zu Ehren von St. Pothin, dem ersten Bischof der Stadt, und seiner Begleiter auf dem Fluß gefeiert. Der gesamte Klerus der Stadt war auf der Saône, betend und singend, von Amtsträgern, Notabeln und Handwerkern begleitet; riesige Boote vollzogen ein kompliziertes Ritual, das an einem Felsen im Norden der Stadt begann, an der Saônebrücke seinen Mittelpunkt hatte und sich flußabwärts zu dem Punkt bewegte, an dem die Saône in die Rhône fließt. Dieses Fest war Ende des 14. Jahrhunderts eingeschlafen, aber noch immer gab es an Himmelfahrt eine farbenprächtige Wallfahrt der Laien und des Klerus auf Booten, flußaufwärts zu *Notre-Dame-de-l'Ile-Barbe* nordwärts der Stadt. Eine Messe wurde in der alten Abtei nahe an der Grenze zwischen Frankreich und Savoyen gehalten, und der Hafenmeister Lyons holte mit seinen Gesellen das Wappen des Herzogs von Savoyen herunter und ersetzte es durch das Frankreichs. Den Sommer hindurch markierten die Bootsleute der Pfarrbezirke St. George und St. Vincent an Sonn- und Feiertagen auf den beiden Ufern der Saône die Pfarrbezirksgrenzen durch Turniere auf dem Fluß. Am Vorabend des Hauptfests Johannes des Täufers ließ das Konsulat die Feuerwerkskörper von der Saônebrücke aus hoch aufsteigen.[23]

Die Rhône war dagegen ein mächtiger, männlicher (so wieder ihre Charakterisierung) und gefährlicher Fluß. Wie sich die Leute im

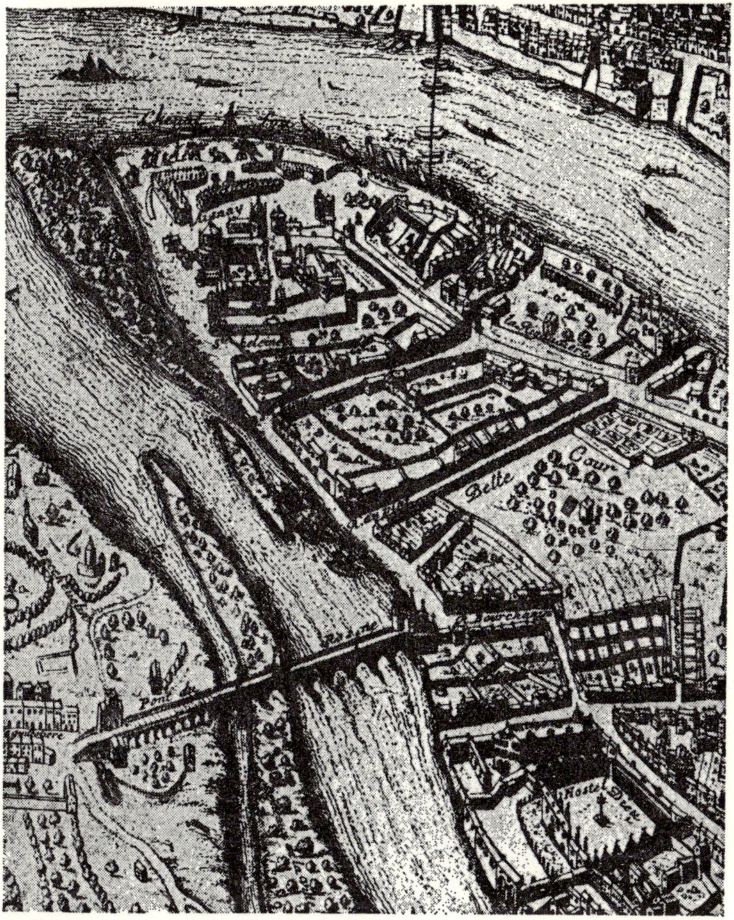

Das Zusammentreffen von Saône und Rhône
(Ausschnitt aus einer im 17. Jahrhundert von Tardieu angefertigten Kopie des *Plan scénographique de Lyon*, um 1560)

16. Jahrhundert noch erinnerten, war der Bau der Brücke, die ihn überspannte, ursprünglich vom HERRN selbst befohlen worden, in einer wunderbaren Botschaft an einen schafehütenden Jungen in der Mitte des 13. Jahrhunderts. Ihr schwieriger Bau hatte wie ein Kreuzzug gepredigt und mit den vielen Ablässen finanziert werden müssen, die Büßer durch den Besuch der Heiliggeist-Kapelle am Lyon zugewandten Brückenende erkaufen konnten. Sie wurde schließlich erst zu Beginn des 16. Jahrhunderts fertiggestellt, und die Leute fürchteten immer noch, sie könnte zusammenbrechen – nicht ohne Grund, denn die starken Strömungen spülten oft einige ihrer Stützpfeiler fort. Die ständige Sorge war nicht nur, daß die Rhône zu viel oder zu wenig Wasser führen könnte und damit die für die Messen notwendige Schiffbarkeit beeinträchtigt würde, sondern auch, daß der Fluß über die Ufer treten könnte. Die Überschwemmung von 1570 war so gewaltig, daß die Katholiken behaupteten, daß »das Wasser den Schmutz tilgen wollte (...), der von den Calvinianern verbreitet worden war«, während die Protestanten sie als Urteil Gottes gegen die Katholiken, weil sie seine Kirche verfolgt hatten, in Anspruch nahmen. Wie auch immer, jetzt, wo die Rhône für das Leben Lyons so wichtig war, widmeten die katholischen Zeremonien ihr wachsende Aufmerksamkeit, und viele Prozessionen führten an der kleinen Kapelle auf der Brücke vorbei, besonders zu Pfingsten, dem Fest des Heiligen Geistes. Wie mit der Saône wurden auch mit ihr volkstümliche Feste verbunden: zu Pfingsten verkleideten sich junge Männer als Pferde (genauer als *chevaux fous*, als närrische Pferde) und tanzten durch die Straßen, vom Ende der Halbinsel, wo die Rhône und die Saône einander »umschlangen«, hinauf zur Rhônebrücke. Dieser Brauch, der auch anderswo in Frankreich existiert und der unterschiedlich, als Fruchtbarkeitskult oder als Initiationsritus für männliche Jugendliche interpretiert worden ist, wurde von manchen Lyonern im 16. Jahrhundert so gedeutet, daß er Ausbruch und Ungezügeltheit verkörpere. In diesem Fall mochten wilde Pferde gut und gerne auf einen kaum gezähmten Fluß zuspringen und tanzen.[24]

Katholische Prozessionen dienten nicht nur dazu, die Grenzpunkte von Lyon, die Rhônebrücke und die *Ile-Barbe*, aufzusuchen, sondern auch dazu, die beiden von der Saône zerschnittenen Teile der Stadt zu vereinen – die Kirche von Lyon, die Männer des Königs im Palais de Roanne, die Bankiers auf der Seite des Hügels von Fourvière *(côté de Fourvière)* mit dem Rathaus, den Kaufleuten und den Handwerkern auf der Seite von St. Nizier *(côté de St. Nizier)*. So versammelte sich z. B. eine allgemeine Prozession der Pfarrbezirke zu Allerheiligen, oder eine Prozession der Heiligkreuz-Bruderschaft an ihrem Festtag, dem 3. Mai, mit ihren Monstranzen für die geweihte Oblate, ihren Kruzifixen, Bannern, Glocken, Kerzen und Fackeln an der Kathedrale St. Jean; sie überquerte die Saône und führte zu St. Nizier, weiter an der Rhône entlang zu den Franziskanern in St. Bonaventure, flußabwärts zum Hospital an der Rhônebrücke, quer hinüber zu den Dominikanern in Notre-Dame-de-Confort inmitten des Viertels der Buchdrucker, und kehrte dann, die rue Mercière (die hauptsächliche Handelsroute der Stadt) nehmend, zu St. Jean zurück.[25]

Können wir von dieser Art, sich durch den städtischen Raum zu bewegen und ihn zu markieren, annehmen, daß sie für das ökonomische und soziale Leben Lyons wichtig und zweckmäßig war? Zum größten Teil sicher. Diese Prozessionen konnten die Identität der Stadt anschaulich machen und dem Körper der Stadt Schutz geben, und diese Wirkung konnte in und außerhalb der Messezeiten anhalten *(en foire et hors foire)*. Und man muß beachten, daß das keine Riten waren, die Lyon ein Verständnis von Abgeschlossenheit vermitteln sollten (wie es ländliche Prozessionen an den Bittagen taten, wenn, neben anderen Handlungen, die Grenzen des Pfarrbezirks markiert und mit Weihwasser besprengt wurden); diese Prozessionen gingen *nicht* um die erweiterten Befestigungen der Stadt herum, die in den zwanziger Jahren des 16. Jahrhunderts gebaut worden waren. Man besuchte vielmehr die Rhônebrücke, um sie offen zu halten.[26]

Außerdem – mit Ausnahme eines kürzlich eingerichteten Konvents von Bettelmönchen auf dem Hügel von Fourvière, der sich über das Brüllen der Tiere auf dem Viehmarkt über die Straße beklagte – hatte die Kirche relativ wenig gegen die Nähe von Handel und geweihten Dingen. Weinhändler und Kerzenzieher gingen mit ihren Waren vor der Tür der Kathedrale hausieren, um die Bedürfnisse der Pilger am Festtag von Johannes dem Täufer zu befriedigen. Leute, die Essen verkauften, kamen auch zu anderen Zeiten dorthin, und die Domherren-Grafen unternahmen nur halbherzige Anstrengungen, sie daran zu hindern. Besonders illustrativ ist der Streit, der wegen der Krämer und Kleinhändler ausbrach, welche die Kirche von St. Nizier umringten. Die Kanoniker verspürten kein Verlangen, sie wegzujagen, solange sie vor den Türen genügend Platz ließen und vier Fuß zwischen ihren Ständen und der Kirche lagen (das kanonische Recht schrieb 30 Fuß vor, aber wen scherte es?). Der Streit im Jahre 1559 spielte sich zwischen den Kanonikern und dem Stadtrat ab: wer durfte die Standmiete einsammeln? Die Kirche gewann, und die Händler blieben und sind noch heute da.[27]

Mit den Protestanten, die (wie wir gesehen haben) zu einem großen Teil nicht aus Lyon oder nicht einmal aus der Gegend stammten, änderte sich diese Orientierung auf den Raum der Stadt. Was Hügel, Flüsse, Tore, Brücken und geographische Grenzen anging, so wäre es ein Mißbrauch, regelmäßig durch Gebet um ihren Schutz nachzusuchen. Die Straßen, durch die dunkel gekleidete Calvinisten ihre Psalmen singend schritten, waren keine geweihten Pfade, sondern breite Wege, geeignet, um seinen Glauben auszudrücken sowie eine Botschaft der Kommunion an andere Christen und des Tadels an die Domherren-Grafen zu richten. Daß das Heilige in einem Ding eingeschlossen sein konnte – in einer Hostie, einem Knochen, einem Gebäude, einem Stück Land –, war eine Vorstellung, die nach Götzendienst roch. Mit Eifer reinigten die Calvinisten 1562 die katholischen heiligen Orte; mit Gründlichkeit inventarisierten sie Reliquiarien und schmolzen sie ein, weißten sie Kirchenwände und setzten einfache Fenster ein, wo zuvor mit Buntglas geschmückte Kirchenfenster gewesen waren. An Kreuzwegen wurden Kruzifixe zerschlagen; alte, aber noch benutzte Einsiedeleien wurden niedergerissen. Auf Friedhöfen entstanden öffentliche Plätze, und mit einer Gründlichkeit, die weit über die urbanistischen Anstrengungen des Stadtrats einige Jahre zuvor hinausging, wurden durch die Ruinen von Klöstern hindurch neue Straßen gebaut, um den Verkehr von Wagen und Artillerie zu erleichtern. Im Domkapitel von St. Paul wurde eine Fleischerei eingerichtet, in der ehrwürdigen Kapelle St. Jacquême der Laden eines Tuchhändlers; ein Uhrmacherladen eröffnete in der Kapelle Notre-Dame in der rue Neuve, und im Dominikanerkloster wurden nach den Pferden des Baron des Adrets, des *capitain* der Calvinisten, – schlimmer noch – verheiratete Paare, d. h. reformierte Geistliche mit ihren Frauen einquartiert.[28]

Kurz und gut, die Protestanten öffneten den städtischen Raum, machten ihn einheitlicher und verfügbarer für den Austausch, Verkehr und die menschliche Kommunikation. Bezeichnenderweise wurden die Ältesten des Konsistoriums nicht über die alten Kirchspiele bestimmt, sondern über die gleichmäßiger bevölkerten Stadtbezirke.[29] Waren die Calvinisten also dabei, »die Welt zu entzaubern«, um einen Satz zu gebrauchen, der mit Max Weber in Verbindung gebracht wird? Ja – in Webers engem Sinn, daß sie den Gebrauch von Sakramenten und magischen Ritualen einschränkten, daß sie das Heilige von spezifischen Kreuzwegen und aus besonderen Augenblicken entfernten und so eine Art boten, die Stadt zu sehen, die allgemeiner und mehr im Fluß, weniger statisch war. Aber nein in dem Sinn, daß sie nicht einfach das Heilige in ein anderes, transzendentes Reich verbannten, nicht einfach den Zeiger auf einer bereits vorhandenen Meßskala der Heiligkeit verschoben, mit Immanenz am einen, Transzendenz am anderen Ende.[30] Sie dachten vielmehr in Begriffen eines neuen Maßes, bestimmten neu, wie das Heilige in der Welt präsent sein sollte. Durch ihre Ideen über die Weihe und die Befleckung setzten sie dem Grenzen, was sie mit dem Raum und den Dingen an-

Huiusdem? Regnum diuisum permanet an ne?
Non fuit Unquam visum tempus durius isto
Tu licet ipse legas antiqua Volumina cuncta.

Singula quid memorem? cernuntur tristia tantum,
Euersum templum diui sub nomine Justi,
Ecclesiae facies nulla, hic vbi terra Virescit:
Hic depascit ouis, confectae plena ruinae
Terra est, multum deuotus locus attamen olim,
Ac quoque Sanctus, quo toto non sanctior orbe.
Ignis Sulphureus positus consumpsit id omne.

Die durch Calvinisten zerstörten Kirchen auf dem Hügel von Fourvière, von einem Katholiken gezeichnet
(Aus: *De tristibus galliae*, 1567, Bibliothèque municipale de Lyon, Fonds ancien, MS. 156)

fangen konnten. »Ein Ding, das geweiht ist«, erklärt ein reformierter Pfarrer, »ist einem heiligen und geheiligten Gebrauch bestimmt. (...) Ein Haus ist Gott geweiht, wenn es einem heiligen Gebrauch anvertraut und geweiht ist, dem Predigen von Gottes Wort (...) oder dem öffentlichen Gebet.« In der gleichen Weise waren ein Haus oder eine Stadt, die zu Wucher, Spiel, Maskeraden oder Ausschweifungen gebraucht wurden, befleckt und entweiht, die Stadt »ein zügelloses Korinth«.[31] Während der Raum der Stadt für die Katholiken seine heißen und seine kalten Stellen besaß, war die Umwelt für die Calvinisten – nun, nicht lauwarm, denn das gehörte ausgespien – aber sie wurde durch eine mittlere Spannung zusammengehalten, durch das wachsame Offenhalten von Augen und Ohren.

Indem sie das Band zwischen dem Heiligen und dem Ort zerschnitten, erleichterten die Calvinisten die Möglichkeit einer Stadt *en foire permanente* – einer Stadt, die ein ständiger Markt war –, eine Form der Organisation des Handels, die mehr der Amsterdams im 17. Jahrhundert entsprach. Indem sie das Band zwischen dem Heiligen und einem zugewiesenen Zweck neu bestimmten, machten sie sich und ihrem Verständnis von innerweltlicher Berufung die moralischen Gefahren, die von den Messen ausgingen, bewußter denn je. Hier finden wir auf reformierter Seite jene ambivalente Haltung zur Wirtschaft Lyons, von der wir oben gesprochen haben. Zur gleichen Zeit, als eine Ekloge über die von den Calvinisten verwaltete Stadt von 1562 »gewinnbringende Messen« in einem »gereinigten Lyon« feierte, verurteilte eine reformierte Synode den Wucher und erlaubte nur »einen mäßigen Profit«. Das reformierte Regime wurde 1563 geschlagen, aber man fragt sich, wie es sich, wenn es von längerer Dauer gewesen wäre, auf die traditionelle, vier Mal im Jahr stattfindende Handelsorgie eingestellt hätte. (Vielleicht hätten die gemäßigten unter den Führern der Hugenotten versucht, die Dinge in einer Richtung zu ändern, die Calvin verdächtig nach spirituellem Libertinismus ausgesehen hätte.) Die katholische Kirche St. Nizier machte sich wegen der Krämer und Hausierer an ihren Mauern keine Sorgen; vielleicht halfen sie sogar, das Meßwunder, das drinnen zelebriert wurde, zu verklären. Das reformierte Gotteshaus von St. Nizier, das in seiner Kapelle St. Jacquême bereits den Laden eines Tuchhändlers beherbergte, war verletzlicher für die Versuchung nichtasketischer Weltlichkeit. Die Händler wurden aus der Umgebung des Gotteshauses verbannt, aus Furcht, daß der Lärm ihrer Geschäfte die Psalmen und Gebete der Gläubigen stören könnte.[32]

Ein ähnlicher Kontrast bestand darin, wie Katholiken und Calvinisten die städtische Zeit in Lyon ordneten. Die katholische Zeit der Zeremonien war komplex gedrängt und unregelmäßig. Jedes Kirchspiel, jede Nachbarschaft konnte ihre eigenen, besonderen Rhythmen haben; im Gebiet um die Kathedrale wurden zum Beispiel von Mai bis Mitte August mindestens sechs lokale Feste gefeiert – die der jungen Kanzlisten und der Kürschner, zu Ehren von St. Christophorus und dem Hl. Rochus – und das ganz unabhängig von den wichtigsten arbeitsfreien Tagen, die in diese Zeit fielen. Aber auch der Festkalender für die ganze Stadt war nicht homogen. Er dehnte sich aus und zog sich zusammen, wie die Kost der Frommen, die vom Essen zum Fasten übergingen; wie die Lebensgeister des Büßers, der sich von der Fastnacht zur Fastenzeit bewegt. Wenn man die Ereignisse des liturgischen Kirchenkalenders mit denen zusammentut, die vom Stadtrat initiiert worden waren (an Trinitatis eine Prozession und Messe, hinauf zum städtischen *Collège de la Trinité*; am Sonntag nach Ostern eine Prozession und Messe aller Armen, die Hilfe von der städtischen Wohlfahrt erhielten usw.), und mit den von Gemeindemitgliedern initiierten Festen (wie dem Tanz auf den Straßen zu Pfingsten), so haben wir eine Zeitspanne hoher Aktivität Ende Dezember und Anfang Januar; Mai und Juni eine Zeit intensiven zeremoniellen Lebens; und Herbst wie Advent waren die relativ ruhigen Zeiten.[33]

Die katholische Stadt atmete ein und aus – wie auch die handeltreibende und fabrizierende Stadt. Wie verhielten sich ihre Rhythmen zueinander? Dem Scheitelpunkt des Mai und Juni entsprach kein Höhepunkt wirtschaftlicher Geschäftigkeit; aber davon abgesehen, drängte sich der Festkalender um drei der vier Messen, um die Messe der Könige, die Oster- und die Augustmesse. Nur die Messe zu Allerheiligen im November, kurz nach dem düsteren Totensonntag, hatte ziemlich wenig liturgischen Vorlauf und Nachwehen. Während in der Kleinstadt Coventry vor der Reformation, wie Charles Phythian-Adams gezeigt hat, der zeremonielle und der Kalender der Arbeit in zwei verschiedenen Halbjahren konzentriert waren und einander wie Antworten abwechselten, verstärkte in Lyon das zeremonielle oft das wirtschaftliche Leben wie ein Kontrapunkt.[34]

Die calvinistische Ordnung der liturgischen Zeit war einfacher, gleichmäßiger und gleichförmiger. Die ersten Anhänger der reformatorischen Lehren hatten erwogen, überhaupt keine besonderen Stunden und Zeiten mehr zu haben: »Wir beten, wenn uns der Geist Gottes dazu treibt, und mit um so tieferem Gefühl, wenn dringende Notwendigkeit es erfordert.« Aber dann, mit der Institutionalisierung der reformierten Kirche, war es zweckmäßig, wie Pastor Viret darlegte, bestimmte Stunden für das öffentliche Gebet festzulegen, und es war gut, sich auf den Sonntag zu einigen, denn viele arbeitende Menschen konnten sich nicht jeden Tag versammeln. Es war nicht so, daß sie aus dem Sonntag eine »enge Religion«, ein »geistiges Mysterium« machen wollten, kommentierte ein anderer Geistlicher; eine

Zeit, auf die man sich einigte, war einfach nötig, um »gute Ordnung« in der Kirche zu halten. Während der calvinistischen Herrschaft 1562 bis 1563 wurden Sonntag und Mittwoch als Tage für Predigt und öffentliches Gebet in der ganzen Stadt festgelegt (wie in Genf); und obwohl Religionsunterricht und Predigten auch an anderen Wochentagen angeboten wurden, gab es nichts Analoges zu den Variationen der katholischen Zeit der Zeremonien. Wie der maßvolle Christ nicht Moses' ungewöhnlichem Fasten von 40 Tagen folgen, vielmehr bei allen Mahlzeiten maßvoll essen sollte (öffentliche Fastenzeiten wurden höchstens zweimal im Jahr verkündet, gewöhnlich weniger häufig), und ganz wie der gottesfürchtige Christ keine heftigen Stimmungsumschwünge durchmachen, sondern sich stets wachsam und aufmerksam beherrschen sollte, so sollte die Zeit gleichmäßiger von der Arbeit zum Gebet fortschreiten. Vier Tage im Jahr waren von großer Feierlichkeit und wurden sorgfältig vorbereitet: das Abendmahl, ausgeteilt an Weihnachten, Ostern, Pfingsten und im September (»wie die Lyoner Messen«, bemerkte ein Domherr mit böser Zunge). Der reformierte Kalender atmete jedoch nicht aus und ein. Er achtete wachsam auf ein langsames, stetes Anwachsen im Glauben, ein langsames stetes Wachsen der materiellen Segnungen, und er fürchtete den teuflischen Sprung zu großen Reichtümern, dem unweigerlich in ganz kurzer Zeit der Ruin folgen mußte.[35]

Auch in der Konzeption der christlichen Gemeinde gab es Unterschiede zwischen beiden Glaubensrichtungen. Sie traten nach 1559 klar an die Oberfläche, als der Beginn der ökonomischen Schwierigkeiten und die Religionskriege die Zusammenarbeit zwischen religiös Gemäßigten, die sich dreißig Jahre vorher in der *Aumône-Générale* symbolisiert hatte, zerbrachen. Für die Katholiken stand das traditionelle Bild des menschlichen Leibs immer noch im Zentrum ihres Nachdenkens über die Gesellschaft und der sie ausdrückenden Symbolwelt.[36] Wenn die Prozessionen, wie wir gesehen haben, noch bereit gewesen waren, die Ein- und Ausgänge Lyons offenzuhalten, dachten Liturgie und Polemik schon zunehmend daran, den Ketzer zu vertreiben, die Öffnungen des gesellschaftlichen Körpers zu versiegeln und alle seine Glieder in guter Ordnung zu halten. Hierin drückt sich die ambivalente Haltung der Katholiken gegenüber der städtischen Wirtschaft aus. Ein volkstümliches Gedicht liefert einen Epitaph für »Das Grab des Calvinismus« in Lyon:

Sein Vater war Hochmut
Geiz seine Mutter
Streit seine Schwester
Sein Weib Krieg ...

Ein Verseschmied aus dem Konvent der Zölestiner betont, daß das Volk von Lyon »verbunden im Glauben und in vollkommener Allianz« leben müsse:

Nicht allen ist's erlaubt, das ist,
Die Heil'ge Schrift in seinem Geiste auszulegen.
Ohn' Zweifel hält der Priester den getreuen Sinn.
Hört also ...
Wenn Hochmut läßt die Brust jemandem schwellen,
Und er dem Priester in der Heil'gen Kirche nicht gehorcht,
Laßt ihn gerichtet und zum Tod verurteilt werden.

Gabriel de Saconay, Graf und Domherr von St. Jean, zufolge sind die Hugenotten »Deutsche und andere Fremde«, die 1562 »unzählbare natürliche Bürger von Lyon fortjagten«. Sie wollten »sich selber zu einem Kanton machen, wie jene von Genf«, fügte der Stadtanwalt hinzu und plädierte dann für die Restauration eines Lyon, das »gehaßt« würde von den Verrätern und all jenen, die ein anderes Evangelium als Gehorsam predigten. Dieses Bild des gesellschaftlichen Körpers mit seinen wohlbestimmten Grenzen brachten die katholischen Haufen in ihren blutigen Unruhen gegen die Hugenotten zum Ausdruck. Gabriel de Saconay bemerkte, als er Ende 1567 einen solchen Aufruhr beobachtete: »Mit einem Mal waren die Katholiken geeint und im Einklang miteinander, daß man schließlich sagen konnte, daß es in einer solchen Stadt, aus so vielen Arten von Nationen zusammengesetzt, nur ein Herz, einen Willen und einen Kopf gab.«[37]

Nachdem nun der gesellschaftliche Körper äußerlich geschützt war, betonten katholische Prediger wie der Jesuit Emond Auger stark die Gemeinschaft und das heilige Bündnis in seinem Innern. Durch die Messe und das Sakrament der Eucharistie, bei dem Christus wirklich anwesend ist und aufgenommen wird, verbinden wir uns eng mit unseren Brüdern. Die Früchte der Messe und der sie begleitenden Gebete sind zahlreich, selbst wenn der Christ die Worte nicht verstehen kann: man kann den Toten helfen, man kann den Kindern helfen, man kann denen helfen, die abwesend sind, denen, die Stadt und Königreich regieren, und vielen anderen. Auch die Ohrenbeichte und das Bußsakrament besaßen soziale Vorzüge. »Wie viele böse Pläne«, sagte Auger, »wie viele häusliche Verschwörungen sind durch dieses Sakrament vereitelt worden! Wie viel Feinde sind versöhnt worden!«[38]

Das liturgische Ereignis, das dieses katholische Bild der Gemeinde am besten zum Ausdruck bringt, ist der Ritus der Beschwörung und des Exorzismus. Als Beispiel kann uns derjenige dienen, der 1582 im Konvent der Franziskaner stattfand. Das Opfer war Pernette Pinay,

Katholische Geistliche fischen nach Seelen und schachern mit heiligen Gegenständen. (Ausschnitt aus einem Stich von Pierre Eskirch in *Histoire de la mappemonde papistique*, Genf 1567)

eine 57 Jahre alte Witwe aus einem Dorf in der Nähe. Durch die bösen Taten einer Hexe in ihrem Dorf war sie von sieben Teufeln besessen gewesen. Sechs von ihnen hatte sie selber durch eine Wallfahrt und Gebete zu Maria aus sich hinausgetrieben; nun blieb ein einziger Teufel namens Frappan übrig. Pernette hatte eine heilige Seele und mit Frappan gerungen, so daß er nur ihren Körper besitzen konnte. Der vom Prediger und Theologen Jean Benedicti geleitete Exorzismus dauerte, vor einem großen Publikum, mehrere Tage. Frappan schrie viel, beschimpfte die Leute und stammelte den Namen von Jesus Christus. Jeder in der Versammlung reinigte sich durch Gebete, Fasten, die Beichte und die Kommunion. Jeder betete für Pernette und gelobte eine Wallfahrt nach Notre-Dame-de-l'Ile-Barbe. Zweimal erschien während des Ritus ein aus den Tränen der Zuschauer gebildeter Springbrunnen. Schließlich verschwand Frappan während der Messe. Genau in diesem Augenblick sah ein Bürger auf der Rhônebrücke einen großen Feuersblitz über der Kirche der Franziskaner. So wurden die Lügen der Calvinisten über die Messe zurückgewiesen; und so wurde die Macht des Priesters demonstriert, die Tugend von Witwen und die direkte Hilfe, die Christen einander geben können. Tatsächlich konnte man einen anderen geistig nähren, wie Leber und Herz den Körper mit Blut, natürlichen und Lebensgeistern nährten.[39]

Die Reformatoren besaßen eine andere Vorstellung vom sozialen Bündnis. Auch sie machten von der paulinischen Metapher des menschlichen Leibs Gebrauch, insbesondere, um zu rechtfertigen, daß es Amtsinhaber mit einer besonderen Berufung in der Kirche gab. Wie Pastor Viret sagte, ist Jesus Christus das Haupt der Kirche; die Pfarrer und die *surveillants* (die aufsichtführenden Laien, wie die Ältesten des Konsistoriums zunächst genannt wurden) waren die Augen, Ohren, Nase und Mund; und die Hände, der Bauch und die Beine sollen nicht auf sie neidisch sein. Aber Viret bot noch ein anderes biologisches Bild der christlichen Gemeinde an, das er aus der älteren Metapher des Körpers zog und von ihr trennte, und das meiner Meinung nach die calvinistische Vision der Stadt authentischer ausdrückte – das Bild der Sehnen, Nerven und Sinne. »Die Disziplin der Kirche«, kommentiert er, »ist wie die Sehnen und Nerven in einem Leib. Ohne sie hast Du nur ein wirres Durcheinander von Lastern und lasterhaften Personen – eine Synagoge – statt einer Kirche Gottes und einer heiligen Compagney, die sich im Namen von Jesus Christus versammelt.« Die heilige Compagney war ein menschliches Netzwerk der Kommunikation; die Sinne, die Stimme, die Sehnen, die Muskeln, die Nerven, mit Gott als beseelender und belebender Kraft. Der protestantische Gottesdienst, *La forme des prières ecclésiastiques*, war eine Kommunikation, in welcher der Pastor verschieden beschrieben wurde: als »Mund« des Herrn, der ins aufmerksame Ohr des Gläubigen, und als »Mund« der Gemeinde, die zum Herrn spricht.[40]

Dieses Bild stimmt besser mit den anderen Vorstellungen der Reformierten über ihre religiöse Organisation überein als das des ganzen Leibs. Ein Körper birgt qualitativ unterschiedliche Organe. Aber die Reformierte Kirche von Lyon hatte sich besonderer Bruderschaften und Konvente entledigt, sie war eine Verbindung von Familien und Stadtbezirken in einem stadtweiten Konsistorium. Ein Körper hat klar gekennzeichnete Grenzen. Aber das reformierte Konsistorium war in jenen Jahrzehnten so damit beschäftigt, die sichtbare Kirche zu reinigen, daß man die Grenzen nicht deutlich erkennen konnte. Da gab es den äußeren Kreis von Menschen, die das Konsistorium exkommuniziert hatte; den Kreis von Menschen, denen zeitweilig die Teilnahme am Abendmahl verboten war; und die Scheinheiligen, die beim Abendmahl anwesend waren, aber vom Pastor davor gewarnt wurden, das geweihte Brot zu beflecken und zu entweihen (etwa Personen, die sich heimlich gegen ihre Eltern auflehnten, heimliche Geizkrägen, Vielfraße usw.). Tatsächlich verkündete der Pastor eine allgemeine Exkommunikation solcher Sünder, bevor Brot und Abendmahlskelch gereicht wurden.[41] Im Gegensatz dazu sollte der Priester es dem Scheinheiligen überlassen, sich um seinen der Verdammnis würdigen Stand zu sorgen und keinem Gemeindemitglied deshalb das Sakrament verweigern, weil er von nicht gebüßten, heimlichen Sünden wußte. Die Kategorien von Personen, denen im katholischen Ritus die Teilnahme am Abendmahl verboten war und denen der Priester das Sakrament verweigern mußte, waren weniger zahlreich, und die Personen, die unter sie fielen, waren leichter an äußeren Zeichen zu erkennen (zum Beispiel offenkundige Ketzer, allgemein bekannte Prostituierte und Wucherer; jemand, der nicht aus der Gemeinde war, oder jemand, der nicht zuvor die Beichte abgelegt hatte).[42]

Das Bild von einem Netzwerk menschlicher Kommunikation – der Lebensgeister, die ihre Botschaften vom Gehirn zu den Sinnen, den Nerven und Muskeln senden – korrespondiert zudem gut mit der calvinistischen Auffassung von der Hilfestellung, die Christen einander geben können. Man kann für andere Menschen unter den Lebenden beten, aber natürlich nicht für die Toten. Man kann »einander tief bewegen« durch gemeinsames Beten und Singen der Psalmen. Man kann einander belehren. Der tapfere Tod eines Märtyrers kann andere ermutigen. Man kann und sollte einander in Nächstenliebe mit Geld und Gut helfen: »Nächstenliebe macht aus verschiedenen Herzen eins, aus verschiedenen Seelen eine«, sagt ein klandestiner Prediger. Aber man konnte nicht füreinander fasten oder ein Versprechen geben, das anderen helfen könnte. Und wie Pastor Mainardo in seiner

»Anatomie der Messe« sagte, konnte man ebensowenig für eine andere Person das Abendmahl nehmen (wie es der Priester in der Messe tat), wie man für einen anderen Menschen Nahrung zu sich nehmen konnte. »Wir werden nicht durch den Glauben eines anderen genährt«, antwortete Pastor Viret, »wir können nicht in den geistigen Gaben kommunizieren, die in ihm sind. Wir sind nicht wie das Kind, das in der Gebärmutter der Mutter genährt wird (. . .)«.[43]

Selbstverständlich konnte man in der spirituellen Ökonomie der Heiligen Mutter Kirche manchmal für eine andere Person essen. Der reformierte Gläubige dagegen wurde allein von Christus genährt. Wenn die Grenzen um den gesellschaftlichen Körper der Calvinisten noch unscharf waren, so waren die Konturen um den Körper des Einzelnen klar gezogen (selbst die bevorzugte Kleidung der Reformierten lag eng am Körper an: die Pfarrer zogen gegen Krinolinen und ausgefallene Frisuren zu Felde). Teufel konnten, leider, in einen eindringen, nicht aber andere Menschen, nicht einmal jene, mit denen man durch den Glauben, das Gebet und die Kirchenlieder vereint war.[44]

Hier angelangt, möchte ich versuchen, meine Schlußfolgerungen über die Beziehung der beiden »Sprachen«, der beiden Glaubensrichtungen zur Stadt zusammenzufassen. Erstens habe ich gezeigt, daß zwar jede der beiden »Sprachen« zum Teil durch die Doktrin und die sozialen und spirituellen Beziehungen zwischen den Laien und dem Klerus strukturiert war, andererseits aber auch durch die spezifische Erfahrung der Leute, die sie gebrauchten, zum Teil gebeugt und gefärbt wurde. Mein Argument lautet also, daß die geographische Mobilität der Calvinisten und ihre Präsenz in den qualifizierten Gewerben und fortgeschrittenen Fabrikationszweigen, an Knotenpunkten der mündlichen und schriftlichen Kommunikation und der reformierte Glaube sowie das reformierte Ritual aufeinander einwirkten und so eine spezifische Sicht von Raum, Zeit und sozialem Bündnis der Stadt ergaben. Bei den Katholiken habe ich auf ihre tiefen regionalen Wurzeln hingewiesen, auf ihre Verbindung mit einer breiten Palette von Berufen, von der Bank bis zur Backstube; und auf ihre Mitgliedschaft in einer traditionalen kollektiven Organisation – den Elementen der Erfahrung, die im Wechselspiel mit der katholischen Doktrin und dem katholischen Ritual ein anderes Verständnis für den Ort, den Rhythmus und die Gemeinschaft in der Stadt fortschrieb.

Zweitens habe ich versucht, die Beziehung beider Glaubensrichtungen zum Handelskapitalismus und zur Manufaktur neu zu formulieren. Der Katholizismus konnte seine Zeremonien und magischen Praktiken schnell dem mannigfaltigen Charakter und den Risiken des

Handels- und Banklebens in Lyon anpassen und Geschäfte bis an seine Mauern tolerieren. Andererseits mußte die ambivalente katholische Haltung gegenüber dem Fremden und dem Ausländer, die sich in religiösen Anstrengungen ausdrückte, sowohl die Tore der Stadt für ihn offenzuhalten als ihn als Ketzer auszuschließen, am Ende des Jahrhunderts negative Konsequenzen haben – wenn nicht für die Umschlagsgeschwindigkeit, so zumindest für die Größenordnung des Handels. Der Calvinismus lichtete den Raum und die Zeit zum vielfältigen Gebrauch, ordnete die menschliche Energie und Aufmerksamkeit zur steten produktiven Arbeit. Andererseits wurde in die sogenannte »rationale« Verfolgung ökonomischer Ziele dadurch ein Widerspruch eingeführt und ihr Grenzen gesetzt, daß allen Aktivitäten geweihte Ziele gesetzt wurden. Jede der beiden Glaubensrichtungen stellt einen möglichen städtischen Lebensstil dar, in beiden bleibt das Heilige in einer gewissen Spannung zu strikt ökonomischen Zielen.

Betrachten wir als letzten Punkt, wie gut jede der beiden Glaubensrichtungen als Quelle der Sicherheit und der Solidarität in der Stadt funktionierte. Die katholischen Bilder und Rituale waren im Hinblick auf die Integration von Ausländern und Fremden keinesfalls innovativ. Die Lösung der Bruderschaft, für die Florentiner Bankiers so erfolgreich, war für viele der Neuankömmlinge nicht angemessen. Sie mußten ihre Beichte zu Ostern immer noch in einer Sprache ablegen, die sie nicht gut beherrschten, und in großen Pfarrbezirken mögen sie kaum gewußt haben, wer der Priester war. Zudem konnte das Morden als Mittel, um »ein Herz, eine Seele« zu schaffen, kaum auf lange Sicht eine Antwort auf das Mißtrauen innerhalb der Stadt sein. Aber daneben besaß der Katholizismus einige Hilfsquellen, um die Integration der verschiedenen Viertel und sozialen Gruppen in Lyon zu unterstützen (er besaß sogar in einer seltsamen Weise, die ich hier nicht erörtern konnte, bestimmte Ressourcen, um vielfältige Arenen zur Austragung zulässiger sozialer Konflikte zur Verfügung zu stellen).[45] Er konnte einigen der vertrauten Züge der Umwelt die Aura des Heiligen verleihen, und andere, gefährliche, mildern. Für eine von Mauern umgebene Stadt mit einer Bevölkerung, die von Adligen bis zu Tagelöhnern reichte, mit fortgeschrittenen und traditionellen Wirtschaftszweigen – für eine solche Stadt war das Bild eines gesellschaftlichen Körpers mit seinen wechselnden Zuständen, seinen besonderen Organen, seiner hierarchischen Ordnung, seinen Arterien, Venen und hilfespendenden Nabelschnüren bis zu einem gewissen Grad sinnvoll.

Die Metapher des Netzwerks menschlicher Kommunikation war dagegen schöpferischer – wie auch die Organisation des reformierten Konsistoriums, das ziemlich vertrauensvoll die Lyoneser, die Fran-

Protestantische Pastoren reißen die Mauern der papistischen Festung mit Büchern nieder
(Ausschnitt aus einem Stich von Pierre Eskirch in *Histoire de la mappemonde papistique*, Genf 1567)

zosen, die Italiener und Deutschen um eine gemeinsame städtische Frömmigkeit und gemeinsame Umgangssprache vereinte.[46] Das Bild des Netzwerks konnte Menschen eine plausible Interpretation des gesellschaftlichen Verkehrs bieten, die lokale Götter und Väter hinter sich gelassen hatten, die hochqualifiziert, in technischen Gewerben tätig oder innovative Unternehmer, Verleger oder Schankwirte waren, die die Abhängigkeit des Kinds in der Gebärmutter und des Schülers vom Schulmeister leid waren.[47] Und ein Netzwerk ist flexibel: in schwierigen Zeiten kann man es zusammenziehen; man kann es aber auch leicht ausdehnen, besonders, wenn man über die natürlichen Züge der Umwelt hinwegsieht. So schufen die Reformatoren Synoden, die sich über ein ganzes Land ausbreiten sollten. So hofften unternehmerische Lyoner Calvinisten, die Saat des Gewerbefleißes und die Saat des Evangeliums in Landschaften zu pflanzen, die ihrer heiligen Schreine und Stätten beraubt worden waren.[48]

Aber ein Netzwerk kann nicht alles abdecken, zumindest nicht mit der Technik und den Methoden des Sehens, Hörens, Sprechens und Kontrollierens, über die man im 16. Jahrhundert verfügte. Es gab viel Raum in Lyon, viele Leute, ein tiefes Bedürfnis nach Austausch in Nächstenliebe, und häufig Gelegenheit, zu beschmutzen und zu entweihen. Die Vision und die Verletzbarkeit der Calvinisten verdeutlicht ein Stich aus den fünfziger Jahren des 16. Jahrhunderts, das Werk eines Lyoneser Künstlers, Pierre Cruche alias Eskrich, deutscher Abstammung, gebürtiger Pariser und häufiger Besucher in Genf. In der Nähe eines gefährlichen Flusses voller Zähne versuchen protestantische Pastoren die Mauern der gottlosen Papistenstadt einzureißen. Ihre Waffen sind Bücher und Handschriften, und auf dem Stich bröckeln die Mauern.[49] Das reformierte Konsistorium blühte in der großen Marktstadt Amsterdam zum Teil deswegen auf, weil es einige dieser heroischen Hoffnungen aufgab und gezwungen war, die Existenz anderer Glaubensstile zu tolerieren. Im Genf des 16. Jahrhunderts, einer Stadt, die gerade eine politische Revolution erlebt hatte, einer Stadt mit einer Bevölkerung, die mit ausländischen Flüchtlingen durchsetzt war, aber eine einfachere Wirtschaft und nur ein Viertel der Größe Lyons besaß, verzeichnete das Konsistorium einen glänzenden, aber verständlichen Erfolg. In einer Stadt wie Lyon – anderthalb Jahre lang eine der größten calvinistischen Städte Europas – wäre ein derartiger Erfolg ein Wunder gewesen. In Genf eroberte der Calvinismus die Rhône; aber in Lyon war es bei den Massakern der Bartholomäusnacht umgekehrt: die Rhône empfing die Leiber der Calvinisten.

Skandal im »Hôtel-Dieu«

Die verkehrte Welt eines Hospitals in Lyon

Die städtischen Hospitäler standen in der ersten Hälfte des 16. Jahrhunderts für verschiedene Zwecke zur Verfügung und besaßen unterschiedliches Ansehen. Einerseits wurden sie gerade reformiert, häufig so, daß auf mehrere Hospitäler verteilte Aufgaben in einer Einrichtung zentralisiert und die kirchlichen Oberen durch städtische Rektoren ersetzt wurden. Diese Änderungen geschahen in der Absicht, die Hospitäler nicht etwa weniger, sondern besser für fromme Werke und den Dienst an Gott geeignet zu machen: »Gesegnet sei, wer für die Armen sorgt«, ruft die Inschrift des Lyoner *Hôtel-Dieu* aus dem Jahre 1539 dem Leser ins Gedächtnis.[1] Andererseits konnten die Insassen der Hospitäler jedoch auch als Nichtsnutze betrachtet werden, die dort endeten, weil sie Toren waren und in den Tag hinein lebten. So argumentierte die Satire des humanistischen Arztes Symphorien Champier »Le Droit chemin de hospital« (Erstdruck Lyon 1502): »Leute, die wenig haben und viel ausgeben (...), ins Hospital. Leute, die, wenn ihre Nachbarn auf den Feldern oder in der Stadt ihrer Arbeit nachgehen, spielen oder in der Schenke sind (...), ins Hospital.« Das Hospital war die Endstation der »Vagabunden und derer, die die Zeit totschlagen«, »die das Reich der Gaunerei und Mißregierung bevölkern«.[2] Und wenn – wie in Lyon – einige Betten Syphiliskranke und unverheiratete Mütter beherbergten und die Pflegerinnen zum Teil ehemalige Prostituierte waren, mag diese Gedankenverbindung plausibel gewesen sein.

Dieser Essay konzentriert sich darauf, wie eng das Heilige und das Profane, körperliche Krankheit und sexuelles Vergnügen Ende der dreißiger und Anfang der vierziger Jahre des 16. Jahrhunderts – also in den Jahren nach François Rabelais' dortiger Tätigkeit als Arzt – im *Hôtel-Dieu* von Lyon beieinander lagen. Er stützt sich besonders auf eine 1543 durchgeführte Untersuchung gegen die Verwalterinnen des Hospitals, die anscheinend ihre Stellung ausgenutzt hatten, um zu tun, was sie wollten.

Oberflächlich betrachtet, lief alles seinen geordneten Gang im *Hôtel-Dieu* im Jahre 1539, als erstmals eine Beschreibung seiner »police« (Verwaltungsordnung) veröffentlicht wurde, zusammen mit der für die neugegründete *Aumône Générale* gültigen Ordnung. Nahe der Rhônebrücke gelegen und immer noch oft *Hôpital du Pont du*

Rhône genannt, hatte es einen großen Teil der medizinischen Versorgungseinrichtungen für die Armen der schnell wachsenden Stadt an sich gezogen. Ein Pesthospital war am anderen Ende der Stadt, außerhalb der Stadttore errichtet worden, und zwei Waisenhäuser, *La Chanal* und *Sainte Catherine*, empfingen die Findelkinder vom *Hôtel-Dieu*, die dort mit anderen bedürftigen Kindern aufwuchsen. Aber andere mittelalterliche Gründungen siechten dahin: dem Leprosorium *La Madeleine* waren nur noch wenige Aussätzige zur Pflege geblieben; die Betten für die Lahmen und Kranken der *Commanderie de St. Eloi* standen leer; und das Hospital für die Armen Witwen sollte bald seine Pforten schließen.[3] So wurden die Armen von Lyon und auch Durchreisende, die krank oder verletzt waren, zum großen Teil in den langen Bettreihen des *Hôtel-Dieu* gesammelt (ein getrennter Saal für die Syphiliskranken wurde 1542 eröffnet). Ein kleineres Nebengebäude beherbergte arme Frauen, Hochschwangere und Wöchnerinnen. Im Juni 1539 wurden 111 Kranke im Hospital gezählt, im Februar darauf 140, während in schlechten Wochen dieses Jahres die Zahl auf 240 stieg und in guten auf 93 sank.[4]

Einige Patienten mögen »Vagabunden und solche, die die Zeit totschlagen«, gewesen sein – der Hospitalschreiber notierte nicht immer ihre Berufe –, und unter ihnen waren auch Reisende von weit her, aus Middelburg in der niederländischen Provinz Seeland oder aus Viterbo in Italien. Aber viele waren Männer und Frauen aus Handwerkerfamilien Lyons, wie der gelähmte Schneider Nicolas Charolles, der 1543 bei der Untersuchung als Zeuge aussagt. Den Narren am nächsten kommen wir mit den Maler- und Druckergesellen, die, solange sie gesund waren, mit ihren Anführern an Festtagen, dem »Juge des Sots« (Richter der Narren und Dummköpfe) und dem »Seigneur de la Coquille« (Herr des Druckfehlers), Mummenschanz trieben. Einmal im *Hôtel-Dieu*, war das Spiel aus, denn ein Drittel der Kranken verließ es mit den Füßen voran.[5]

Seine Verwalter oder »Rektoren« waren die zwölf Konsuln der Stadt, die dieses Amt 1478-80 den Mönchen von Chassagne entrissen und das Hospital in den letzten Jahrzehnten reorganisiert hatten. Jeden Sonntagvormittag kamen mehrere von ihnen im *Hôtel-Dieu* zusammen, um Verwaltungsangelegenheiten mit dem Personal zu entscheiden und die Rechnungsbücher sowie das Register der Sterbefälle, Zu- und Abgänge der Woche zu kontrollieren. Zwei Konsuln hatten die Schlüssel zur Geldtruhe, die eigentlich nur in ihrer Gegenwart geöffnet werden durfte. Wenn im *Hôtel-Dieu* also etwas schiefging, geschah es im wahrsten Sinne unter der Nase der Rektoren.[6]

Das medizinische Personal des Hospitals bestand aus einem Arzt und einem Wundarzt, die zweimal täglich die Kranken untersuchten, aber anscheinend nicht dort wohnten, und einem Apotheker, der die

Apotheke des Hospitals verwaltete. Der Arzt war 1539 Maitre Pierre Tolet, der im gleichen Jahr letzte Hand an ein Werk ganz im Geiste des hinter dem *Hôtel-Dieu* stehenden sozialen Ethos gelegt hatte: eine französische Übersetzung griechischer medizinischer Texte. Dieses von seinem Freund, dem humanistischen Drucker Etienne Dolet, herausgebrachte Buch war eine der vielen Anstrengungen der Lyoner Ärzte, die Praxis der örtlichen Wundärzte zu verbessern und zu kontrollieren; in der gleichen Absicht hatte Rabelais 1537 im *Hôtel-Dieu* eine öffentliche Sektion durchgeführt. Zusammen mit Tolet machte der Barbier und Wundarzt Jean Yvard im Hospital die Runden. Nach eigener Aussage unterbezahlt und wegen »der großen Zahl von Armen, die täglich kommen«, überarbeitet, hatte Maitre Jean von ungewöhnlichen Vorgängen bei den Krankenpflegerinnen offenbar nichts bemerkt – ebensowenig wie Pierre Tolet aus seinen luftigeren Höhen.[7]

Die tägliche Verwaltungsarbeit des Hospitals lag in den Händen eines *procureur-receveur* – der in der Stadt ein gewisses Ansehen genoß – und einer Gruppe von Amtsinhabern und Bediensteten, die im Hospital lebten: zwei Priester, ein *maître d'hôtel* und ein Schreiber; ein Bäcker, ein Schneider, ein Kellermeister usw.; ein Pförtner, der kontrollierte, wer ein- und ausging; zwei Krankenträger und ein Almosensammler. An Frauen gab es mehrere Dienerinnen, eine Hebamme, so viele Ammen, wie man für die Findelkinder brauchte, und insbesondere die »Schwestern« – 1539 ungefähr 16 –, die zwei »Müttern« unterstanden. Sie sollten die Armen von morgens bis abends pflegen, ihnen zu essen und zu trinken geben, ihnen beim Aufstehen helfen, sie und die Betten sauber halten und »ihnen so menschlich wie möglich beistehen«.

Die Mütter – in der uns interessierenden Zeit hießen sie Mère Hilaire und Mère Couronnée (Yllaire und Coronnee) – trugen ebenfalls Verantwortung in der Verwaltung: sie empfingen alle Neuankömmlinge, waren dabei, wenn ein Verzeichnis ihrer Kleider und ihres Geldes aufgenommen wurde, hielten ihr Eigentum unter Verschluß, bis die Kranken für gesund erklärt wurden und entließen sie dann mit einem Schreiben, das sie zum Empfang von Unterstützung der *Aumône-Générale* berechtigte. Starben Patienten, so verkauften die Mütter ihre Habe und übergaben den Erlös dem Hospital. Mit Ausnahme der Oberin des Waisenhospitals *Sainte Catherine* waren sie die einzigen Frauen in Lyon, die einen Posten in der städtischen Verwaltung innehatten; und wenn sie auch weniger Besitz verwalteten als die Äbtissin von *Saint-Pierre* und die Priorin von *La Déserte*, den beiden Lyoner Frauenklöstern, so erstreckte sich ihre Herrschaft immerhin über eine größere Zahl von Menschen beiderlei Geschlechts.[8]

Von den Nonnen unterschieden sich die Schwestern des *Hôpital du Pont du Rhône* auch noch in anderer Hinsicht. Sie legten keine Gelübde ab und konnten das Hospital verlassen, wenn sie wollten. In der Tat hatte das Konsulat befürchtet, daß sie als geweihte Schwestern dem Hospital zu teuer kommen würden. Sie stammten im Unterschied zu den aristokratischen oder geadelten Benediktinerinnen in *Saint-Pierre* und den Töchtern des städtischen Patriziats in *La Déserte* aus bescheidenen sozialen Verhältnissen, und einige waren sogar ehemalige Prostituierte. Einige religiöse Attribute besaßen die Schwestern des *Hôtels-Dieu* jedoch auch: sie trugen einen weißen Habit und hohe Hauben, die an eine Ordenstracht erinnerten. Es wurde von ihnen erwartet, daß sie täglich eine gewisse Zeit für die Wohltäter des Hospitals beteten. Und vor allem, sie erhielten keinen Lohn, sie dienten nur – so das Reglement von 1539 – »um der Gnade Gottes willen, die allen Gütern der Welt vorzuziehen ist«.[9]

Viele andere Züge gaben dem *Hôtel-Dieu* eine Aura des Heiligen: die Priester, die den neuankommenden Kranken die Beichte abnahmen; die Kapelle an einem Ende des Hauptsaals des Hospitals, in der täglich eine Messe gehalten wurde; die Kruzifixe und die Alabasterstatue von Unserer Lieben Frau im Refektorium; das Gemälde, das den Tod der Jungfrau Maria darstellt, und andere religiöse Bilder im Dormitorium der Schwestern; die kleine Bibliothek mit Heiligenleben, Andachtsbüchern und sogar einer Bibel in französischer Sprache. Immer wenn der Klerus von Lyon in einer Prozession durch die Stadt zog, machte er am *Hôtel-Dieu* halt – zwischen dem rhôneaufwärts im Norden gelegenen Konvent der Franziskaner und dem nicht weit entfernten und zur Saône hin gelegenen der Dominikaner.[10]

Das Hospital an der Rhônebrücke zog auch die Mildtätigkeit vieler auf sich, sowohl traditioneller Körperschaften wie Einzelner, die sich neuen Formen des Glaubens zuwandten. Die Kaufleute und Notare der *Confrérie de la Sainte Croix* (Heiligkreuzbruderschaft) ließen den Kreuzgang wiederaufbauen und unterstützten den Unterhalt des Friedhofs; als Gegengabe genossen sie das Vorrecht, auf seinem heiligen Boden beigesetzt zu werden. *La Madeleine*, die Bruderschaft der Apotheker, belieferte die Hospitalsapotheke – umsonst oder zu niedrigen Preisen, die von den Rektoren festgesetzt wurden – mit Medikamenten. Viele Bruderschaften und Einzelpersonen spendeten Mahlzeiten für die Kranken, die Tuchhändler servierten sie sogar persönlich. Ein Notar aus Montbrison, durch die göttliche Gnade dazu veranlaßt, sich aus der Welt zurückzuziehen »und ein geistliches Leben zu führen, um seine Seele zu retten und Gott und den Armen zu dienen«, kommt mit einer Schenkung von 500 livres und einer jährlichen Pension von weiteren 50 livres ins Hospital und bietet an, nur für Kost und Logis als Buchhalter und Schreiber zu dienen. Der

Verleger und bereits früh mit den reformatorischen Lehren sympathisierende Antoine Vincent gehört noch lange nach seinem Widerruf einer jährlichen Pension, die seine Familie den Kanonikern von Saint-Nizier gestiftet hatte, einer Bruderschaft des Hospitals an; zur gleichen Zeit fordert der humanistische Priester Jean de Vauzelles die katholischen Gläubigen auf, statt Messen für die Toten lieber dem Hospital etwas zu stiften.[11]

Jean de Vauzelles war der bedeutendste Lyoner Kleriker unter den Förderern des Hospitals – sein jährlicher Beitrag war so großzügig bemessen, daß ihm 1535 die Konsuln zugestanden, an ihrer Stelle den Nachfolger von Rabelais als Arzt des Hospitals zu ernennen – und er war auch der Kleriker, der sich am klarsten mit dem moralischen Status der Frauen, ob Nonnen oder Laien, beschäftigte. 1538, nur einige Monate nach der Ankunft von Mère Hilaire und Couronnée am *Hôtel-Dieu*, widmete Vauzelles die erste Ausgabe von Holbeins »Simulachres de la Mort« Jeanne de Thouzelles, Äbtissin von Saint-Pierre, »l'exemplaire religieuse religion et de reformee reformation«. Einer der Holzschnitte Holbeins zeigt, wie der Tod das Stelldichein einer Nonne mit ihrem Liebhaber stört. Das waren die Szenen, die durch die Reform und die Rückkehr zur klösterlichen Abschließung der letzten Jahrzehnte aus dem Konvent verbannt worden waren; Vauzelles hoffte, daß Madame Jeanne ihre Klosterfrauen überzeugen werde, solche Bilder in ihren Zellen zu bewahren, mehr noch, in den Kämmerlein ihres Gedächtnisses.

Außerhalb des Klosters sorgte sich Vauzelles wegen der Prostitution. Seine vorangegangenen Predigten und Schriften zugunsten der *Aumône Générale* hatten das Versprechen enthalten, daß diese neuen Einrichtungen viele Jungen und Mädchen davon abhalten würden, »in diese Schelmereien, von denen sie – einmal angelockt – nicht mehr lassen können«, abzugleiten. Die Betreuung der Findelkinder im *Hôtel-Dieu* und der Waisenmädchen in Sainte-Catherine würde die Gefahr von »so vielen armen Mädchen, die verdorben sind«, vermeiden helfen.[12]

Die Besorgnis über die Prostitution hatte zu Beginn des Jahrhunderts zur Gründung einer Gemeinschaft von »filles repenties« (Büßerinnen) im *Hôtel-Dieu* geführt, wodurch die weibliche Sexualität mit all ihrer Zwiespältigkeit hinter die Mauern des Hospitals kam. Im 15. Jahrhundert blühte die Prostitution in Lyon: in Privatzimmern, in verschiedenen Badehäusern und Bordells, darunter – ganz in der Nähe des Hospitals an der Rhônebrücke – die *Etuve de la Chèvre* (Badehaus zur Ziege). Kleriker machten einen bedeutenden Teil der Kundschaft aus; die Besitzer der *Etuve de la Pêcherie* (Badehaus zur Fischerei) zahlten Abgaben an den Erzbischof von Lyon. Die jährliche Parade der weltlichen Miliz des Erzbischofs schloß immer, wie man sagte, vier Frauen ein, die als *filles de joie* gekleidet waren und »zum Vergnügen der Zuschauer« tanzten. Im letzten Viertel des 15. und in den ersten Jahrzehnten des 16. Jahrhunderts wurden dann Anstrengungen unternommen, die Prostitution einzuschränken: »öffentlichen Frauen« wurde befohlen, die »guten und ehrbaren Straßen« zu verlassen, sich auf die Bordelle zu beschränken und als Kennzeichen ein Band zu tragen. Priester versuchten, die *filles de joie* zur Buße zu bewegen. Schließlich wurde die Schließung der Bäder befohlen, und 1515 wurde die *Etuve de la Chèvre* abgerissen. Verschiedene Besorgnisse kamen hier zusammen: die wachsende Ungeduld der Stadtväter angesichts der Tumulte in den Badehäusern, die wachsende Empfindlichkeit angesehener Familien, reicher wie armer, gegen die sexuelle Unordnung auf ihren Straßen, und die wachsende Furcht von Kirchenreformern, daß die sexuelle Aktivität einiger Priester die Reinheit und die Macht des ganzen Klerus in Gefahr bringen könnte. Die Synodalstatuten wetterten zwar besonders gegen Priester, die im Konkubinat lebten, aber Geschlechtsverkehr mit einer *fille de joie* konnte zu wirklichen Skandalen führen wie 1535, als zwei Kleriker in einen Mordfall im Haus einer »Frau mit schlechtem Ruf« im Kirchspiel Saint-Georges verwickelt waren.[13]

Was auch immer der symbolische Wert dieses Programms gewesen sein mag, der praktische Erfolg war gering. Die Prostituierten verteilten sich einfach über die Stadt und empfingen die Männer in ihren Zimmern. 1528 gingen mehrere *filles de joie* in einem Haus in der Nähe des *Hôtel-Dieu,* das einem Schreiber gehörte, »ein und aus«. 1535 übten sie ihr Gewerbe an den Stadtmauern aus. 1539 bat die *hostesses des filles de joie de Lyon* mit dem beziehungsreichen Namen Madeleine den Stadtrat um die Erlaubnis, ein Haus hinter der Kathedrale mieten zu dürfen, »weit entfernt von den guten Straßen und Durchgangswegen«, und die Konsuln, die das Thema leid waren, stimmten zu. Das bedeutete, daß in den folgenden Jahren die größte öffentliche Gemeinschaft von Prostitutierten sich im an der Saône gelegenen Teil der Stadt befand, zwischen der Kathedrale Saint-Jean und der Kirche Saint-Georges. 1540 warben sie sogar auf dem heiligen Boden des Friedhofs von Saint-Georges um Kundschaft.[14]

Die Büßerinnen auf dem anderen Flußufer im Hospital an der Rhônebrücke repräsentierten im Prinzip einen entgegengesetzten Weg. Eine erste Welle der Buße war verbunden mit der Predigttätigkeit des Minderbruders Jean Tisserand, der bereits die Herzen der Prostituierten von Paris zur Rührung gebracht hatte. Der Rat quartierte die jungen Frauen im *Hôtel-Dieu* ein und forderte sie auf, dort Dienst zu leisten »um zu verhindern, daß sie bei Gelegenheit in den Stand der Sünde zurückfallen«. 1516 waren es 21. Dann kam der

Eine Nonne, ihr Liebhaber und der Tod
(Aus: *Les simulacres et historiées faces de la mort*, Lyon 1538)

italienische Franziskaner Thomas in die Stadt, berühmt, weil er einen Schiffbruch verhindert hatte, indem er die Wasser der Bucht von Arcachon beruhigte. Er heilte Kranke und bekehrte mit aufwühlenden Predigten weitere 25 *filles de joie*. Das *Hôtel-Dieu* hatte nur für 3 oder 4 von ihnen Platz (der Rest wurde als Dienstmädchen in Lyoner Haushalte gesteckt), und die Schwestern paßten sich den weniger aufregenden Rhythmen der Armenpflege an. Zwei Jahre später wurde der Priester des Hospitals ins Gefängnis gesperrt und bestraft, weil er eine ihm anvertraute Büßerin geschwängert hatte. 1520, noch zwei Jahre später, erfuhren die Rektoren, daß Vagabunden sich ins Hospital eingeschmuggelt hatten, um die Schwestern zu besuchen. Die Mauern wurden repariert, und es war die Rede von einem Gefängnis für ungehorsame Mädchen. Dann beruhigte sich die Lage: die *filles repenties* wurden durch »ein großes Bild Magdalenas, auf Leinwand gemalt«, in der Nähe ihres Dormitoriums an ihre Berufung erinnert, und gegen 1530 hielt sie ein Priester der Kathedrale für gottgefällig genug, um für ihren sonntäglichen Gesang eines Salve in der Kapelle des Hospitals zu zahlen.[15]

Als Mère Couronnée und Mère Hilaire 1537 im *Hôtel-Dieu* eintrafen, war die Herkunft der Schwestern, deren Leitung sie übernehmen sollten, ganz unterschiedlich. Zumindest zwei von ihnen, Soeur Marguerite und Soeur Laurence, waren Findelkinder, die im Hospital aufgewachsen waren und als junge Mädchen dort ihren Dienst begonnen hatten. Soeur Claude Gourette war als Kind von ihren Verwandten dem Hospital übergeben worden (»rendue«); damit waren eine förmliche Aufnahme durch die Rektoren und die Zahlung von 30 bis 60 livres für ihren Unterhalt verbunden. Soeur Marguerite Tissote, Tochter eines Lyoner Schneiders, war zuvor eine echte *fille de joie* gewesen: mit ungefähr 18 Jahren hatte sie beschlossen, ihren Lebensweg zu ändern (das stimmt mit Jacques Rossiauds Feststellung überein, daß viele Prostituierte blutjung waren); im Hospital hatte sie als Dienstmädchen angefangen, dann den Habit genommen und das Hospital schließlich verlassen, vielleicht wegen der Ereignisse, über die sie 1543 berichten sollte. Auch andere Schwestern müssen weggegangen oder gestorben sein, bevor sie zu alt wurden, denn die elf bezeugten oder als Zeuginnen auftretenden Frauen im Jahre 1543 waren nur zwischen 15 und 30 Jahre alt.[16]

Hilaire und Couronnée waren aus Paris nach Lyon gekommen, um von Mère Griffone die Leitung des Hospitals zu übernehmen. Ihre Namen sind seltsam: Mutter Krone, Mutter Lustig und Fröhlich (»hilarus«, lat. – und davon abgeleitet im Französischen – = fröhlich. A. d. Ü.), nach dem aus dem »Kalendrier du Berger« und der »Legenda Aurea« bekannten Heiligen Hilarius, der seine Tochter überredet hatte, Jungfrau zu bleiben und dann Gott bat, sie zu sich zu nehmen, aus Furcht, sie könne in ihrem Vorsatz schwach werden. Sie erinnern an die ironischen Spitznamen, die man sich im Prostituiertengewerbe gab, und tatsächlich hatte der Rat sie aus dem *Couvent des Filles Repenties* in Paris kommen lassen. Vielleicht hatten sie vorher schon in einem Hospital gearbeitet (wenn es so war, jedenfalls nicht im *Hôtel-Dieu* von Paris, dort waren die Schwestern keine ehemaligen *filles de joie*, sondern Ordensschwestern), aber wie auch immer, die beiden zahlten eine Art Einstandsgeld an das Lyoner Hospital und nahmen ihre Arbeit auf. Aus den Aussagen von mehreren, die dort lebten, wissen wir, wie es drinnen aussah: acht Schwestern, drei Bedienstete des Hospitals, darunter ein dort schon seit ungefähr zwanzig Jahren arbeitendes Dienstmädchen; ein gelähmter Schneider und Maitre Etienne Advisard, ein Priester, der das Waisenhaus *Sainte-Catherine* leitete, aber häufig im *Hôtel-Dieu* zu tun hatte.[17]

Als erstes begrenzten die Mütter den Arbeitstag der Schwestern auf seltsame Weise. Vor acht Uhr morgens und nach dem Abendessen sollten sie die Kranken nicht pflegen, mit dem Ergebnis, daß diese wütend klingelten, weil sie vergeblich auf eine Suppe oder andere Hilfe warteten. Das hört sich wie eine Regelung an, wie sie sich Gesellen in einer Werkstatt wünschten, und bezeichnenderweise haben sich die Schwestern jahrelang darüber nicht beklagt. Die Mütter selbst versahen ihren Dienst launenhaft. Patienten, die Geld hatten, behandelten sie besser als andere. Ein verkrüppelter Schneider wurde von ihnen dazu überredet, aus Hospitalgut Kleider für sie zu schneidern. Einem anderen jungen Insassen, der aus Abbéville nach Lyon gekommen war, gefiel es bei den Müttern so gut, daß er nach seiner Genesung als Kellermeister im Hospital blieb. Manchmal gingen die Mütter in ihre Zimmer, ohne sich überhaupt um die Kranken zu kümmern, oder tauchten nur aus ihnen auf, um die Schwestern vor allen Leuten mit Beschimpfungen zu überschütten: »Nutten! Huren! Ihr habt Bastarde gemacht; Ihr versteht Euer Handwerk besser als jede *fille de joie*!«

Könnte dies die Art groben Spotts gewesen sein, wie er im Verkehr der Bordellwirtin mit ihren Mädchen üblich war? Klar ist auf jeden Fall, daß die Mütter eine Welt des heimlichen Liebestreibens im *Hôtel-Dieu* schufen, die sie in Begriffen der spirituellen Verwandtschaft und der Familie faßten.

Ihre Familiengründung begannen sie, indem sie zwei der jüngsten Schwestern, beide Findelkinder ohne Familiennamen, aus den Schlafsälen in ihre Zimmer holten. Marguerite wurde Hilaires »Tochter«; Laurence, Laurette gerufen, wurde die »Tochter« Couronnées. Adoptionen gab es im *Hôtel-Dieu* häufiger, wenn Lyoner Handwerker zu den Rektoren kamen und ein Findelkind zu sich nahmen, um es »wie ihr eigenes Kind« aufzuziehen; wichtiger aber war, daß es sich um eine unter Prostituierten verbreitete Sitte handelte: Aretinos »Ragionamenti« zufolge suchten sich Prostituierte oft eine »Tochter« aus einem nahegelegenen Hospital, die sich um sie kümmern sollte, wenn sie alt waren.[18] Woher auch immer die Mütter ihre Eingebung bezogen hatten, die Mädchen wurden gut behandelt: sie bekamen Betten aus dem Fundus des Hospitals, aus dem auch ein vergoldeter Becher für Laurette und ein samtenes Kleid für Marguerite stammten. Wenn Couronnée die Beine wehtaten, mußten Marguerite und eine andere Schwester sie ihr (erotisch?) massieren und ihr eine Flasche Wein bringen.

Aber auch andere »Verwandte« kamen in die Zimmer der Mütter. Zweimal wöchentlich besuchte Couronnée ein junger Mann namens Philippe; sie sagte, er sei ihr Neffe, aber es ging das Gerücht um, er sei ihr Sohn. Von ihr ausgehalten, wohnte er im Haus eines *sergent* in der Nähe. Mutter Hilaire empfing ihrerseits häufig ihren »Bruder« – eine Anrede, die alle gebrauchten, an die aber nur schwer zu glauben war, denn er sprach nur italienisch. Den Gerüchten zufolge handelte es sich in Wirklichkeit um »Maitre Georges« aus Mailand, der einen Laden im *Quartier des Changes* betrieb. Hilaire und ihr Italiener feierten nicht weit von einem Bild der Büßerin Magdalena mit Gebäck und Torten, dann zogen sie sich in ihr Bett zurück und die Vorhänge zu. Es spielte keine Rolle, daß die junge Marguerite dabei war, und zumindest einmal schien Hilaire gehofft zu haben, daß ihr »Bruder« ihre »Tochter« in die Liebe einführen würde. Sie ließ sie allein im Zimmer, der Italiener war noch unbekleidet. Als er Marguerite zu küssen und zu streicheln versuchte, zog ihn das Mädchen am Bart und stach ihn mit einer Nadel. »Hat er seinen Schwanz zwischen die Schenkel gesteckt?«, fragte Mère Hilaire hinterher; sie schlug sie, als sie erfuhr, daß sich Marguerite bei Couronnée wegen dieser Sache beklagt hatte.

Der italienische Bruder verschwand schließlich von der Bildfläche – ihm drohte wegen seiner Schulden Strafverfolgung – und nachdem er sich mehrere Tage im Pesthospital *Saint-Laurent* verborgen gehalten hatte, ging er nach Italien zurück. Aber jede Menge anderer »Brüder« tauchten im *Hôtel-Dieu* auf. Jetzt waren nicht nur die Mütter, sondern auch die Schwestern des Hospitals, zumindest elf von ihnen, daran beteiligt. »Falls Du einen Freund hast«, riet Mère Couronnée Soeur Jane Borete, »kannst Du Dich zwanglos und familiär mit ihm vergnügen.« Das taten sie und andere dann auch schon bald darauf: Männer, »amoureux des soeurs«, begannen im *Hôtel-Dieu* zu verkehren. Sie kamen maskiert und feierten bei den Müttern; der Priester Pierre (der Neffe des örtlichen Notabeln Catherin Jean, der 1538 die Konsuln am Hofe repräsentierte[19]) und sein

Freund Les Calignaires brachten Tambourine mit, und es wurde getanzt. Im Mai, dem Monat sexueller Freizügigkeit, erreichten die Feste mit Banketten und »Mummereien« ihren Höhepunkt. Die Mütter führten den Vorsitz, stellten die Paare zusammen (Messire Pierre wurde Soeur Jane, genannt Peyrolliere, zugesellt und Les Calignaires Soeur Claude) und bestimmten die Umgangsformen. Man redete sich mit »mon frère« und »ma soeur« an; »allez voir vos soeurs« (besucht Eure Schwestern) war Mère Hilaires Begrüßung, wenn die Männer eintrafen. Die Ironie der Situation wurde noch größer, als die Mönche, d. h. Brüder aus den nur ein paar Minuten entfernten Konventen der Franziskaner und Dominikaner, die wichtigsten Besucher wurden.

Mit ihnen funktionierte der Austausch in beide Richtungen. Mère Hilaire und Mère Couronnée führten ihre »Töchter« und mehrere Schwestern in einer Prozession zu den Cordeliers (Franziskanern) und den Jacobins (Dominikanern), aßen und tranken dort vom Mittag- bis zum Abendessen (vielleicht erklären diese Aktivitäten, warum die Mütter den Arbeitstag der Schwestern im *Hôtel-Dieu* verkürzten). Dann kamen die Mönche ihrerseits ins Hospital, wo sie in den Räumen der Mütter Feste feierten mit den Schwestern, die sie »leurs soeurs par alliance« (ihre angeheirateten Schwestern) nannten.

Zu dieser Zeit gab es bei den Jacobins ungefähr dreißig Brüder und bei den Cordeliers waren es vielleicht einige mehr.[20] Beide Klöster waren zu Beginn des Jahrhunderts ausdrücklich reformiert worden. Die Franziskaner hatten von sich aus auf ihnen zustehende grundherrschaftliche Rechte und städtische Pensionen verzichtet, die ihr Armutsgelübde kompromittierten; die Dominikaner hatten »schlecht lebende Brüder« nach »gros debatz« aus dem Kloster gewiesen. Die Franziskaner waren lange Zeit der bevorzugte Predigerorden des Magistrats gewesen; ihre Kirche Saint-Bonaventure war der Sitz vieler Handwerker-Bruderschaften, in ihrem Kloster tagte das zentrale Büro der *Aumône Générale* und es fanden dort Notabelnversammlungen statt. Die Dominikaner genossen die Förderung in der Stadt lebender Ausländer wie der Florentiner, die ihre Kirche Notre-Dame-de-Confort mit Schenkungen überhäuften; ihr Konvent zählte gelehrte Theologen wie den Inquisitor Nicolas Morin, bis 1535 Prior, und den großen Hebraisten Santo Pagnini, der um Almosen für das Pesthospital und die *Aumône Générale* predigte. Pagnini war 1536 gestorben, aber er wäre im Himmel erschaudert, wenn er – nur wenig später – auf die Bankette von Mère Hilaire und Mère Couronnée hinuntergeblickt hätte. Wer nahm an diesen teil? Wahrscheinlich nicht die Doktoren der Theologie wie Jean du Bourg, der 1542 eifrig damit beschäftigt war, Etienne Dolet wegen seiner häretischen Veröffentlichungen zu verhören. Anwesend waren wohl eher die jüngsten der Brüder, die mit 15 oder 16 Jahren in den Orden eintraten, obwohl man sich nur schwer vorstellen kann, daß ihre Prioren von ihren Festen nichts erfahren haben sollten. Was sich auch zwischen den Brüdern und ihren *soeurs d'alliance* abgespielt haben mag – ob Geschlechtsverkehr oder nur Tanz und Ausgelassenheit –, es wurde nicht mit Geld dafür bezahlt, sondern durch den Austausch von Geschenken, Blumensträußen und Taschentüchern bekräftigt.

Das ganze fröhliche Treiben im *Hôtel-Dieu* war in der Tat nur Teil einer Flut von Geschenken, oder besser: von Diebstählen und Geschenken. Aus den Rechnungsbüchern war zwar zu ersehen, daß die Mütter den Erlös aus dem Verkauf der Habe von verstorbenen Kranken pflichtgemäß eingetragen hatten[21], aber gleichzeitig veruntreuten sie Sachen, die den Armen gehörten. Mère Couronnée schickte ihrem Neffen-Sohn Philippe Käse und Eier, ein Federbett, Tischtücher und Zinngeschirr, einen pelzgefütterten Mantel und andere Kleidungsstücke, die der gelähmte Schneider aus den Sachen der Kranken genäht hatte. Mère Hilaire schickte ihrem Bruder-Liebhaber aus der Hospitalkasse bezahlte seidene Unterhosen und eine samtene Weste sowie, als er nach Italien abreiste, eine mit Kleidern der Kranken gefüllte Truhe. Und sie waren nicht die einzigen Empfänger solcher Freigebigkeiten. An eine gewisse Dame Florie, eine Nachbarin in der rue Grolée, gingen eine Garnitur Bettwäsche und eine wollene Überdecke aus Katalonien, ursprünglich ein Geschenk der erlauchten *Confrérie de la Croix* ans *Hôtel-Dieu*. Claude, der Kellermeister des Hospitals, erhielt eine Extrazuteilung Essen und Kerzen; Messire Jean, dem Priester des Hospitals, gab man aus dem Gewand eines Kranken genähte Kleider. Wie wir gesehen haben, erhielten einige der Schwestern Geschenke, und die Mütter selbst versorgten sich mit Kleidern, die ihren Patienten gehörten, und mit Getreide – wenn es zur Mühle geschickt wurde, behielten sie etwas für sich zurück.

Kurz und gut, die Mütter schufen im *Hôtel-Dieu* eine Art *Abbaye de Maugouvert* (Abtei der Mißregierung) – hier einmal eine, die von Frauen geleitet wurde. Mutter Fröhlich und Mutter Krone nehmen eine Zwischenstellung zwischen den *Abbesses* der öffentlichen Bordelle und den als Frauen verkleideten Männern Mère Sotte in Paris oder Mère Folle in Dijon ein. Ihren Büßerinnen und Findelkindern mag die »honnêteté« der Nonnen von Thélème* fehlen, aber sie sind auch keine Prostituierten, sondern eben *soeurs d'alliance*, aufgefordert, sich ungezwungen-familiär mit ihren Brüdern und Freunden zu vergnügen. Das Liebesspiel in den Hospitalbetten besitzt weder die

* *Thélème:* die Abtei, in der Rabelais seine Utopie ansiedelt (*Gargantua*, Kap. LII-LVIII), in: *Oeuvres complètes*, hrsg. von J. Boulenger und L. Scheler, Paris 1955 (Bibliothèque de la Pléiade), S. 147-164. (A. d. Ü.)

Legitimität des Ehebetts noch ist es einfach käuflich wie im Badehaus – es wird mit Geschenken und Festen betrieben und von der Freizügigkeit des Wonnemonats belebt. Ihm präsidiert nicht nur die Büßerin Maria Magdalena, die von den Hospitalwänden schaut, sondern auch Saint Nicolas, der Schutzpatron der Burschenverbände, dessen Konterfei ein Lyoner Kunsttischler im Auftrag der Mütter in einen Bettrahmen schnitzte. Das tolle Treiben verkehrt ins Gegenteil, was mit dem *Hôtel-Dieu* verbunden wurde – fromme Enthaltsamkeit, körperliche Gebrechlichkeit und Tod –, und leitet die mildtätigen Spenden von den Armen in die Taschen ihrer Hüter um. D. h., wir haben hier »Mißregierung« in all ihren Bedeutungen vor uns.[22]

Daß der Rat solange brauchte, bis er von der Sache Wind bekam, zeigt, wie geschickt Hilaire und Couronnée bei den sonntäglichen Treffen ihre Rolle spielten und wie geschickt sie mit Bestechungen operierten. Messire Jean, der Priester, hatte geschworen, die Rektoren über alles auf dem laufenden zu halten, was im Hospital geschieht – aber er erhielt Kleider und Gott weiß was sonst noch von den Müttern. Messire Etienne Advisard hatte den italienischen Bruder mit offener Unterhose in der Nähe von Mère Hilaires Bett gesehen – aber daß er so leicht Zutritt zu ihrem Zimmer hatte, läßt vermuten, daß auch er ihre Gunst genossen hatte. Ende Mai 1541 wurde den Müttern befohlen, keine Personen ins Hospital zu lassen, die nicht »schwerkrank waren und ins Bette gehörten«[23], aber die Zahl der Besucher nahm zu; einige hefteten sich – in Nachahmung eines Aufnahmescheins der Rektoren – ein Stück Papier an die Stirn, und überzeugten so den Pförtner, daß sie krank seien. Vielleicht war es Mère Griffonne, die schließlich alles auffliegen ließ: sie hatte sich überreden lassen, Hilaires Italiener einen goldenen Ring zu geben, und nie aufgehört, sich darüber zu beklagen.

Als die Konsuln schließlich Anfang Dezember 1543 eingriffen, wurde in der ganzen Stadt schon über »die schlechte Leitung und Veruntreuung« von Mère Hilaire und Mère Couronnée geredet. Drei Schöffen wurden beauftragt, ein Inventar der Gegenstände in den Zimmern der Mütter anzufertigen und die Untersuchung zu leiten. Töchter, Schwestern, Bedienstete und Priester erzählten eingehend die lustigen Streiche der Mütter – und sogar ihre eigenen! –, ohne sie besonders zu entschuldigen. Ein vorwurfsvoller Ton war nur ein einziges Mal herauszuhören (wenn wir dem Protokoll des Notars trauen dürfen), als sie nämlich berichteten, daß die Mütter die Schwestern öffentlich beschimpften und ihnen nicht erlaubten, die nach ihnen läutenden Armen zu bedienen. Unterdessen versuchten die anderen Schöffen, Hilaire und Couronnée zu vernehmen und aus dem Hospital zu schaffen, aus Sorge, die Schwestern würden nicht die Wahrheit sagen, »wegen der Angst, die sie vor ihnen haben«. Die

Mütter weigerten sich zunächst auszusagen; sie schoben Krankheit vor und behaupteten zu wissen, daß falsche Anklage gegen sie erhoben werden sollte. Als sie durch die Straßen zum Rathaus geführt wurden, provozierten sie eine Demonstration: »Und während die zum Rathaus gingen, folgten ihnen viel niederes Volk und Kinder, Flüche gegen sie ausstoßend (...) mit großem Geschrei und Tumult, sie schlagend und grob beleidigend.« Hilaire und Couronnée sagten später, daß nichts, was sie getan hätten, eine solche Entehrung rechtfertigen würde, während die Konsuln Nachforschungen nach den Anstiftern der Menge anordneten.[24]

Als der Bericht über das *Hôtel-Dieu* fertiggestellt war, mögen die ehrbaren Kaufleute und Doktoren der Rechte im Konsulat zwar schockiert gewesen sein, aber ihre folgenden Maßnahmen waren mehr darauf gerichtet, das Ausmaß der schlechten Leitung und Mißwirtschaft der Mütter zu vertuschen als alle Schuldigen zu bestrafen. Die Ergebnisse wurden in ein oder zwei Sätzen zusammengefaßt – »einige Ausschweifungen, an denen Fremde, sogar Dominikaner, Franziskaner, und andere (!) Laien teilnahmen« –, aber es war nicht geplant, sie außerhalb des Rathauses an die große Glocke zu hängen. Es handelte sich mehr um »secretes inquisitiones« (geheime Untersuchungen). Hilaire und Couronnée mußten aus der Stadt gewiesen werden, aber das sollte »auf so freundliche Weise wie möglich« geschehen, »um weder das Hospital noch (die Mütter) in Verruf zu bringen«. Ihnen wurde gestattet, in der Nacht ihre Habe aus dem *Hôtel-Dieu* zu holen, und es wurde ihnen eine Eskorte nach Paris, Blois oder wo sonst sie sich niederlassen wollten, zugestanden. Einmal dort angelangt, sollten sie »ein Geschenk« von 100 livres erhalten. Das konnte als Rückzahlung ihres Einstands verstanden worden sein, aber es handelte sich wohl eher um ein Schweigegeld.

Die Sorge der Stadtväter ist verständlich: die Veruntreuung von Hospitalgütern war unter ihrer Aufsicht geschehen; in die Schäkereien im *Hôtel-Dieu* waren junge Männer aus guter Familie verwikkelt; wenn die Rolle der Brüder der Bettelorden dabei bekannt würde, könnte sich bei den dicht gedrängt in der Nachbarschaft lebenden Handwerkern, unter denen bereits reformatische Lehren um sich griffen, die Abneigung gegen die Bettelorden weiter verstärken. Wenn also auch keine Maßnahme gegen die Schwestern oder das restliche Personal des Hospitals ergriffen wurden (der Arzt Tolet bekam sogar 15 livres über das ihm zustehende Gehalt hinaus: wegen der »großen Zahl von Kranken«, die sich in seiner Obhut befanden), so verstärkten die Konsuln vermutlich jedoch ihre Kontrolle über diese Institution. Neue Mütter wurden angestellt, eine von ihnen eine allseits respektierte Witwe von angesehenem Stand. Unterdessen muß der Priester Jean de Vauzelles, der so viel für das *Hôtel-Dieu* getan hatte, über das von Hilaire und Couronnée angerichtete Unheil nachgedacht haben. Er hatte Aretinos biblische Geschichten ins Französische übersetzt – aber hätte er sich träumen lassen, daß die erotische Satire der »Ragionamenti« Aretinos an den Ufern der Rhône Wirklichkeit würde? 1551 forderte er Aretino auf, etwas zu Ehren der Kapelle zu schreiben, die er kurz zuvor Maria Magdalena geweiht hatte.[25]

Der Historiker würde natürlich besonders gern die Reaktion François Rabelais' auf diese Affäre kennen, falls dieser nach seiner Abreise aus Lyon von ihr gehört hatte. Hätte er unsere Sicht der in ihr liegenden komischen Ironie geteilt: daß eine Einrichtung, die damit prahlt, daß sie »reformiert« sei, die das soziale Interesse der Gebildeten, die fromme Aufmerksamkeit der Wohlhabenden und die politische Sorge des städtischen Patriziats auf sich zieht, von zwei Frauen völlig auf den Kopf gestellt werden konnte? Wie auch immer, die Geschichte von Hilaire und Couronnée zeigt uns das seltene Bild von Frauen als leitenden Verwaltern in der Welt des »menu peuple«. Die Mütter schafften es, mit Zuckerbrot und Peitsche ihr Reich auszudehnen, den Betrieb des *Hôtel-Dieu* in arbeitsreichen Jahren aufrechtzuerhalten und es gleichzeitig zu ihrem eigenen Vorteil zu nutzen. Den Sinn für ihre Ehre behielten sie bis zum Schluß – ein Zeichen dafür, daß für Frauen der unteren Schichten der Ruf wichtig war –, sie behaupteten, von rachsüchtigen Untergebenen verleumdet worden zu sein. Noch wichtiger ist, daß wir hier einen wenn auch flüchtigen Einblick in eine interessante, von Ehevertrag und Bordellkommerz gleichermaßen unabhängige Sexualkultur gewinnen. Ihr Stil paßte sich ihrem Rahmen an, dem geweihten Raum eines Hospitals, und läßt so vielleicht Schlüsse auf das Liebestreiben in anderen Einrichtungen oder anderen Situationen zu. Diese Sexualkultur sollte die Zielscheibe der protestantischen wie der katholischen Reformation werden; sie ist jedoch ein Beispiel dafür, wie einfallsreich Menschen sein können, wenn es um eine unserer alltäglichsten physischen Erfahrungen geht.

Die Gaben des Michel de Montaigne

Ein Renaissancetext, mit historischem Blick gelesen

In einer frühen Ausgabe der ›New Literary History‹ schrieb Fred Chapell: »Geschichte und Literatur können unmöglich dieselben Ereignisse miteinander teilen. Sie mögen von ihnen bei den gleichen Namen gerufen werden, aber sie sind nicht identisch. (...) Die Invasion Rußlands durch Napoleon zum Beispiel mag für den Historiker ein Lehrstück für die Bedeutung von Munition und Nachschublinien, für die Härte, mit der das Wetter zuschlagen kann, oder gar für den Konflikt zwischen Schicksal und glücklichem Zufall sein. Aber für die Leser von ›Krieg und Frieden‹ sind die wichtigen Gegenstände der Hund Platons, die roten Pusteln eines Wirts, Petters hinnehmende Erkenntnis, daß es eine universelle Harmonie gibt. Die beiden Wege, ein Ereignis zu betrachten, mögen sich berühren, aber sie werden niemals übereinstimmen.«[1]

Da in der Art von Geschichte, die ich betreibe, Lehrstücke nicht das Ziel sind und rote Pusteln wichtig werden könnten (als Merkmal eines Ausgestoßenen oder einer Person von schlechtem Charakter), glaube ich, daß wir die gemeinsame Erkundung in dieser Nummer des ›Journal of Medieval and Renaissance Studies‹ nicht so pessimistisch beurteilen müssen. Was ich bei vergangenen Gelegenheiten des Austauschs mit Literaturwissenschaftlern bemerkt habe, ist, daß wir etwas Verschiedenes erklären wollen. Der Literaturwissenschaftler wird zu seinem literarischen Text, seinem Autor, zu den Beziehungen im Umfeld des Textes oder zur Natur einer Gattung zurückkehren; und ich zu einem Komplex von Ereignissen, zu kulturellen, ökonomischen oder politischen Verknüpfungen oder zur handelnden Person in einem dieser Zusammenhänge. Wenn wir über Geschenke sprechen, wird jener am Ende »Timon von Athen« interpretieren wollen, und ich werde mich über Bestechungen herumstreiten; bei Charivaris (Katzenmusiken) lande ich am Ende bei der Nachbarschaftsstruktur und er bei »The Duchess of Malfi«.[2]

Aber auf diesem Weg kann es doch viele Überschneidungen und Übereinstimmungen geben und die Portraits am Ende können zumindest miteinander konsistent sein, im besten Fall einander Tiefe und Komplexität geben. Ich möchte das gerne dadurch illustrieren, daß ich einen Essay von Montaigne nehme und zeige, wie ein Sozialhistoriker auf ihn reagiert.

Es handelt sich um «Von der Liebe der Väter zu ihren Kindern« (II, 8), verfaßt um 1578 und später in interessanter Weise modifiziert. Ich will ihn auf meine Weise als Historikerin durchgehen. Er beginnt mit einer Widmung an Madame d'Estissac, in der Montaigne von dem seltsamen Unterfangen spricht, über sich selber schreiben zu wollen, und in der er den Mut und die Beharrlichkeit preist, mit der sie als junge Witwe die Angelegenheiten ihrer Kinder regelt. Er kommentiert: Wenn es ein wirkliches Naturgesetz gibt, einen den Tieren wie den Menschen eingeborenen Instinkt, dann sei es nach der Selbsterhaltung die Zuneigung, die der Erzeuger für das von ihm Gezeugte hegt. Der Rest des Essais zieht das in Zweifel oder unterstreicht es. Einige Väter erfreuen sich an den Streichen ihrer Kinder, wenn sie klein sind (Montaigne fand daran keinen Gefallen), aber sie werden ihnen gegenüber unduldsamer, wenn die Kinder herangewachsen sind. »Es erbost uns, daß sie uns so dicht auf den Fersen sind, wie um uns zum Abgang zu drängen.«[3] Mehrere »grausame und ungerechte« Beispiele von Vätern folgen, die, von den Jahren und von Gebrechen gebeugt, statt einiges von ihren Besitztümern beizeiten ihren Söhnen zu vermachen, damit diese für ihre Familien sorgen können, selbstsüchtig auf ihnen sitzen, bis sie sterben. Das ist eine elende Weise, sein Kind an sich zu binden: durch Kurzhalten und Gewalt statt durch Vernunft und wirkliche Zuneigung. Er ruft seine eigene Kindheit, die fast frei von Schlägen war, und die sanfte Behandlung seiner kleinen Tochter Léonor in Erinnerung, seinem einzigen lebenden Kind.

Wie können wir für das Leben unserer Kinder vernünftige Vorsorge treffen? Heirate nicht so jung, daß Du noch in der Blüte des Lebens stehst, wenn sie herangewachsen sind (besonders wichtig für Adlige, die im Unterschied zu Bürgerlichen ihren Söhnen nichts zu tun geben können); vermache deinen Besitz, wenn Du ihn nicht mehr selber verwalten kannst. Montaigne stellt sich selbst als einen älteren Vater vor, der seinen Söhnen den Nießbrauch seines Hauses und seiner Besitztümer gestattet und sie dabei aus der Nähe anleitet, während er sich gleichzeitig die Möglichkeit, die Schenkung zu widerrufen, offen- und ein solches Maß an Autorität vorbehält, daß er es wirkungsvoll einsetzen kann. Er würde nicht schwierig und streng sein, sondern versuchen, ihre »Liebe zu gewinnen«.[4]

Weitere Portraits von Vätern folgen, die sich falsch verhalten oder einfach fade sind, dazu ein Exkurs über Gerichtsfälle, in denen die Richter gewöhnlich den Kindern gegenüber den Eltern recht geben; dann wendet sich Montaigne den Frauen zu, d. h. den Ehefrauen und Witwen. Ehemänner sollten ihren Witwen nicht das Recht überlassen, auch dann noch ihre Besitztümer zu verwalten und über ihre Söhne zu herrschen, wenn diese die Volljährigkeit erreicht haben.

Und angesichts der Tatsache, daß ihr Geschlecht für gewöhnlich schwach und ihr Urteil unzuverlässig ist, sollten Mütter auf keinen Fall entscheiden dürfen, wer das Erbe bekommt. Sogar den Urteilen von Vätern ist nicht völlig zu trauen. »Im allgemeinen ist, glaube ich, die gesündeste Art, unsere Besitztümer zu vermachen, wenn wir sterben, (...) sie nach dem Brauch der Landschaft (usage du païs) verteilen zu lassen; besser sie sollen bei ihrer Wahl irren, als daß wir einen unbesonnenen Fehlgriff riskieren.«[5]

Zur elterlichen Zuneigung zurückkehrend, fragt Montaigne, wie natürlich sie ist und wie tief ihre Wurzeln sind, wenn Ammen so leicht überzeugt werden können, ihre eigenen Kinder auszusetzen, um die anderer Leute für Geld zu stillen. Das führt dazu, geistige vor der körperlichen Zeugung zu preisen: von unseren Büchern sind wir Vater und Mutter zugleich; die Kinder unseres Geistes repräsentieren uns besser als die unseres Körpers. Montaigne beschließt »De l'affection des peres aux enfans«, wie er begonnen hatte, er spricht über seine Beschäftigung, das Schreiben, und über eine Frau: »Ich weiß nicht, ob ich es nicht bei weitem vorzöge, ein vollkommen gestaltetes Kind aus dem Schoße der Musen als aus dem Schoße meiner Ehefrau erzeugt zu haben. Diesem hier (dem Buch der Essais, d. Ü.), so wie es ist, vermache ich, schlechthin und unwiderruflich, wie man leiblichen Kindern vermacht.«[6] Sein letztes Bild ist Ovids Pygmalion, der so leidenschaftlich in die von ihm geschaffene Statue verliebt ist, daß sie unter seiner Berührung zu Fleisch wird.

Dieser Essay ist von Literaturwissenschaftlern in unterschiedlicher Weise benutzt worden. Man hat aus ihm Bruchstücke der Biographie gezogen: Montaignes Kindheit, die Erfahrung seiner eigenen Ehe, die zwiespältige Haltung zu seiner Mutter (sie wird nicht erwähnt, aber seine Gefühle für sie werden aus seinen Kommentaren über andere Mütter abgeleitet), das – komplizierte – Andenken an seinen Vater, dem, wie Géralde Nakam vermutet, der Essay gewidmet ist.[7] Einzelne Abschnitte sind zusammen mit Passagen aus anderen Essais zitiert worden, um Elemente von Montaignes Weltbild zusammenzufügen, etwa seine Haltung zu Frauen (obwohl man nicht ganz zu Rande kommt mit seinem hohen Lob für die Witwe d'Estissac auf der einen und seinen Zweifeln an Witwen als Verwalterinnen auf der anderen Seite) und seine sich verändernde Bewertung von Vernunft und Natur.[8] Antoine Compagnon hat aus der Eingangsformulierung eines »wirklichen Naturgesetzes« das Argument gezogen, daß die Liebe der Väter zu ihren Kindern den Ausnahmefall einer Universalie im ansonsten nominalistischen Denken Montaignes darstelle, während andere sich auf seinen Schluß bezogen, um Montaignes Verhältnis zum Kind seines Geistes, zu seinem Buch der Essais zu erkunden, »die Koinzidenz von Autor und Buch«.[9] Richard Sayce hat zu

Recht, wie ich meine, festgestellt, wie »bemerkenswert« dieser Essay »wegen seiner Einheitlichkeit und durchgängigen Gedankenführung« ist, während Frederick Rider meint, ihm fehle es irgendwie an äußerer Einheit, er werde nur durch Montaignes tiefes »erotisches Projekt« zusammengehalten, für sich »Liebe gewinnen« zu wollen.[10]

Der Historiker hört andere Stimmen, wenn er sich »De l'affection des peres aux enfans« nähert, und stellt den Essay sofort in ein Netz sozialer und familiärer Ereignisse in der Gascogne im 16. Jahrhundert. Intertextualität besteht hier mit Notariatsakten, die vielen Abschnitten des Essays II, 8 zugrundeliegen, mit Familiendokumenten, die von jedermann in Truhen und Schreibtischen aufbewahrt wurden: *Eheverträgen,* in denen Mitgiften, Schenkungen an Söhne und Witwenrechte und -renten im einzelnen aufgeführt wurden; *Testamenten,* in denen über den Weg des ererbten Guts und erworbenen Besitzes, über das Schicksal der Kinder und der überlebenden Ehefrau verfügt wird; und *Schenkungen zu Lebzeiten* (»donations entre vifs«), außer dem Ehevertrag die einzige Form der Abtretung, in der Montaignes Projekt, Erbgut vor dem Tod des Vaters zu vermachen, verwirklicht werden konnte.[11] Wenn Montaigne vom »usage du païs« spricht, denkt der Historiker sofort an die »Coustumes de Bordeaux«, von denen eine Abschrift bei Michel im Regal stand; bei adligem Land gaben sie im Erbfall ohne Testament den größten Teil des Besitzes dem ältesten Sohn, aber sie ließen dem Vater eine freiere Hand, wenn er sich entschloß, ein Testament zu machen.[12] Wenn Montaigne über Gerichtsfälle spricht, denkt der Historiker an die vielen Konflikte über die Ansprüche einer Witwe oder den Anteil eines Bruders, die durch Schiedsspruch oder vom Parlament von Bordeaux beigelegt werden mußten. In einem Haushalt, in dem mehrere Generationen zusammenlebten, waren solche Streitigkeiten zu erwarten – die Festlegung im Testament Pierre Eyquems aus dem Jahre 1567 darüber, was zu tun sei, falls Michel und seine Mutter im Château de Montaigne nicht miteinander auskommen sollten, ist die gängige Formel – und diese Streitigkeiten konnten weit über das hinaus eskalieren, was Montaigne in seinem Essay andeutet und was wir über sein Verhältnis zu Antoinette de Louppes wissen. (Im Poitou, als Louis III., Duc de la Trémouille, und seine verwitwete Mutter sich schließlich für getrennte Haushalte entschieden, ließ der Sohn die Truhen seiner Mutter auf dem Rathausplatz öffentlich untersuchen, um sicherzugehen, daß sie kein Hab und Gut mitgehen ließ.)[13]

Noch andere Texte kommen einem in den Kopf, wenn man diesen Essay über Eltern und Kinder liest: die *livres de raison* und die Familientagebücher oder -geschichten in Manuskriptform, die in lese- und schreibkundigen Familien zusammen mit dem Familienbesitz von Generation zu Generation weitergegeben wurden; die gedruckten Predigten und Traktate, in denen es um das Gebot »Ehre Deinen Vater und Deine Mutter« ging; und die kinderheilkundlichen und Erziehungstraktate, die Empfehlungen gaben, wie Kinder aufgezogen, ernährt, bestraft oder belohnt werden sollten.[14]

Die Frage ist nun, was können all diese Papiere, Bücher, Streitigkeiten und Bindungen zu unserer Lektüre von Montaignes Essay beitragen? Sie machen unser Verständnis der kulturellen Welt dichter, die ihn und seine Leser im 16. Jahrhundert umgab; sie teilen uns etwas mit über die Risse und Debatten, die sie durchziehen, und ermöglichen uns, die Originalität seiner Haltung gegenüber dieser Welt zu beurteilen. Sie bereichern unser Wissen über die mündlichen und schriftlichen Formen, aus denen er schöpfen konnte, als er seine Essais erfand, und erhellen die Bedeutung der Metaphern, die er gebraucht, wenn er sich und sein Buch miteinander in Beziehung setzt – und in diesem Fall insbesondere die Metapher der Gabe. Ich möchte drei Beispiele anbieten, wie man das Bedeutungsfeld um diesen Essay für den Sozialhistoriker wie den Literaturwissenschaftler fruchtbringend erweitern könnte: die *donation entre vifs* mit diesem Essay ins Spiel zu bringen, kann uns etwas Neues über den notariellen Vertrag wie über den literarischen Text sagen.

Zunächst einmal stellt Montaigne eine wichtige Entwicklungstendenz des Familienlebens in der Gascogne im 16. Jahrhundert und allgemein in Frankreich – in Familien aller Klassen oberhalb der Armen – in Frage. Seine Zielscheibe ist der mächtige gascognische Vater, dem von seinen *coutumes* mehr Autorität zugestanden wird als in anderen Teilen Frankreichs. (In der Normandie z. B. waren adlige Lehen unteilbar, und andere Arten des Familienbesitzes mußten zu gleichen Teilen unter den Söhnen aufgeteilt werden, die Eltern konnten nichts dagegen unternehmen.)[15] Für die Vorreiter unter den Juristen war die Befreiung der Väter von den Beschränkungen des Gewohnheitsrechts – die »Freiheit« der Eltern, Schenkungen und Hinterlassenschaften zu verfügen, wie sie wollten – im Ganzen gesehen gut für die Familie und das Geschlecht: sie ermöglichte es, den größten Teil des Besitzes zusammenzuhalten, Kinder so zu belohnen, wie es ihnen in den Augen ihrer Väter gebührte, und für künftige Generationen zu planen.[16]

Genau diese Anstrengungen einer übermäßigen Kontrolle verhöhnt oder beklagt Montaigne in »De l'affection des peres aux enfans«. Übermäßige Kontrolle fruchtet nichts: die Substitutionen in der männlichen Linie liegen uns zu sehr am Herzen (im Testament für den Fall spezifiziert, daß der Erbe ohne Nachkommen oder vor dem Testator stirbt). »Wir stellen uns für unsere Namen eine ewige Dauer vor, die lächerlich ist.«[17] Und Montaigne mußte es wissen, denn zwei Monate nachdem sein Vater beerdigt war, teilten er und seine jüngeren Brüder das Erbe – die Verfügungen im Testament Pierre Eyquems mißachtend – so auf, daß Michel zwar weiter Haupterbe blieb, die anderen aber als ihren »legitimen Anteil« Landbesitz statt reiner Geldschenkungen erhielten.[18] Übermäßige Kontrolle ist lächerlich und ungerecht: das Bild des Patriarchen, der weise seine Familie regiert, löst sich auf in das des geizigen alten Mannes vor dem Kamin, des Tyrannen, der seine erwachsenen Söhne zum Diebstahl zwingt, weil sie ihre Familien nicht ernähren können, oder des *vieillard*, der hinter seinem Rücken von Frau und Knecht betrogen wird. Statt dessen zeichnet er das Bild eines Vaters, der von einer Mischung traditioneller und neuer Werte geleitet wird. Entscheidungen über das Erbe überlassen wir dem Gewohnheitsrecht, dem »l'usage du païs«. (Tatsächlich zeigen neuere Forschungen, daß viele adlige Väter im Bordelais die ihnen vom *coutume* zugestandene Freiheit dazu nutzten, den ältesten Söhnen nur die Hälfte des Erbguts zu vermachen.)[19] Und wir geben die volle Kontrolle über die Familie zum passenden Zeitpunkt auf, vermachen Güter als Schenkungen zu Lebzeiten, halten an einer gemäßigten väterlichen Autorität fest, beraten Söhne durch Vernunft und wirkliche Zuneigung.

Wie problematisch diese Zuneigung ist, das ist natürlich einer der wichtigsten Punkte dieses Essays. Elterliche Liebe mag »natürlich« sein und sich in der Beharrlichkeit von Madame d'Estissac und der *douceur* (Sanftheit) von Montaignes Vater zeigen, aber wie oft wird sie verletzt oder kommt unangemessen zum Ausdruck. Montaigne relativiert dann die Treue zu den Werten der Familie nicht etwa dadurch, daß er das religiöse Zölibat vor dem Stand der Ehe preist – die zulässige Hierarchie für Katholiken im 16. Jahrhundert –, sondern er lobt die Liebe dessen, was wir mit dem Geist erzeugt haben gegenüber dem von unserem Körper Gezeugten. Heutigen Lesern mag die Gewichtung dieser beiden Arten der Vaterschaft einsichtig sein, aber für Montaignes Zeitgenossen war sie eher bestürzend, sie schlug den protestantischen Hoffnungen auf eine göttliche Saat und der Aufwertung der Ehe und ihrer Früchte durch die katholische Reformation ins Gesicht. Théodore Agrippa d'Aubigné widmete sein Buch in lyrischen Worten seinem Sohn – »Encore vivray je par toy, / Mon filz, comme tu vis par moy« (Und ich werde weiterleben durch dich,/ Mein Sohn, wie du lebst durch mich) – und sprach sogar in seinem Testament über seine »enfants spirituels« (Patenkinder), aber er baute zwischen ihnen und seinen vier natürlichen Kindern keine Alternative auf, nicht einmal gegenüber Constant, der ständig Ärger bereitete, oder gegenüber dem unehelichen Nathan.[20]

An Montaignes Essay ist ironisch, daß er, während er mit der Verpflichtung auf die Werte der Familie zu spielen scheint, einiges an Inspiration aus der Gattung der Familiengeschichte zieht. Testamente und Eheverträge sind seine Bezugspunkte, aber mit ihren Wortklaubereien und ihrem legalistischen Planen für jeden nur möglichen Zufall tragen sie wenig zu seiner Form und seinem Geist bei. Der religiöse Traktat über Gottes Gebot, »Deinen Vater und Deine Mutter zu ehren«, ist vielleicht ein Anti-Modell: dort ist der Autor vornehmlich mit der Verpflichtung der Kinder gegenüber ihren Eltern innerhalb der Hierarchie beschäftigt[21], während Montaigne den Prediger-ton vermeidet und vornehmlich darüber spricht, was Eltern ihren Kindern geben können. Aber mit der Familiengeschichte ist es etwas anderes. Gewöhnlich enthält sie eine Genealogie, Eintragungen über Geburten, Paten, Eheschließungen und Todesfälle, das Auf und Ab des Familienvermögens, insbesondere zur Zeit des Verfassers, sowie moralischen Rat an die Kinder. Die größte Freude, die Väter und Mütter haben können, schreibt ein Tuchhändler aus dem Lyonnais im *récit* (Bericht) über sein Haus, ist, Brüder und Schwestern »in Eintracht und gegenseitiger Liebe« zu sehen. Laßt den Teufel, den Feind des Friedens und brüderlicher Freundschaft, nicht Debatten und Streit unter Euch entfachen, wenn ich einmal nicht mehr bin. Und wenn Ihr Kinder habt, gebraucht gute Worte statt der Rute, aus Furcht, daß ihr Körper gegen sie abgehärtet wird, wenn sie ständig und über lange Zeit geschlagen werden. Korrigiert ihre Fehler, wie es gebührt, und wartet damit nicht zu lange, oder Ihr werdet schließlich Eure Kinder hassen, »un grand mal« (ein großes Übel). Und straft sie nicht mit solcher Strenge, daß sie Euch schließlich hassen und Eure Gemeinschaft fliehen. Gebt ihnen »Gelegenheit zur Liebe und zur Furcht«. Behandelt sie weder mit »zu großer Ungezwungenheit« noch mit »zu großer Strenge«.[22]

Nun gibt es in Montaignes Essay nur eine kleine Genealogie; in aller Ausführlichkeit stellt er sie auf den Seiten von Michael Beuthers »Ephemeris Historica« dar, auf denen sein Vater schon Michels Geburt festgehalten hatte. Ebensowenig führt er – ein wenig zu seinem eigenen Bedauern – das Tagebuch seines Vaters fort, in dem Pierre Eyquem »die Erinnerungen der Geschichte seines Hauses« niedergeschrieben hatte.[23] Aber in »De l'affection des peres aux enfans« stellt sich Montaigne in der Rolle des Sohns wie des Vaters dar (wie jeder männliche Autor einer Familiengeschichte), reflektiert über die kritischen Augenblicke und Übergangsrituale auf dem Weg einer Familie und geht weiter zu moralischen Ratschlägen. Er widmet ihn der Mutter eines Freundes statt seinen eigenen Verwandten, aber in einem der bewegendsten Abschnitte stellt er sich vor, selber Söhne zu haben und ihnen, wenn er alt ist, mit Rat zur Seite zu stehen. Er veröffentlicht ihn, daß die ganze Welt ihn lesen kann, statt ihn in zwei oder drei Abschriften für seine Erben zu hinterlassen, aber das hat den Vorteil, ihn von einer Konvention der Familiengeschichte zu befreien: was immer man dort schrieb, welche Rechnungen mit Söhnen, die in die Fremde gezogen waren, oder selbstsüchtigen Brüdern man auch beglich, das höchste Gebot der Familienloyalität stellte man nicht in Frage. Man fragte nicht, ob der sterbende Epikur genauso viel Befriedigung daran finden konnte, daß er wohlgeborene und wohlerzogene Kinder hinterließ, wie an »der reichen Schöpfung seiner Schrift«.[24] Man *räsonnierte* nicht in einem *livre de raison*.

Wie schließlich herauskommt, haben geistige Schöpfung und Eigenliebe ebensowenig das letzte Wort: Pygmalions Statue wird Fleisch unter seinen Fingern und Montaigne erinnert an die »sündigen Leidenschaften« des Inzests. Er formuliert sein Verhältnis zu seinem Buch neu, mit einer Metapher aus der Welt der Familie und des Schenkungsvertrags, die eher *Caritas* als Besitzgier nahelegt.[25] Zuvor hatte er im Essay von seinem Buch in Ausdrücken einer statischen Konsubstantialität gesprochen: er hat es als Vater und Mutter zugleich geschaffen; unsere Bücher enthalten mehr von uns als unsere leiblichen Kinder; in diesen wiegt unser Anteil »ungemein leicht«, aber bei unserer geistigen Schöpfung »ist alle Schönheit, alle Anmut und aller Wert unser«. In seiner abschließenden Feststellung, die er dem Essay erst spät hinzufügte und die in ihrer Ausdrucksweise ungewöhnlicher ist, spricht Montaigne dynamischer über sein Buch wie über den Sohn einige Seiten vorher, der herangewachsen ist, dem man Güter vermacht und der sein eigenes Leben führt. Er gebraucht die Formel von der *donation entre vifs*. Meinem Buch »vermache ich, was ich ihm vermache, schlechthin und unwiderruflich, wie man leiblichen Kindern vermacht« (der notarielle Vertrag würde ergänzen »mit gutem Willen und aus freien Stücken«): »Das wenige, was ich ihm Gutes geben konnte, ist nicht mehr in meiner Verfügung; es kann vielerlei wissen, was ich nicht mehr weiß, und Dinge von mir haben, die ich nicht behalten habe und gerade so wie ein Fremder von ihm ausborgen müßte, wenn ich ihrer bedürfte. Es ist reicher als ich, auch wenn ich weiser bin als es.« In dieser historischen Formulierung verliert der Vater die Kontrolle über sein Buch, oder zumindest über den Essay, den Montaigne bereits Madame d'Estissac zugeeignet hatte. Richtige *donations entre vifs* konnten wegen Undankbarkeit widerrufen werden. Ein Buch war, obwohl es korrigiert werden konnte, jenseits von Dankbarkeit oder Undankbarkeit. Hier überläßt es Montaigne seinem eigenen Schicksal in der Welt der Leser.[26]

Literaturwissenschaftler unter den Lesern meines Essays mögen jetzt entweder denken, daß ich ihnen Dinge über Montaigne mitteile, die sie bereits auf anderen Wegen oder aus anderen Quellen erfahren haben, oder daß ich ihnen ein paar neue und nützliche Dinge erzählt habe; aber wozu ist das gut? Wir können nicht alle unsere

Zeit damit verbringen, in Archiven oder juristischen Werken herumzuwühlen. Zum ersten Einwand würde ich sagen, daß die Auseinandersetzung eines Autors über sein Verhältnis zu seinem Buch verschieden aussehen kann, je nachdem, ob man sie über eine Analyse des Spiels zwischen Pygmalion und Narziß im Text angeht (wie es Antoine Compagnon so einfühlsam getan hat[27]) oder über das Spiel des Familienlebens und der Schenkungen im 16. Jahrhundert. Zum zweiten Einwand würde ich sagen, daß ein Bewußtsein darüber, wie viele Assoziationsschichten ein Text hat, zu neuen Fragen, die man stellt, neuen Menschen, mit denen man darüber spricht, neuen Büchern, die man prüft, und zu einem gelegentlichen Blick in eine archivalische Quelle führt, die man vorher nicht berücksichtigt hätte. Diese Hoffnung beruht auf der Annahme, daß wir beide ein gemeinsames Interesse an der Kultur und ihren Konflikten haben und daß, wenn der Literaturwissenschaftler zum literarischen Text und der Sozialhistoriker zum Stadtbild oder Gerichtshof zurückkehrt, wir beide wissen, daß diese Welten in ständigem Austausch standen, aufeinander reagierten oder einander widerspiegelten und manchmal Regeln und Leser teilten. Ohne Montaigne wüßte ich nicht, wie offen Söhne im 16. Jahrhundert über ihre Eltern zu sprechen wagten; aber ohne die Gabe wüßten wir, denke ich, nicht, wie weitgehend Montaigne über sein Buch zu denken wagte.

Gesellschaft und Geschlechter

Vorschläge für eine neue Frauengeschichte

Die Gattung der Frauengeschichte ist keineswegs ganz neu. Eine Art, sie zu schreiben, geht auf Plutarch zurück, der kurze Biographien bedeutender Frauen verfaßte und damit zeigen wollte, daß das weibliche Geschlecht von der Erziehung profitieren konnte und sollte. Von Boccaccio im 14. Jahrhundert wieder aufgenommen, setzten sich solche gesammelten Erinnerungen an »Bedeutende Frauen« in einer ungebrochenen Linie fort – von der »Cité des Dames« Christine de Pisans über Madame Briquets »Dictionary ... of French Women ... known for their Writings« aus dem Jahre 1804, vom »Gynaikeion« Thomas Heywoods aus dem 17. Jahrhundert bis zu George Ballards »British Ladies ... Celebrated for their Writings« aus dem 18. Jahrhundert. Manchmal besaßen die Frauen, von denen diese Werke handelten, vielfältige Talente, ein anderes Mal waren sie allesamt Ordensfrauen wie in Osbern Bokenhams mittelalterlichen »Legends of Hooly Wommen«, oder als Dichterinnen oder politisch tätig wie in den »Lives of the Queens of England«, in der viktorianischen Zeit von den Schwestern Strickland verfaßt.[1] Einige Arbeiten waren das Ergebnis seriöser Forschung, andere mischten Mythisches mit Realem. Aber alle hatten ein polemisches Ziel – die Palette weiblicher Fähigkeiten zu erweitern, exemplarische Beispiele zu geben und mit dem zu argumentieren, was einige Frauen getan hatten, was Frauen tun könnten, wenn sie die Erziehung und die Möglichkeit dazu erhielten. Noch heute steht ein gewisser Teil der Frauengeschichtsschreibung in der Tradition der »Bedeutenden Frauenleben«.

Wie nützlich und verheißungsvoll dieser literarische Korpus auch war, er hatte seine Grenzen. Die Bestandsaufnahme weiblicher Aktivitäten in der Vergangenheit löste sie aus dem historischen Zusammenhang. Frauen wurden isoliert von den Männern behandelt und über die Bedeutung von Geschlechterrollen im gesellschaftlichen Leben wie für historische Veränderungen wurde wenig gesagt. Mit besonderen Absichten für eine besondere Leserschaft geschrieben, konnten sie den Hauptstrom der Geschichtsschreibung und die Periodisierung der Geschichte nur wenig beeinflussen.

Die zweite frühe Form von Frauengeschichte waren die Biographien einzelner Frauen – des religiösen oder politischen Vorbilds. Die Nonne Baudonivia schrieb über ihre merowingische Königin Radegundis, der königliche Herold William Camden über seine Königin, Elisabeth I.; und im 17. Jahrhundert schrieb eine französische Schwester von der Heimsuchung Mariä eine Lebensbeschreibung der Gründerin ihres Ordens, der heiligen Jeanne de Chantal. Gelegentlich weiteten sich die religiösen Biographien zu Institutionsgeschichten einer Abtei oder eines Ordens aus, so z. B. Hroswithas Geschichte der Abtei von Gandersheim oder Chaugys »Vies« der Schwestern von der Heimsuchung Mariä, und lieferten so die ersten Berichte über gemeinsame Erfahrungen und Zusammenschlüsse von Frauen in der europäischen Geschichtsschreibung.[2] Individuelle Lebensbeschreibungen waren allerdings die häufigere Form; gegenüber den »Bedeutenden Frauenleben« besaßen sie den Vorteil, die Frau sorgfältiger in die Gesellschaft und Kultur ihrer Zeit einzubetten. Marie Thiroux d'Arconvilles dreibändiges »Leben von Maria von Medici«, 1774 erschienen, stützt sich auf ein ausführliches Studium von Parlamentsakten und Manuskripten aus der *Bibliothèque royale* sowie auf gedruckte Quellen. Sie hielt jenseits des Politischen auch Änderungen in den Sitten fest wie die, daß die Königin von einer Hebamme entbunden wurde und nicht – wie zu jener Zeit für Frauen der Aristokratie üblich – von einem männlichen *accoucheur*.[3]

Auf der anderen Seite führte die Form der Biographie nicht von selbst dazu, über Geschlechterrollen zu spekulieren – es sei denn in dem Sinne, daß sie Frauen als bedeutende Protagonisten des öffentlichen Lebens schilderten. Für Thiroux d'Arconville war Maria von Medici ein Vorwand, um über die Geschichte Frankreichs im frühen 17. Jahrhundert zu schreiben. Das Geschlecht taucht bei der Historikerin als Thema nur auf, als sie den politischen Stil der Königin charakterisiert: »Diese Prinzessin besaß alle Fehler ihres Geschlechts und keine seiner Qualitäten, die ihre Ambitionen hätten fördern können. (...) Wie gefährlich und unklug, über andere herrschen zu wollen, wenn man sich selbst nicht beherrschen kann.«[4] Die Biographie blieb natürlich weiter eine der wichtigsten Formen, Frauen in der Geschichte darzustellen. Sie umfassen heute eine ganze Palette bekannter Frauen – manchmal schenken sie der Frage, wie Geschlechterrollen eine Karriere gestalten können, keine Aufmerksamkeit (z. B. J. B. Nettls ansonsten bewunderungswürdiges »Leben Rosa Luxemburgs«), während andere sie jetzt zu einem Hauptpunkt machen (neuere Arbeiten z. B. über Jeanne d'Albret und Mary Wollstonecraft).[5]

Wenn einige Formen, Frauengeschichte zu schreiben schon sehr alt sind, so sind ihre Themen doch auch schon weit vor unserer Zeit verändert worden. Ich denke an die Anstrengungen von Schriftstellern Ende des 18. und im 19. Jahrhundert, die Grenzen der Sozialgeschichte so zu erweitern, daß sie Themen einschloß, die notwendig die

Aktivitäten von Frauen oder von Männern und Frauen zusammen berücksichtigen mußten: Arbeiten über die arbeitenden Armen, über Vergangenheit und Gegenwart der Prostitution und zum Privatrecht; über Sammlungen alter Heiratsbräuche und -rituale und andere Lebenseinschnitte, die von Gesellschaften für Volkskunde oder Altertumsvereinen zusammengetragen wurden.[6]

Wichtiger jedoch war die langsam reifende Erkenntnis, daß die Institution der Familie und das Verhältnis zwischen den Geschlechtern nicht als im Grunde unveränderliche Wesensmerkmale der europäischen Vergangenheit angesehen werden können. Im Gegenteil, zusammen mit politischen, ökonomischen und kulturellen Veränderungen änderten auch sie sich beträchtlich. Für diese veränderte Wahrnehmung gibt es mehrere Gründe, auf die wir hier nicht näher eingehen können[7], aber sie faßte bei Befürwortern wie Gegnern der patriarchalischen Familie Fuß. So schrieb am Ende des 18. Jahrhunderts der etwas sentimentale schottische Arzt William Alexander ein Buch mit dem Titel »The History of Women from the Earliest Antiquity to the Present Time« und Ende des 19. Jahrhunderts brachte die Suffragette Georgiana Hill ihr »Women in English Life from Medieval to Modern Times« heraus. Der Philologe und Volkskundler Karl Weinhold verfaßte während der 1848er Revolution »Die deutschen Frauen in dem Mittelalter« und sah im »weiblichen Herz« und in der Familie die Hoffnung für Deutschlands Zukunft. Im Frankreich der Dritten Republik schrieb der patriarchalische Charles de Ribbe sein nostalgisches, aber recht gut belegtes Buch »Les familles et la société en France avant la Révolution«.[8] J. J. Bachofen und Friedrich Engels entwickelten ihre jeweiligen Theorien über die Entwicklungsetappen der menschlichen Geschichte, in denen die Beziehungen zwischen den Geschlechtern und/oder geschlechtsspezifische Merkmale für die Charakterisierung jeder einzelnen Epoche eine zentrale Rolle spielen.[9] In den letzten Jahrzehnten des 19. Jahrhunderts sowie in den Jahren vor und kurz nach dem ersten Weltkrieg erschien schließlich in Deutschland, Italien, Frankreich und England eine ganze Reihe ernstzunehmender Monographien, die für eine bewältigbare Zeitspanne, das Mittelalter oder die Renaissance, den Status, die Tätigkeiten und das Bewußtsein der Frauen untersuchten, und nicht immer ausschließlich der Frauen der oberen Klassen.[10]

Ich kann keinen besseren Weg finden, in unsere gegenwärtige »Übergangsphase der Frauengeschichte« einzuführen und sie zu bewerten, als zwei der besten dieser früheren Leistungen zu untersuchen. Die eine ist »Working Life of Women in the Seventeenth Century« (1919) der Sozialistin (Fabierin) Alice Clark, einer Forschungsstudentin an der London School of Economics. Sie war durch Olive Schreibers »Women and Labour« (1911) beeinflußt und erhielt

Unterstützung von einer ganzen Gruppe von Wissenschaftlerinnen – der Wirtschaftshistorikerin Lillian Knowles, der Mediävistin Eileen Power und von Miss Dorothy George – und Geld von Mrs. George Bernhard Shaw.[11] Das andere Werk ist »La femme et le féminisme en France avant la Révolution« (1923) des französischen Juden Léon Abensour, der nach eigener Aussage beabsichtigte, »die Tätigkeit von Frauen im 18. Jahrhundert von der Ebene der Anekdote und des Skandals in den Hauptstrom der Geschichte zu heben«. Das war kein leichtes Unterfangen. Abensour, Lehrer für Geschichte und Geographie am Lycée Voltaire in Paris, erhielt zwar Rückendeckung von befreundeten Literaten, aber mit den späteren Gründern der ›Annales‹ stand er offenbar nicht in Verbindung. Henri Berr hatte zwar 1906 einen Artikel über frühes feministisches Denken für seine ›Revue de synthèse historique‹ angenommen, aber bis 1929 erschien nichts Wesentliches mehr über Frauen. Lucien Febvres Interesse an Frauengeschichte scheint erst in den vierziger Jahren dieses Jahrhunderts erwacht zu sein.[12]

Was taten also Clark und Abensour, und wie würden wir es heute anders machen? In allererster Linie gingen sie zu den Quellen, nicht nur zu Anstandsbüchern, Pamphleten über das weibliche Geschlecht, Handbüchern der Landwirtschaft und zu Briefen und Memoiren aristokratischer Frauen, sondern ebenso zu Archivalien: lokalen juristischen, fiskalischen und administrativen Quellen und – so die englische Historikerin – auch zu örtlichen Rechnungsbüchern.[13] Wenn auch in den Schriftquellen des vorindustriellen Europa die Frauen (wie die Bauern, die Armen, die Lese- und Schreibunkundigen, die Jugendlichen beiderlei Geschlechts) stark unterrepräsentiert sind, so waren Clark und Abensour doch geradezu verblüfft über den Reichtum an Material über Frauen aus allen Klassen, das sie fanden; und sie hatten sich dabei noch nicht den Eheverträgen, Testamenten, Hospital- und Kirchenregistern zugewandt, die heute Sozialhistorikern so viel Stoff bieten.

Zweitens bezogen sich Clark und Abensour nicht allgemein auf »Frauen«, wenn ein Prozeß oder ein Ereignis, das sie beschrieben, nur eine bestimmte gesellschaftliche Gruppe betraf. Clark legte die Unterschiede zwischen ihren arbeitenden Frauen bis ins einzelne dar, von Hebammen und Händlerinnen bis zu Arbeiterinnen in der Landwirtschaft, während Abensour die Frauen des Hof- und Provinzadels, der »Bourgeoisie« und die Frauen von Handwerker- und bäuerlichen Familien gesondert betrachtete.

Drittens nahm keiner der beiden Historiker an, daß Ehegesetze, gesellschaftliche Umgangsregeln und andere Leitbilder für Frauen notwendig das wirkliche Verhalten von Frauen zum Ausdruck brachten. Ein Hauptargument Abensours lautete, daß die rechtliche Unterordnung von besitzenden Frauen unter ihre Ehemänner und ihr rechtlicher Ausschluß von fast allen politischen Formen durch die beträchtliche Macht untergraben wurde, die aristokratische Frauen im Privatleben, in politischen Diskussionen und in der Patronage besaßen.

Weiter hatten beide Historiker eine Art theoretischer Erklärung für das sich ändernde Verhältnis von Frauen zu Macht, Arbeit und Eigentum. Clarks Sichtweise war die weitaus interessantere. Sie dachte, die weibliche Unabhängigkeit sei eine Funktion der vollen Verwirklichung ihrer schöpferischen Fähigkeiten auf biologischem, ökonomischem und auf dem Gebiet der Erziehung und Bildung. In den Jahrhunderten vor dem industriellen Kapitalismus und der Kommerzialisierung der Landwirtschaft erfreuten sich alle Frauen dieser Unabhängigkeit, ausgenommen eine Handvoll verarmter Tagelöhnerinnen am unteren Ende und Parasiten an der Spitze der Gesellschaft. Die meisten Frauen steuerten einen wesentlichen Anteil zum Unterhalt ihrer Familien bei, indem sie die Familie mit Nahrung und Kleidung versorgten, Güter für örtliche Märkte herstellten oder dort verkauften. Mit dem Kapitalismus zogen sich dann die Frauen wohlhabender Kaufleute und Bauern aus produktiven Tätigkeiten zurück und wurden von ihren Männern abhängig. Mit dem Kapitalismus, so Clark weiter, verlor die kleine Bäuerin ihre Kuh und ihren Gemüsegarten; die Produktion wurde aus ihrem Haushalt in die Fabrik verlagert; das Familieneinkommen wurde durch individuelle Löhne ersetzt, und die qualifizierte und ausreichend bezahlte Arbeit ging an die Männer. Verheiratete Frauen aus den unteren Klassen fanden entweder keine Arbeit oder mußten sie zu außerordentlich niedrigen Löhnen annehmen. Mit der Abnahme ihrer ökonomischen Produktivität sank auch ihre Fähigkeit, Kinder auf die Welt zu bringen.

Nun ist an Clarks Theorie sicher viel zu kritisieren. Zum Beispiel erscheinen – wenn ich meine eigenen mit den Forschungen von E. Le Roy Ladurie, Pierre Goubert und Olwen Hufton zusammennehme – Lohnarbeiterinnen vor der Industrialisierung in einem weit größeren Bereich der Wirtschaft, als Clark sich vorgestellt hatte, ein Teil der weiblichen Arbeitskraft bildete zusammen mit ungelernten Männern eine Art Vorproletariat.[14]

Weiter spielte – wie Joan Scott und Louise Tilly gezeigt haben – die Familie auch weit nach den Anfangsstadien des industriellen Kapitalismus eine wichtige Rolle und innerhalb der Familie teilte man die Löhne. Clarks Sicht bleibt trotzdem weiter hilfreich, um den Rückzug von Frauen der Mittelklasse von Arbeitsplätzen außerhalb des Hauses sowie die eventuelle Verringerung der Möglichkeiten für Frauen in der Industrie zu verstehen. Ihre Studie war auch eine erstaunliche Vorwegnahme neuerer Arbeiten über den Einfluß der sogenannten Modernisierung auf die wirtschaftliche Stellung der Frau in Schwarzafrika.[15]

Und, letzter Punkt meiner Bemerkungen zu Clark und Abensour, sie respektierten ihren Gegenstand, behandelten die Frauen weder als passive Opfer historischer Ungerechtigkeit noch als Heldinnen, die ohne Unterlaß für die Veränderung der Gesellschaft kämpften. Es stimmt, Clark ringt manchmal die Hände über den Kapitalismus als Ruin der arbeitenden Frau; und Abensour spricht manchmal von »der wunderbaren Hingabe weiblicher Energien für den Dienst am Vaterland und für die Befreiung der Frau«[16], als hielte er eine Rede zum 14. Juli. Aber gewöhnlich sind ihre Frauen findige menschliche Wesen, manche scheiterten, manche kämpften, die meisten von ihnen brachten, so gut es ging, ihre Familie gegen alle Hindernisse durch.

Diese ungefähr fünfzig Jahre alten Bücher stellen solide Leistungen dar. Wir alle sind enttäuscht, daß ein Teil unserer heutigen Produktion in der historischen Frauenforschung ihnen weder methodologisch noch analytisch das Wasser reichen kann. Trotzdem hat es in den letzten fünfzehn Jahren im Studium der Geschlechterrollen einige Fortschritte gegeben; deshalb nun einige Bemerkungen darüber, wie wir Clark und Abensour neu- und umschreiben sollten. Keiner von beiden schenkte den demographischen Fragen Aufmerksamkeit, über die uns die englische und französische Schule der Bevölkerungswissenschaft so viel Neues gebracht haben – über Lebenserwartung, Fruchtbarkeitsraten, Abstände zwischen Geburten, Muster geographischer Mobilität u. a. Clark hätte in der Tat ihr Argument über die Fruchtbarkeit arbeitender Frauen im 17. Jahrhundert modifizieren müssen, denn es gründete explizit auf der Annahme, daß die Fruchtbarkeitsrate bei ihnen *die gleiche* wie bei aristokratischen Frauen gewesen sei.[17]

In Wirklichkeit unterschieden sich im 17. Jahrhundert Frauen der oberen Klassen von denen der unteren Stände sowohl hinsichtlich der »natürlichen« Fruchtbarkeit wie ihrer Begrenzung. Wenige Frauen, woher auch immer sie kamen, konnten mit Lady Ann Fanshawes Rekord von 18 Schwangerschaften in 21 Jahren konkurrieren, aber im Ganzen kamen Frauen aus aristokratischen und wohlhabenden Familien häufiger nieder als Frauen aus bäuerlichen und Handwerkerfamilien. Arme Frauen heirateten später und starben früher als reiche; spätere Heirat verringerte noch nicht unbedingt die Fruchtbarkeit (wie neuere Forschungen gezeigt haben), aber für arme Mütter war es weniger wahrscheinlich, daß sie ihre fruchtbaren Jahre überlebten. Aristokratische und wohlhabende Frauen wurden außerdem öfter schwanger, weil sie ihre Kinder zu Ammen gaben. Frauen aus Handwerkerfamilien hingegen stillten ihre Kinder bis ins 18. Jahrhundert normalerweise selbst (nur die Waisen und Findelkinder der städtischen Armen wurden zu Ammen gegeben), während Mütter auf dem Lande es immer vorzogen, ihre Kinder selbst zu stillen, manchmal noch die anderer dazu. Und vielleicht verstärkte auch mangelhafte Ernährung und größere Seuchenanfälligkeit das Auftreten von Amenorrhoe (Zyklusstörungen) und Fehlgeburten bei ärmeren Frauen.[18]

Auf jeden Fall unternahmen gegen Ende des 17. Jahrhunderts verheiratete Frauen aus dem französischen Hochadel und aus der städtischen Elite in Genf zusammen mit ihren Männern Schritte – nicht durch verlängertes Stillen, sondern durch einige Regelungen der Häufigkeit und der Praxis des Geschlechtsverkehrs –, um ihre Fruchtbarkeit zu begrenzen, sobald sie genug lebende männliche Kinder hatten, um mit einem Erben rechnen zu können. Frauen in ärmeren Familien, in denen Schwangerschaften weniger häufig waren und mehr Kinder starben, hatten diese Wahl weniger häufig. So wurde im 18. Jahrhundert das unerwünschte Kind eines bedürftigen verheirateten Paares zunehmend am Findlingshospital abgegeben.[19]

Beide, Clark und Abensour, sprachen natürlich über Ehe und Familie, aber hauptsächlich über die rechtliche Stellung der Frau und ihres Eigentums, die Doktrin der Untertänigkeit der Frau, die Arbeitsbedingungen der Ehefrauen. Über diese Fragen wird weiterhin wertvolle Forschungsarbeit geleistet; einige Historiker sind jedoch über sie hinausgegangen, um Höhe und Funktion der Mitgift, Erbschaftssysteme, Verhältnis der Familien zur weiteren Verwandtschaft, Stärke familiärer Gefühle und die sich ändernden Beziehungen zwischen den Generationen zu untersuchen.[20] Um nur ein Beispiel zu nehmen: die Forschungsergebnisse über die Haushaltsgröße haben die alte These über den historischen Übergang in Europa von der »Groß-« zur »Kernfamilie« zusammenbrechen lassen – eine Verallgemeinerung, die im Denken über Frauenarbeit und das Leben von Assoziationen ihre Spuren hinterlassen hat. Es ist jetzt klar, daß die durch Dienstboten erweiterte Kernfamilie (selbst Familien mit ziemlich bescheidenem Lebensstandard auf dem Lande hatten ein junges Mädchen – oft eine Verwandte – im Haushalt) in Westeuropa zumindest seit dem Spätmittelalter die überwiegende Haushaltsform war, daß dieser Haushalt sich aber bei Gelegenheit schnell ausdehnte, um andere Verwandte mit zu umfassen. Wenn wirtschaftliche, finanzielle oder persönliche Überlegungen es erforderten, lebten Großeltern oder ihr verwitweter Teil, Eltern und kleine Kinder oder Eltern und verheiratete Kinder für einige Jahre des Lebenszyklus zusammen. Wenn Arbeitskraft knapp war wie im Languedoc im 15. Jahrhundert, mögen Brüder samt ihren Familien zusammengelebt haben, um das Land zu bestellen.[21] Ob eine einzelne Familie sich in dieser Weise »aufblähte«, hing von verschiedenen Faktoren ab – wie der Langlebigkeit von Großeltern und Ehegatten, der Wiederverheiratung von Witwen und Witwern, von Berufen und geographischer Mobilität der Kinder. Die Implikationen all dieser Faktoren für die Frau, für Bindungen zwischen Müttern, Töchtern und Geschwistern, für Mobilität und Abhängigkeit von Frauen, müssen untersucht werden.

Das führt mich zu einem dritten Unterschied unserer Art von Frauengeschichte zu der Clarks und Abensours: wir wollen weiter ausgreifen als sie. Zu ihrer impressionistischen Sammlung von z. B. Löhnen und Zahl der Pfarrschulen fügen wir schließlich nicht nur Statistiken über die Bevölkerungsentwicklung hinzu, sondern auch über geschlechtsspezifische Variablen der Migration[22], der Kriminalität[23], der Alphabetisierung[24], um nur einige zu nennen. Einige dieser Arbeiten führen über die Zahlen hinaus zu wichtigen Analysen wie z. B. Nicole Castans Untersuchung von 500 Fällen, die Ende des 17. und zu Beginn des 18. Jahrhunderts vor das Parlament von Toulouse gebracht wurden: sie zeigt, wie eine eng definierte Konzeption der weiblichen Ehre den Frauen der unteren Stände die Freiheit gab, zu beleidigen, zu bedrohen, kein Blatt vor den Mund zu nehmen, zurückzuschlagen, zu heucheln und anderes mehr zu tun, das – hatte es ein Mann getan – dessen »Würde« gefährdet hätte.[25] Auf Gebieten, in denen quantitative und qualitative Forschung kombiniert werden können, bleibt jedoch noch viel zu tun. So gibt es zum Beispiel keine veröffentlichten Serien der Frauenlöhne (in Geld oder in Naturalien und Geld) vom Spätmittelalter bis zum 19. Jahrhundert, obwohl das zersplittert für Europa vorliegende Material vermuten läßt, daß das Verhältnis von Männer- zu Frauenlöhnen sich in interessanter Weise von Ort zu Ort und von Periode zu Periode änderte, und zwar nicht einfach als Ausfluß der Marktbedingungen.[26]

Viertens: diese älteren Werke über Frauen geben uns keine oder nur geringe Informationen über ihre sexuellen oder erotischen Aktivitäten. Abensour wollte vielleicht mit der alten Tradition der skandalträchtigen Anekdote brechen. Clark sagte in einem Buch über das Arbeitsleben von Frauen kein Wort über Prostitution, eine Auslassung, die vielleicht durch den extrem moralistischen Charakter ihres Feminismus erklärt werden kann. Diese Themen beschäftigen uns heute in hohem Maße, weil sie sowohl etwas über intime Beziehungen innerhalb eines und zwischen den Geschlechtern aussagen wie über Formen der kulturellen und sozialen Organisation im allgemeinen. Für das Mittelalter und die frühe Neuzeit beschränken sich die meisten neu erschienenen und verläßlichen Forschungen auf Einstellungen: Stellung zum Geschlechtsverkehr, zur Empfängnisverhütung, zum außerehelichen Geschlechtsverkehr im kanonischen Recht, in puritanischen Predigten, in literarischen Werken, in Utopien usw.[27]

Über Haltungen zur Homosexualität und zu lesbischer Liebe und über die Ehebruch betreffenden Gesetze brauchen wir immer noch eine Reihe gutbelegter Monographien. Das gleiche gilt für die Geschichte der Prostitution, für die es jetzt neuere Arbeiten gibt: von Jacques Rossiaud, der interessante Zeugnisse über gemeinsame Entführung und gemeinsamen Geschlechtsverkehr mit Prostituierten in Städten Südostfrankreichs im Spätmittelalter gefunden hat – alternative Formen sexueller Initiation für männliche Jugendliche; und von Judith Walkowitz, die die Prostitution in England im 19. Jahrhundert als einen Lebensabschnitt alleinstehender, in Pensionen zur Untermiete wohnender, arbeitender Frauen schildert.[28]

Über anderes sexuelles Verhalten gibt es für Deutschland, England und Frankreich im 19. und 20. Jahrhundert einige nützliche Arbeiten, obwohl noch nicht ganz klar ist, ob – die arme freudlose Mittelklasse ausgenommen – der Trend zu größerer Freiheit oder stärkerer Repression ging. Eine erneute Untersuchung des Sexualverhaltens im Mittelalter und in der frühen Neuzeit hat gerade erst begonnen, mit einigen interessanten Zahlen über außereheliche, auf Konsens beruhende Gemeinschaften im 14. und am Ende des 18. Jahrhunderts und über Illegitimität ab dem 16. Jahrhundert.[29] Wie eine neuere Veröffentlichung Jean-Louis Flandrins zeigt, kann jedoch viel entdeckt werden durch systematisches Durchforsten medizinischer Literatur, der Gerichtsakten der verschiedenen kirchlichen und weltlichen Gerichte, der Einigungen unverheirateter Sexualpartner vor dem Notar über die Unterstützung der werdenden Mutter und des reichlich vorhandenen Materials über Volksbräuche, Rituale und Verbote.[30]

Das bisherige Material läßt vermuten, daß Edward Shorter zu Unrecht die These aufrecht erhält, die meisten europäischen Frauen hätten keinen Orgasmus gehabt, bis die Industrialisierung ihren Körper aufweckte. Wie können wir uns Massen von frigiden Frauen und gleichgültigen Männern in früheren Zeiten vorstellen, wenn wir vom 13. bis zum 18. Jahrhundert den weitverbreiteten Glauben belegen können, daß beide, Männer und Frauen, einen Orgasmus haben müssen, damit die Frau schwanger werden kann?[31] Wenn Doktoren der Medizin und Hebammen auf dem Dorf dachten, daß Männer und Frauen zu einer guten Gesundheit eine bestimmte Häufigkeit des Verkehrs brauchten? (»Er erfreut das Herz, befreit das Atmen, verjagt die Melancholie, mildert die Traurigkeit [...] und bringt denen Schlaf, die lange wachliegen«, dozierte ein Arzt im 17. Jahrhundert.)[32] Wenn der Wortschatz der Umgangssprachen in Europa bis zum 18. Jahrhundert so komisch und so reich an Ausdrücken für den Koitus und das Liebesspiel war und Sprichwörter der Bauern sich in der Pointe so schnell phantasievollen sexuellen Metaphern zuwandten?[33]

Was die sexuelle Erfahrung in früheren Zeiten von der im 19. und 20. Jahrhundert unterscheiden mag, entspricht in etwa dem Gegensatz zwischen mittelalterlichem Katholizismus und dem Calvinismus. In früheren Zeiten ist die Grenze zwischen Sexuellem und Nichtsexuellem fließend, teilweise überfluten sexuelle Gefühle das tägliche Leben. Gleichzeitig, im Zusammenhang mit den Zyklusstörungen bei Frauen und der Ungewißheit der Empfängnis und des Überlebens, artikuliert sich die sexuelle Praxis in einer Myriade kleiner Schritte, die nacheinander getan werden müssen und – wie ein Ritual – nur zu bestimmten Zeiten des Monats der Frau, der Jahreszeiten der Landwirtschaft, des kirchlichen Kalenders ablaufen dürfen. In dieser Weise wird Sexualität genossen, wie man den Glauben praktiziert. Die neuzeitliche Organisation der Sexualität verhärtet jedoch die Grenze zwischen Sexuellem und Nichtsexuellem. Im Zusammenhang mit gesicherten Erwartungen über Zeugung und Lebensbedingungen ermöglicht sie einen gleichmäßigeren Fluß der sexuellen Aktivität, die mehr von der Entscheidung der Partner abhängt, sich einander zuzuwenden oder nicht.[34] Jedenfalls könnten das fruchtbare Forschungshypothesen sein.

Beim Vergleich der Arbeiten Clarks und Abensours mit den meiner Meinung nach gegenwärtig besten denke ich schließlich, daß unsere Ziele allgemeiner und umfassender als ihre sind oder sein sollten. Sie schrieben zumeist über Frauen – wir auch, um die tiefe und langandauernde Schlagseite der historischen Zeugnisse zu korrigieren. Sie wollten das Verhältnis zwischen den Geschlechtern gerechter gestalten – das wollen viele von uns auch, obwohl heute nicht minder als im 19. Jahrhundert gilt, daß diejenigen, die sich mit Frauengeschichte beschäftigen, nicht alle die gleichen politischen Hoffnungen haben. Aber mir scheint, daß wir uns für die Geschichte von Frauen wie von Männern interessieren sollten, daß wir nicht ausschließlich über das unterdrückte Geschlecht arbeiten sollten, ebensowenig wie ein Historiker, der sich mit Klassenkategorien beschäftigt, sich ausschließlich auf Bauern konzentrieren kann. Unser Ziel ist es, die Bedeutung der *Geschlechter* von Geschlechtsgruppen in der historischen Vergangenheit zu verstehen. Unser Ziel ist es, die Spannbreite von Geschlechterrollen und des sexuellen Symbolismus in verschiedenen Gesellschaften und zu verschiedenen Zeiten zu entdecken, herauszufinden, welchen Sinn sie hatten und wie sie funktionierten, um eine Gesellschaftsordnung aufrechtzuerhalten oder ihre Veränderung zu fördern. Unser Ziel ist es, zu erklären, warum Geschlechterrollen manchmal genau vorgeschrieben und manchmal fließend, manchmal entschieden asymmetrisch und manchmal gerechter waren.

Im Unterschied zur Sammlung »Bedeutender Frauenleben« ist das ein relativ neues Ziel für Historiker. Es sollte deshalb einige weitergehende Veränderungen der Praxis in diesem Bereich bringen. So wie die Ausweitung der Motivationspsychologie auf das weibliche Geschlecht dazu führen sollte, die Bedeutung des jedermann innewohnenden Motivs der Selbstverwirklichung neu zu bewerten[35], so wie die Ausdehnung der ökonomischen Analyse auf die »Frauenarbeit« eine Neubestimmung von »Arbeitskraft« und der Maßstäbe des Marktes zur Wertbestimmung erbringen müßte, so sollte auch das Studium der Geschlechterrollen einige der Regeln des Historikers verändern. Es sollte zur zweiten Natur für Historiker – gleich was sein oder ihr Spezialgebiet ist – werden, die Konsequenzen des Geschlechts ebenso bereitwillig zu berücksichtigen wie etwa die der Klassenzugehörigkeit. (Ich hoffe, in einigen Jahren wird kein Historiker den Ausdruck »Renaissanceindividualismus« benutzen, um soziale, ökonomische oder politische Aktivitäten zu beschreiben, die damals unternommen wurden oder von denen man das annahm – Aktivitäten von Männern, die für ihren Haushalt oder für ihre Familie handelten.)[36] Die Erforschung der Geschlechterrollen sollte die interdisziplinäre Ausbildung derjenigen, die sie betreiben, zum Nutzen der ganzen Zunft erweitern. Sie sollte der historischen Wissenschaft im ganzen einen neuen Quellenkorpus zur Verfügung stellen. Ich möchte nicht wissen, wie vielen auf Agrargeschichte spezialisierten Historikern z. B. bekannt ist, daß in Frankreich bis ins 19. Jahrhundert menstruierende Frauen von der Traubenernte und vom Keltern ferngehalten wurden, aus Furcht, sie würden den Wein sauer machen, oder daß sie bei einer Insektenplage über die Felder geführt wurden wegen ihrer Kraft, Grashüpfer und Heuschrecken zu vernichten.[37]

Besonders wichtig ist aber, daß die Forschung über die Geschlechter dazu beitragen sollte, einige der zentralen Themen der Historiker zu überdenken – Macht, Sozialstruktur, Eigentum, Symbole und Periodisierung der Geschichte.

Die Natur der Macht: ähnlich wie bei Arbeiten über die unteren Klassen, über Bauern und Sklavenbevölkerungen macht die Erforschung der Beziehungen zwischen den Geschlechtern die Lokalisierung der Macht zu einem weitaus verzwickteren Geschäft, als wenn man sich mit Regierungen, Parteien, Fraktionen und Klientelsystemen beschäftigt. Macht kann in gefährlichen Winkeln und Spalten nisten, wie unsere menstruierenden Vernichter der Plage nahelegen. Sie kann informell, unvorhersehbar, nicht meßbar sein, kann vergeudet oder für wichtige Gelegenheiten aufgespart werden. Sie muß in ihrer ganzen Komplexität untersucht werden.

Die Natur der Sozialstruktur: die ganzen neueren Debatten über Kriterien sozialer Schichtung und über ständische Gesellschaften, die Klassengesellschaften gegenübergestellt werden, beschäftigten sich damit, Männer als Familienoberhäupter in so etwas wie einem ein-

oder zweidimensionalen Koordinatensystem zu lokalisieren. Der Beitrag von Frauen zu dieser Position, wenn man ihn überhaupt berücksichtigt, wird normalerweise auf die Vor- und Nachteile beschränkt, die Mitgiften und Familienverbindungen bringen könnten. Aber wer sich auf Frauen konzentriert, wird wahrscheinlich eher als jeder andere dazu gebracht, zu fragen, in welchem Maß selbst in Gesellschaften, die alles Prestige männlichen Beschäftigungen zuzuschreiben scheinen, einige Attribute der Frauen in der Familie (Bildung, Beschäftigungen, ihr Ansehen unter den Frauen usw.) die ökonomische und soziale Position der Familie beeinflußt haben mögen. Außerdem ist es wahrscheinlicher, daß jemand, der sich auf Frauenforschung konzentriert, die Frage aufwirft, ob nicht eine multidimensionale Erfassung der Sozialstruktur – die etwa die Beziehungen männlich/weiblich und Klerus/Laien auszudrücken vermag – den einfacheren Modellen, die wir benutzen, vorzuziehen ist.[38]

Drittens erstreckt sich mit der Erforschung von Geschlechtsgruppen die Bedeutung von Eigentum und Austausch auf ein neues Gut: das Geschlecht – normalerweise auf den Besitz und den Austausch von Frauen. Wie und warum das im Falle Europas funktionierte, ist immer noch sehr unklar. Handelt es sich bei der Kontrolle des Zugangs zu Frauen um den Versuch, legitime Erben und Ahnenreihen zu garantieren? Oder ist Kopulation wirklich das Herzstück persönlicher Ehre? Oder handelt es sich um den Austausch von Frauen zwischen Familien (wie Lévi-Strauss meint), um ohne Inzest soziale Stabilität zu produzieren und fortzupflanzen? Oder sind vielmehr (wie ich meine) sexueller Besitz und Austausch für vielfältige Ziele – einschließlich ökonomischer – und für beide Geschlechter verfügbar, ist ihr Gebrauch abhängig vom historischen Kontext? Antworten auf diese schwierige Frage werden nur von vielen, gutkonzipierten Projekten kommen, die sich mit Themen befassen, welche vom Brautpreis und der Mitgift bis zu Heiratsmarkt und doppeltem Moralkodex reichen. Um in der Zwischenzeit den Appetit anzuregen, empfehle ich Bridget O'Laughlins Fallstudie über Brautpreise in Afrika »Why Mbum Women Do Not Eat Chicken«.[39]

O'Laughlins Huhn erweist sich als Metapher für Frauen – das bringt mich zu einem anderen Bereich, in dem das Studium der Geschlechtsgruppen neue Reflexionen fördern kann: zur sozialen und kulturellen Funktion von Symbolen. Da der Gegensatz weiblich/männlich in unserer Spezies universell ist, sind sexuelle Symbole und auf dem Geschlecht gründendes symbolisches Verhalten immer leicht verfügbar, um Feststellungen über die Natur und die Erfahrung des Menschen zu treffen. Die Frage ist, was bedeuten sie? Einige Wissenschaftler scheinen zu denken, daß sie die Stellung und das Verhalten der Geschlechter wortwörtlich widerspiegeln und vorschreiben. Ein

Überfluß an weiblichen Gottheiten in einer Gesellschaft heißt, daß in ihr die Frauen die Macht innehaben; eine Frau, die ein Kind bekommt, als Symbol der Passivität, bedeutet, daß die Frau in dieser Gesellschaft wirklich passiv ist, in erotischer Hinsicht und sonst auch. Aber für gewöhnlich ist das eine zu simple Beziehung zwischen Symbol und Verhalten. Anthropologen stellen fest, daß in Gesellschaften mit vielen weiblichen Gottheiten die Frauen in der Landwirtschaft schwer mitarbeiten oder daß diese Gesellschaften matrilineare Filiationssysteme besitzen, aber keine matriarchalische oder ausschließlich weibliche Herrschaft. Brüder und einige andere Männer besitzen weiter einige Autorität. Gesellschaften mit Symbolen weiblicher Passivität wie das frühneuzeitliche Europa können zugleich reich an Symbolen weiblicher Aktivität und Gewalt sein.[40]

So scheint es zwar eine reale Verbindung zwischen sexuellen Symbolen und Verhalten der Frauen zu geben, sie ist aber komplexer Natur. Am wahrscheinlichsten scheint, daß diese Symbole gebraucht werden, um Situationen oder Erfahrungen zu beschreiben und zu bewerten; aber eine, sagen wir, durch ein männliches Symbol beschriebene Situation kann Teilnehmer beiderlei Geschlechts betreffen. Eric Wolf hat z. B. in einer Analyse des Symbols der Jungfrau Maria im Mittelalter vermutet, daß es das private Reich der Verwandten und Freunde ausdrücke, das dem männlichen öffentlichen und politischen Bereich gegenübergestellt wird. Die Anthropologinnen Michelle Rosaldo und Louise Lamphere haben das verallgemeinert und argumentieren, daß es den Gegensatz weiblich/männlich: häuslich/öffentlich in allen Gesellschaften gibt. Ein damit verbundenes, aber etwas anderes Gegensatzpaar hat Sherry Ortner in ihrer Studie »Is Female to Male as Nature is to Culture?«[41] vorgeschlagen. Ihre Essays wimmeln von Ideen (besonders hilfreich sind ihre Bemerkungen über weibliche Marginalität) und sollten breit gelesen werden – obwohl ich im folgenden die Vorbehalte eines auf europäische Geschichte spezialisierten Historikers gegen sie zum Ausdruck bringen möchte.

Erstens, meine Antwort auf »Verhält sich weiblich zu männlich wie Natur zu Kultur?« lautet: Nein, nicht immer, trotz der weiblichen Verbindung mit dem Kinderkriegen. Zum Beispiel sehen einige Züge in der ritterlichen Tradition und noch stärker im Denken des 19. Jahrhunderts die männliche Sexualität als der Natur nahe und das weibliche Gefühl als zivilisierend an. Ceres ist zwar die Göttin des Ackerbaus, aber die Musen sind durchweg weiblich. Im Alten Testament gibt es viele Bilder eines heiligen Ehebunds zwischen der Braut Israel und Jahwe, so daß die Analogie zu weiblich/männlich sozial/übernatürlich wird.[42]

Aber ein wichtigerer Vorbehalt gegen diese Gegensatzpaare besteht darin, daß sie auf Kategorien aufbauen, die historisch gebunden sind. »Kultur« ist in Europa bis zum 19. Jahrhundert noch nicht einmal ein klar bestimmter Begriff. »Natur« hat im europäischen Denken der letzten zweitausend Jahre sehr unterschiedliche Grenzen und ihre Beziehung zur »Kultur« ist verwickelt. Ähnlich sind »häuslich« und »öffentlich« Kategorien, die im Laufe der Zeit gleiten und sich verschieben, für Bauern und für Philosophen; sie schöpfen auch nicht die Begriffe aus, mit denen europäische Gesellschaften die Tätigkeitsbereiche einteilen: Ökonomie war für Aristoteles die Kunst, das Haus zu führen, für Adam Smith nicht. Im Mittelalter war in bestimmten Jahrhunderten das Konzept von »öffentlich« ziemlich ausgehöhlt oder konnte genausogut auf religiöse wie auf politische Aktivitäten angewandt werden.[43]

Ich denke also, wir täten besser daran, diese Gleichungen nur zu gebrauchen, wenn unsere historischen Belege sie stützen, und nicht anzunehmen, sie repräsentierten immer die grundlegenden Beziehungen, die den Geschlechtern von der Gesellschaft zugemessen werden. Ich muß sagen, daß, wenn ich nach universellen Gegensatzpaaren im sexuellen Symbolismus suchte, es mit so etwas wie links/rechts und oben/unten versuchen würde. Aber lieber noch würde ich O'Laughlin und ihren Hühnern folgen, d. h. die Symbole und symbolisches Verhalten so akzeptieren, wie sie uns in den Texten gegeben werden, und dann im Kontext einer gegebenen Zeit erkunden, was sie bedeuten. Was beim sexuellen Symbolismus überrascht, ist nicht seine Armut, sondern sein Reichtum, besonders, wenn man die Untersuchung auf zweideutige Fälle wie Hermaphroditen oder Transvestiten und auf Fälle der Verkehrung wie im Karneval oder bei Ritualen ausweitet. Ich würde erwarten, daß einige dieser Symbole nicht nur dazu benutzt werden konnten, um Frauen unten und Männer oben, Frauen drinnen und Männer draußen zu halten, sondern daß man sie auch umdrehen konnte, so daß sie die Grenzlinien zwischen diesen Orten bedrohten und ein ganz unordentliches und aufsässiges Verhalten rechtfertigten.[44]

Ein letztes Thema, bei dem die Forschung über die Geschlechter die historische Reflexion verändern kann, ist die Periodisierung. Die Soziologen Janet Zollinger Giele und Randall Collins haben jeweils einfallsreiche Schemata der Etappen in der Geschlechtergeschichte herausgearbeitet, die beide für Europa ungefähr mit der bestehenden Einteilung in antike, mittelalterliche sowie neue und neueste Geschichte übereinstimmen.[45] Beide Schemata sehen eine Entwicklung zum besseren für die Frauen. Giele benutzt ein Evolutionsmodell, in dem im Maße der weiteren Ausdifferenzierung der Gesellschaft und der Symbole für die Frauen mehr Wahlmöglichkeiten unabhängig von ihrem Geschlecht entstehen. Collins stützt sich auf ein Webersches

Modell: nach einem anfänglichen Absinken der Stellung der Frau nach den Stammesgesellschaften stärken die Entwicklung der Regierungsformen, der Marktökonomie und der romantischen Liebe die weibliche Hand gegenüber stets größerer männlicher Kraft und ungezähmter Lust. Nur einige Bemerkungen, welchen Weg wir bei diesem großen Unternehmen einschlagen sollten.

Erstens ist wesentlich, daß wir Spekulation von Verallgemeinerung unterscheiden; wir müssen wissen, wann wir auf der Grundlage von Belegen arbeiten, die der Sache nicht angemessen sind. Giele und Collins setzen zum Beispiel als Teil ihres Arguments, es habe eine Besserung der Lage der Frau gegeben, voraus, daß Lawrence Stones Beschreibung der aristokratischen Familie und ihres Haushalts am Ende des Mittelalters für den Rest der Gesellschaft gilt, obwohl dies in Wirklichkeit nicht zutrifft.[46] Vielleicht sollten beim gegenwärtigen Stand unserer Arbeit die Anstrengungen einer umfassenden Periodisierung häufiger als alternative Hypothesen ausgedrückt werden, mit Vorschlägen für weitere Forschung.

Zweitens sollten wir sehr vorsichtig mit der Annahme umgehen, daß die gängigen zeitlichen und typologischen Einteilungen der europäischen Geschichte, die Giele und Collins benutzen, immer die bedeutsamsten für die Periodisierung der Geschlechtergeschichte sein werden. Es mag manchmal wichtiger sein, Perioden zu nehmen, die durch wichtige demographische Veränderungen oder bedeutende Änderungen in der sexuellen Praxis gekennzeichnet werden. Bedeutende Wegmarken könnten die sinkende Zahl der Tötungen von Mädchen im 11. Jahrhundert sein, wie E. Le Roy Ladurie und Emily Coleman vermuten[47]; oder der Gregorianische Feldzug gegen den verheirateten Klerus im 11. und 12. Jahrhundert; oder die Eliminierung des zölibatären Klerus in Teilen Europas im 16. Jahrhundert und die gleichzeitig überall stattfindende Verschärfung der Gesetze gegen Homosexualität und Prostitution. Kulturvergleichende Studien können uns hier viel helfen.

Und schließlich sollten wir erkennen, wie schwierig es ist, zu entscheiden, was in der Vergangenheit ein Kontext war, der einer Verbesserung der Verhältnisse zwischen den Geschlechtern dienlich war. Es ist noch nicht einmal klar, ob es sich um eine kontinuierliche Verbesserung handelte. Gieles Theorie fußt jedenfalls auf der Annahme, daß soziale und symbolische Differenzierung immer gut für die Freiheit des weiblichen Geschlechts ist. Manchmal ist sie es tatsächlich. Ein wichtiges Beispiel ist Ellen McDonald-Gumperz' Darstellung, wie starke Grenzen zwischen den Kasten in Indien die sexuellen Restriktionen für Frauen der oberen Kasten lockerten.[48] Aber wir alle können uns Situationen wie z. B. Revolutionen vorstellen, in denen eine Entdifferenzierung, eine Vereinfachung der Wahlmöglichkeiten für eine bestimmte Zeit zu schöpferischen Ergebnissen führen. Am umwälzendsten an den frühen reformatorischen Lehren war für Männer und Frauen die Vereinfachung des Rituals und der sozialen Hierarchie, eine Entdifferenzierung zwischen Laienschaft und Klerus und zwischen religiösem und weltlichem Leben.[49] Wir könnten weitergehen und mit Alice Clark und Michelle Rosaldo fragen, ob eine Entdifferenzierung der Welten des Kindergebärens, der Produktion und der politischen Macht, eine Vereinfachung der Orte, an denen unser Leben abläuft, nicht zu *diesem* historischen Zeitpunkt ein nützlicher Schritt zu mehr Autonomie für beide Geschlechter sein könnte.

Auf jeden Fall ist für den Bereich der Frauengeschichte klar, daß die von Mauern umgebene Stadt der Damen dem offenen Forum, vielleicht dem Kampfplatz für die ernsthafte Forschung über die Geschlechter weichen muß: von den Bedeutenden Frauen zu einer bedeutenderen Zunft.

Anmerkungen

Bindung und Freiheit

1 Jacob Burckhardt, *Die Kultur der Renaissance in Italien*, [10]Stuttgart 1976. Burckhardts Feststellung stammt aus der Einleitung zum zweiten Abschnitt über die »Entwicklung des Individuums«: »Im Mittelalter lagen die beiden Seiten des Bewußtseins – nach der Welt hin und nach dem Innern des Menschen selbst – wie unter einem gemeinsamen Schleier träumend oder halbwach (...) der Mensch erkannte sich nur als Rasse, Volk, Partei, Korporation, Familie oder sonst in irgendeiner Form des Allgemeinen« (S. 123). Die Entdeckung der Persönlichkeit wird dann als ein Prozeß beschrieben, in dem sich der Einzelne von der Gruppe zu unterscheiden beginnt (S. 123-126), und nicht als einer, bei dem die Gruppe irgendeine schöpferische Rolle für die Selbsterkenntnis spielt. Karl J. Weintraubs meisterlicher Essay über »Autobiography and Historical Consciousness« betont die Mannigfaltigkeit des historischen und kulturellen Zusammenhangs, in dem über das Selbst reflektiert werden kann, sieht aber die »bemerkenswerte Form der Konzeption des Selbst als Individualität«, die in der Renaissance auftaucht, nur als Ergebnis eines Schwächerwerdens »zwingender kultureller Formen« oder eines Kampfes zwischen ihnen (›Critical Inquiry‹, 1, 1975, S. 841-842).

Studien des Selbstbewußtseins, die mehr auf die Zugehörigkeit zu einer Gruppe abheben, sind John F. Benton, »Consciousness of Self and Perceptions of Individuality«, in: Robert L. Benton und Giles Constable (Hrsg.), *Renaissance and Renewal in the Twelfth Century*, Cambridge, Mass., 1982, S. 263-295, und insbesondere Caroline Bynum, »Did the Twelfth Century Discover the Individual?«, in: dies., *Jesus as Mother. Studies in the Spirituality of the High Middle Ages*, Berkeley 1982, S. 82-109.

Michel de Montaigne, *Essais*, in: *Oeuvres complètes de Montaigne* (Hrsg. Albert Thibaudet und Maurice Rat), Paris 1962 (Bibliothèque de la Pléïade), III, 9, S. 946 und S. 1650 (dt.: Mathias Greffrath, *Vom Schaukeln der Dinge. Montaignes Versuche*, Berlin 1984, S. 110 f.).

2 Über Familien und Familienkultur im Frankreich des 16. Jahrhunderts vgl. Jean-Louis Flandrin, *Familles: Parenté, maison, sexualité dans l'ancienne société*, Paris 1976 (dt. Frankfurt/M. 1978); Barbara B. Diefendorf, *The Politics of Patrimony. Paris City Councillors in the Sixteenth Century*, Princeton 1983; N. Z. Davis, »Die Geister der Verstorbenen, Verwandtschaftsgrade und die Sorge um die Nachkommen«, in diesem Band S. 19-51.

3 Benvenuto Cellini, in der Übertragung von Goethe in: *Sämtliche Werke*, Bd. 15, Zürich/München 1977, S. 421 f. und S. 786; Burckhardt (wie Anm. 1), S. 311; Thomas Platter, *Lebensbeschreibung* (Hrsg. Alfred Hartmann), Basel 1944, hier zitiert nach der Auswahl von Rosa Schudel-Benz, *Thomas Platter: Lebenserinnerungen. Felix Platter: Tagebuchblätter*, Basel 1977, S. 1 und passim; N. Z. Davis, *The Return of Martin Guerre*, Cambridge, Mass., 1983, Kap. 4 und 5 (dt.: *Die wahrhaftige Geschichte von der Wiederkehr des Martin Guerre*, München 1984).

4 François Rabelais, *Oeuvres complètes* (Hrsg. von Jacques Boulenger und Lucien Scheler), Paris 1955 (Bibliothèque de la Pléïade), S. 202-203.

5 Louise Bourgeois dite Boursier,

Observations diverses sur la sterilité, perte de fruict, foecondité, accouchements, et maladies des Femmes, & Enfants nouveaux naiz, Rouen 1626, 2 Bde., II, S. 201-202. Louise Bourgeois war die Hebamme Maria von Medicis.

6 Montaigne (wie Anm. 1), II, 8, S. 365-67 (dt.: Michel de Montaigne, *Essais* (Auswahl und Übertragung von Herbert Lüthy), [5]Zürich 1984, S. 370-372.

7 Zum Familienrecht im frühmodernen Frankreich vgl. Paul Ourliac und J. de Malfosse, *Histoire du droit privé*, Paris 1957-68, 3 Bde., III, Teil 1; über die Ungeordnetheit des weiblichen Geschlechts vgl. N. Z. Davis, *Society and Culture in Early Modern France*, Stanford 1975, Kap. 5.

8 Über diese Welt des Glaubens vgl. *»Les Evangilles des Quenouilles«*, Paris 1855 (dt. *Die Kunkel-Evangelien. Ein belgisches Volksbuch aus dem fünfzehnten Jahrhundert*, hrsg. von Walter Widmer, Bern 1943), eine erfundene Unterhaltung zwischen spinnenden Frauen, im fünfzehnten Jahrhundert entstanden und im 16. Jahrhundert Gegenstand vieler Editionen; Madeleine Jeay, »Savoir Faire: Une Analyse des croyances des ›Evangiles des Quenouilles‹ (XVe siècle)«, in: ›Le Moyen Français‹, 10, 1982, Montréal; und Jean Benedicti, *La Somme des Pechez, et le Remede d'iceux*, Paris 1595, Buch I, Kap. 8, Paragraphen 20-36.

9 Charlotte Arbaleste, *Mémoires de Madame de Mornay*, hrsg. von Henriette de Witt, Paris 1868-69, 2 Bde., I, S. 1: »Mein Sohn, Gott ist mein Zeuge, daß Er mir sogar vor Eurer Geburt die Hoffnung gegeben hat, daß Ihr Ihm dienen werdet (...) In dieser Absicht haben wir, Dein Vater und ich, uns bemüht, Dich in Seiner Furcht zu nähren, die haben wir Euch, soweit wir konnten, mit der Milch einsaugen lassen.« Archives d'Etat de Genève, »Recit de La Maizon et origine des des Gouttes«, fol. 12v: Ich danke Gott, daß »Ihr von der Mutterbrust an in seiner Kirche genährt worden seid, ohne jemals irgendeinem Aberglauben oder Götzenanbetung angehangen zu haben«. Über das Bild des Körpers im katholischen und protestantischen Denken vgl. N. Z. Davis, »Das Heilige und der gesellschaftliche Körper«, in diesem Band S. 64-93.

10 Thomas Platter (wie Anm. 3), S. 1; Felix Platter, *Tagebuch (Lebensbeschreibung) 1536-1567*, hrsg. von Valentin Lötscher, Basel 1976.

11 Montaigne (wie Anm. 1), I, 28, S. 183; II, 17, S. 625; III, 9, S. 928-29; II, 8, S. 369 (Zitat nach der Ausgabe von Lüthy (wie Anm. 6), S. 870).

12 Thomas Platter (wie Anm. 3): Ausg. Basel 1944, S. 58, Ausg. Basel 1977, S. 27; Felix Platter (wie Anm. 10), S. 147-224 und S. 230-263 passim.

13 »Bref Discours de la vie de tres sage et tres vertuze dame Madame Claude du CHastel, redigée escrit par Charles Gouyon son mary, pour servir de memoire à sa posterité«, in: *Mémoires de Charles Gouyon, Baron de la Moussaye (1553-1587)*, hrsg. v. G. Vallée und P. Parfouru, Paris 1901. Teil I erzählt die Abenteuer von Claudes Vorfahren, Teil II ist Claude und Charles gewidmet, zur Hälfte seinem Werben um sie.

14 Arbaleste (wie Anm. 9), I, S. 3 f., S. 46-71; II, S. 110 f.

15 Jeanne du Laurens, »La Généalogie de Messieurs du Laurens«, in: Charles de Ribbe (Hrsg.), *Une Famille au XVIe siècle d'après des documents originaux*, [3]Paris 1879.

16 Montaigne (wie Anm. 1), II, 8, S. 365 (dt. Ausgabe von Lüthy (wie Anm. 6), S. 370).

17 Du Laurens (wie Anm. 15), S. 61 f., 69-71, 86-91.

18 M. Z. Rosaldo, »The Use and Abuse of Anthropology: Reflections on Feminism and Cross-cultural Understanding«, in: ›Signs‹, 5, 1980, S. 414 f.

19 Richard M. Douglas, »Talent

and Vocation in Humanist and Protestant Thought«, in: T. K. Rabb und J. E. Seigel (Hrsg.), *Action and Conviction in Early Modern Europe*, Princeton 1968, S. 261-298.
20 Du Laurens (wie Anm. 15), S. 54, 77 f., 61 f.
21 Charles Gouyon beschreibt einen Streit zwischen ihm und seinem Vater, als er beschließt, um die Gunst seiner protestantischen Angebeteten zu gewinnen, von der königlichen zur Armee der Reformierten zu wechseln. Sein katholischer Vater sagt, das wäre der Ruin ihres Hauses und droht, ihn zu enterben. Nicht viel später versöhnen sie sich wieder, Charles verspricht – sein Gewissen und seine »maitresse« ausgenommen –, daß er nichts tun werde, was seinem Vater mißfallen könnte (*Discours*, wie Anm. 13, S. 75 f., 81 f.). Tatsächlich war der Vater an der Sache sehr interessiert, solange die Zustimmung des Königs gewonnen werden konnte – was sie vielleicht auch wurde. Wir haben hier einen Sohn vor uns, der die Sprache der Liebe und der Religion benutzt, um seine Unabhängigkeit in einer Situation zu rechtfertigen, in der seine Bestrebungen letztendlich zu denen seines Vaters nicht in Gegensatz standen.
22 Thomas Platter (wie Anm. 3), Ausgabe Basel 1944, S. 64 (Zitat); Ausgabe Basel 1977, S. 10 ff.: »Weglaufen und Wanderung durch Deutschland«.
23 Felix Platter (wie Anm. 10), S. 192, 205, 235; Zitat S. 127.
24 Montaigne (wie Anm. 1), II, 11, S. 1010; II, 17, S. 626; III, 2, S. 782 (Zitat nach der Übersetzung von Greffrath, S. 87 und S. 42 f.; Ausgabe von Lüthy, S. 516 und 623).
25 Juan Huarte, *L'Examen des Esprits pour les Sciences ... Le tout traduit de l'Espagnol par François Savinien d'Alquie*, Amsterdam 1672, S. 459. Erstdruck dieses oft nachgedruckten Buchs eines spanischen Arztes: 1575.
26 Bourgeois (wie Anm. 5), II, S. 203; zu diesem generellen Problem vgl. N. Z. Davis, »Women in the Crafts in Sixteenth-Century Lyon«, in: ›Feminist Studies‹, 8, 1982, S. 46-80.
27 Nancy L. Roelker, *Queen of Navarre, Jeanne d'Albret, 1528-1572*, Cambridge, Mass., 1968, S. 54 f.; John T. Noonan, Jr., *Power to Dissolve Lawyers and Marriages in the Courts of the Roman Curia*, Cambridge, Mass., 1972, S. 27-47.
28 Marguerite de Valois, *Mémoires et autres écrits de Marguerite de Valois, la Reine Margon* (Hrsg. Yves Casaux), Paris 1971, S. 45, 51, 59 und passim (dt. München 1922; hier: Übertragungen aus dem Frz. von mir, d. Übers.).
29 Dieses Material beruht auf der Analyse von hunderten von Notariatsakten aus Lyon im 16. Jahrhundert (Archives départementales du Rhône) und wird ausführlicher diskutiert in meinem Buch *The Gift in Sixteenth-Century France* (in Vorbereitung).
30 Archives d'Etat de Genève, Registres du Consistoire, Annexe 5, fol. 56r, 26. Februar 1568. Gleichfalls zur Anstrengung, kulturelle Hilfsquellen zu finden, die einer Bauersfrau zu denken erlaubten, über ihren Körper in ihrer eigenen Weise zu verfügen, vgl. mein Portrait von Bertrande de Rols, in: *The Return of Martin Guerre* (wie Anm. 3), Kap. 3, 5-6.

Die Geister der Verstorbenen, Verwandtschaftsgrade und die Sorge um die Nachkommen

Die Forschung für diesen Essay ist durch eine Beihilfe des »Committee on Research« der University of California in Berkeley unterstützt worden. Ich bin Marvin Becker, John Bossy, Charles Donahue, Jr., James McConica und Lawrence Stone für ihre kritischen Hinweise zu Dank verpflichtet. Ich möchte mich ebenfalls für den Beitrag der Teilnehmer meines Graduiertenseminars über »Familie, Verwandtschaft und Sozialstruktur« zu meinen Überlegungen bedanken: Sherill Cohen, David Lansky, Keith Luria, Cynthia McLaughlin, Marilyn P. Miscovich, Dana Morris, Elaine Rosenthal, Frank Schooley und Ann Waltner.

1 Die Prozentzahlen für Lyon beruhen auf meiner Auswertung aller Eheverträge (286) und Lehr- und Anstellungsverträge (79) in den Archives départementales du Rhône der Jahre 1558-59; zu Bordeaux vgl. Robert Wheaton, *Bordeaux before the Fronde: A Study of Family, Class and Social Structure*, Diss. Harvard University 1973, S. 153.

2 David Herlihy, »Land, Family and Women in Continental Europe, 701-1200«, in: ›Traditio‹, 18, 1962, S. 89-113. G. Duby, »Lignage, noblesse et chevalerie au XIIe siècle dans la région mâconnaise«, in: ›Annales E.S.C.‹, 27, 1972, S. 803-23; Jo Ann McNamara und Suzanne Wemple, »The Power of Women Through the Family in Medieval Europe: 500-1100«, in: Mary W. Hartman und Lois W. Banner (Hrsg.), *Clio's Consciousness Raised*, New York 1974, S. 103-18.

3 Henri Drouot, *Mayenne et la Bourgogne: Etude sur la Ligue (1587-1596)*, Paris 1937, 2 Bde., Band 1, S. 39-55; A. Leguai, »Le servage en Bourbonnais aux XIVe et XVe siècles«, in: ›Cahiers d'histoire‹, XX, 1975, S. 27-38; Isabelle Guérin, *La vie rurale en Sologne aux XIVe et XVe siècles*, Paris 1960, S. 212-13; Olwen Hufton, *The Poor of Eighteenth-Century France, 1750-1789*, Oxford 1974, Kap. 12.

4 Pierre de Saint Jacob, »Deux textes relatifs à des fondations de villages bourguignons (16e et 17e siècles)«, in: ›Annales de Bourgogne‹, 14, 1942, S. 314-23.

5 Paul Ducourtieux, »Les Barbou imprimeurs«, in: ›Bulletin de la société archéologique et historique du Limousin‹, 41, 1894, S. 121-308. H. und J. Baudrier, *Bibliographie lyonnaise*, Lyon 1895-1921, 12 Bde., Bd. 5, S. 2 ff.; Archives départementales du Rhône, 3 E ³766, fol. 140vo-142vo.

6 Duby (wie Anm. 2), S. 803-23; Diane Owen Hughes, »Urban Growth and Family Structure in Medieval Genoa«, in: ›Past and Present‹, 66, 1975, S. 3-28; Jacques Lafon, *Régimes matrimoniaux et mutations sociales. Les époux bordelais*, Paris 1972, S. 46-58; Sylvia Thrupp, *The Merchant Class of Medieval London*, Ann Arbor 1968, S. 230-31.

7 Robert Forster, *The House of Saulx-Tavannes: Versailles and Burgundy, 1700-1830*, Baltimore 1971, S. 4-5; Lawrence Stone, *The Crisis of the Aristocracy, 1558-1641*, Oxford 1965, Kap. 4.

8 Jean Jacquart, *La Crise rurale en Ile-de-France, 1550-1670*, Paris 1974, S. 68-70, 102; P. Ourliac und J. de Malafosse, *Histoire du droit privé*, Paris 1968-71, 3 Bde., Bd. II, S. 421-39; R. Mousnier, *Les institutions de la France sous la monarchie absolue*, Paris 1974, Bd. 1, S. 62-63. *Coutumes de la prevosté et vicomté de Paris*, Paris 1639, S. 206-10, 548-50; *L'Esprit de la Coutume de Normandie*, Rouen 1691, Titel 17, S. 138-49; Georges Louet, *Recueil de Plusieurs Arrests Notables de Parlement de Paris*, Paris 1712, Bd. 2, S. 337 ff., 409-14, 420-421, 463-71, 501-503; J. Salvini, Le chartrier de La Durbelière, Vienne 1926 (›Archieves historiques de Poitou‹, 45), S. 141-42; Pierre de Saint Jacob, »Etudes sur l'ancienne communauté rurale en Bourgogne, IV: Les terres communales«, in: ›Annales de Bourgogne‹, 25, 1953, S. 236-239; Archives départementales du Rhône, 3 E 7170, fol. 4ro-14ro.

9 Ralph Giesey, »Rules of Inheritance and Strategies of mobility in prerevolutionary France«, in: ›Ame-

rican Historical Review‹, 82, 1977, S. 271-89.

10 Die Erweiterung des Heiratsmarktes wird für Familien der Oberschichten in England diskutiert in Stone (wie Anm. 7), S. 623-26. Ein ähnlicher Prozeß vollzieht sich in Frankreich im 16. und 17. Jahrhundert.

11 Charles de Ribbe, *Une famille au XVIe siècle d'après des documents originaux*, [3]Paris 1879, S. 35-99.

12 Jean Yver, *Egalité entre héritiers et exclusion des enfants dotés: Essai de géographie coutumière*, Paris 1966; E. Le Roy Ladurie, »Structures familiales et coutumes d'héritage en France au XVIe siècle«, in: ›Annales E.S.C.‹, 27, 1972, S. 825-46; Ourliac und Malafosse (wie Anm. 8), Bd. 3, S. 219-286; Lafon (wie Anm. 6), S. 275 ff.

13 A. Vachez, »Le livre de raison d'une famille de robe au 17e siècle«, in: ›Revue du Lyonnais‹, 5. Ser. 13, 1892, S. 311; R. Aubenas, »La famille dans l'ancienne Provence«, in: ›Annales d'histoire économique et sociale‹, 8, 1936, S. 528; Giesey (wie Anm. 9).

14 Michel de Montaigne, *Essais*, Buch I, Kap. 38 (dt. in der Übertragung von H. Lüthy, [5]Zürich 1984, S. 219-29); Yves Castan, »Père et fils en Languedoc à l'époque classique«, in: XVIIe siècle, 102-103 (1974), S. 31-43, zeichnet ein bemerkenswertes Bild der Behandlung des *Dauphin* in der okzitanischen Familie; Mademoiselle D'Aulnois, *The Memoirs of the Countess of Dunois ... made English from the Original*, London 1699, S. 2.

15 Jean Meyer, »Un témoignage exceptionnel sur la noblesse de province à l'orée du XVIIe siècle: Les ›advis moraux‹ de René Fleuriot«, in: ›Annales de Bretagne‹, 79, 1972, S. 324-35. Auswertung zahlreicher Testamente aus allen Klassen in den Archives départementales du Rhône durch die Autorin und der Dokumente im Châtelet über Pariser Familien in: Barbara B. Diefendorf, *Paris City Councillors in the Sixteenth Century: The Politics of Patrimony*, Princeton 1983.

16 M. Spufford, *Contrasting Communities: English Villagers in the Sixteenth and Seventeenth Century*, Cambridge, Mass., 1974, S. 85-87, 104-11, 134-61; Edward Britton, »The Peasant Family in Fourteenth-Century England«, in: ›Peasant Studies 5, 1976, S. 2-7; Lutz K. Berkner und Franklin F. Mendels, »Inheritance Systems, Family Structure and Demographic Patterns in Western Europe, 1700-1900«, in: Charles Tilly (Hrsg.), *Historical Studies in Changing Fertility*, Princeton 1978.

17 Denis Le Brun, Traité de la communauté entre mari et femme, Paris 1709, S. 4-5; P. C. Timbal, »L'esprit du droit privé au XVIIe siècle«, in: ›XVIIe siècle‹, 58-59, 1963, S. 137-38.

18 *Summa Sancti Raymundi de Peniafort*, Rom 1603, Buch I, S. 141-42 (»De sepulturis«); Louis Guibert und A. Leroux, »Livres de raison, registres de familles et journaux individuels limousins et marchois«, in: ›Bulletin de la société scientifique, historique et archéologique de la Corrèze‹, 8, 1886, S. 668; A. Zinc, *Azereix: La vie d'une communauté rurale à la fin du XVIIIe siècle*, Paris 1969, S. 234-235.

19 Philippe Ariès, *Essais sur l'histoire de la mort en Occident du moyen âge à nos jours*, Paris 1975, S. 132-43 (dt. München 1981, S. 126-136); Marguerite Gonon, *Testaments foréziens*, 1305-1316, o. O. 1951; Auswertung von Testamenten in den Serien 3 E, B und G der Archives départementales du Rhône durch die Autorin; Michel Vovelle, *Piété baroque et déchristianisation en Provence au 18e siècle*, Paris 1973, S. 102-5; vgl. ebenfalls P. Chaunu, »Mourir à Paris (XVIe, XVIIe, XVIIIe siècles)«, in: ›Annales E.S.C.‹, 31, 1976, S. 43.

20 A. N. Galpern, »The Legacy of Late Medieval Religion in Six-

teenth-Century Champagne«, in: C. Trinkaus und H. Oberman (Hrsg.), *The Pursuit of Holiness*, Leiden 1974, S. 162-63. Vom 15. bis 18. Jahrhundert entwickelten sich zudem Bruderschaften, die sich auf Sterbehilfe, Begräbnisse, Trauerrituale und das Gebet für die Seelen im Fegefeuer spezialisierten. Guibert und Leroux (wie Anm. 18), 7 (1885), S. 305, 8 (1886), S. 152-153; E. Gautier und L. Henry, *La population de Crulai, paroisse normande*, Paris 1958, S. 23; F. Lebrun, *Les hommes et la mort en Anjou aux 17e et 18e siècles*, Paris 1971, S. 457-58; Vovelle (wie Anm. 19), S. 160-65.

21 Jacques Toussaert, Le senti*ment religieux en Flandre à la fin du moyen âge*, Paris 1963, S. 212, 222; Jeanne Ferté, *La vie religieuse dans les campagnes parisiennes (1622-1695)*, Paris 1962, S. 332-34; E. O. James, *Seasonal Feasts and Festivals*, London 1961, S. 226-27; Keith Thomas, *Religion and the Decline of Magic*, London 1971, S. 230-31; H. Justitoris und J. Sprenger, Malleus Maleficarum, Berlin 1906, ND München 1982, Teil 1, Frage 16.

22 De Ribbe (wie Anm. 11), S. 83, Anm. 1.

23 Lebrun (wie Anm. 20), S. 459; E. Le Roy Ladurie, »La domus à Montaillou et en Haute Ariége au XIVe siècle«, in: D. Fabre und J. Lacroix (Hrsg.), *Communautés du sud*, Paris 1975, I, S. 179-85; ders., *Montaillou, village occitan de 1294 à 1324*, Paris 1975, Kap. 26 (dt., gekürzte Ausgabe, Berlin 1980); Noel Taillepied, *Psichologie ou traité de l'apparition des Esprits*, Paris 1588; Ludwig Lavater, *Of Ghostes and Spirits . . . translated into English by R. H.*, London 1596, Teil I, Kap. 16 (dt. Zürich 1569); Thomas (wie Anm. 21), Kap. 19; vgl. auch die bemerkenswerte Abgeltung der Schuld eines Florentiner Vaters am Verlust seines Sohns im Gefolge seiner Gebete am Todestag seines Sohns. Der Geist des Sohns besucht den Vater in einer Traumvision und beruhigt ihn: Richard Trexler, »In Search of a Father: The Experience of Abandonment in the Recollections of Giovanni di Pagolo Morelli«, in: ›History of Childhood Quarterly‹, 3, 1975. S. 238-51.

24 Jean Calvin, *Institution de la Religion Chrétienne*, hrsg. von F. Baumgartner, Genf 1888, Buch III, Kap. 5, Pkt. 10; Kap. 20, Pkt. 22; Kap. 25, Pkte. 6, 9; Pierre Viret, *Disputations Chrestiennes, touchant l'estat des trepassez*, o. O. (Genf) 1552, S. 26-32.

25 Viret (wie Anm. 24), S. 20-21; R. M. Kingdon u. a., *Registres de la Compagnie des pasteurs de Genève*, Genf 1964-69, 3 Bde., Bd. 1, S. 10; Jean Aymon, *Tous les synodes nationaux des Eglises Reformées de France*, Den Haag 1710, S. 6 (Synode von Paris, 1559, Art. 32), S. 26 (Synode von Orléans, 1562, Art. 15); Louis Spiro, »Saujon: Une Eglise protestante saintongeaise à travers quatre siècles d'histoire«, in: ›Bulletin de la société de l'histoire du protestantisme français, 121, 1975, S. 180-81; J. Driancourt-Girod, »Vie religieuse et pratiques d'une communauté luthérienne à Paris au XVIIe et XVIIIe siècles«, ibid., 119, 1973, S. 20-22; B. Vogler, »La législation sur les sépultures dans l'Allemagne protestante au XVIe siècle«, in: ›Revue d'histoire moderne et contemporaine‹, 22, 1975, S. 191-211.

26 Esprit Rotier, *Responce aux blasphemateurs de la saincte messe*, Paris 1567, fol. 2vo; Antonio Possevino (ein italienischer Jesuit, der in den sechziger Jahren des 16. Jahrhunderts in Frankreich predigte), *A Treatise of the Holy Sacrifice of the Altar, called the Masse*, Löwen 1570, Kap. 30.

27 Lavater (wie Anm. 23), Teil I, Kap. 19, Teil II, Kap. 4, 9; Aymon (wie Anm. 25), S. 143 (Synode von Figeac, 1579, Art. 24), S. 163 (Synode von Vitré, 1583), S. 217 (Synode von Montpellier, 1598), S. 273 (Synode von Gap, 1603); John

Aubrey, *Remaines of Gentilisme and Judaisme*, hrsg. von J. Britten, London 1881, S. 35-36.

28 Stone (wie Anm. 7), S. 572-81; John Weever, *Antient Funeral Monuments of Great Britain*, London 1767, Kap. 3; Allen Ludwig, *Graven Images: New England Stonecarving and Its Symbols, 1650-1815*, Middletown, Conn., 1966, S. 52-77; Guibert und Leroux (wie Anm. 18), 7 (1885), S. 596-98, 602-604, 625-26; 8 (1886), S. 139-55; A. de Barthélemy, »Le journal de René Fleuriot, gentilhomme breton, 1593-1624«, in: ›Le cabinet historique‹, 24, 1878, S. 112-13; Claude Longeon, »Le ›Livre de Mémoire‹ d'un protestant forézien (1608-1646)«, in: ›Etudes foréziennes‹, 7, 1974-75, S. 91-106; Driancourt-Girod (wie Anm. 25), S. 18, Anm. 29.

29 Thomas Platter, Lebensbeschreibung, hrsg. von A. Hartmann, Basel 1944, S. 25, 58; Felix Platter, Tagebuch (Lebensbeschreibung) 1536-1567, hrsg. von Valentin Lötscher, Basel 1976, S. 130.

30 Auf die Konsequenzen des protestantischen Herunterspielens des Kults der Heiligen Familie zugunsten der »Investition von Gefühlen und Bedürfnissen in die menschliche Familie« ist in ähnlicher Argumentation hingewiesen worden von C. L. Barber, »The Family in Shakespeare's Development: The Tragedy of the Sacred«, The English Institute, Cambridge, Mass., 3. September 1976.

31 Claude Bellièvre, *Souvenirs de voyage ... Notes historiques*, hrsg. von C. Perrat, Genf 1956, S. 68, 71; Thomas Platter (wie Anm. 29), S. 23; Guibert und Leroux (wie Anm. 18), 7 (1885), S. 261-62; P.-F. Geisendorf, *Histoire d'une famille du refuge français: Les Des Gouttes*, Genf 1941, S. 13.

32 Archives départementales du Rhône, 3 E 343, fol. 210vo-213ro, als Beispiel für die von einer Fleischerfamilie Anfang des 16. Jahrhunderts aufbewahrten Dokumente; Gene Brucker (Hrsg.), *Two Memoirs of Renaissance Florence*, New York 1967, S. 9-19; Charles de Ribbe, *Les familles et la société en France avant la révolution d'après des documents originaux*, [3]Paris 1874, I, S. 1-26; Guibert und Leroux (wie Anm. 18), 7 (1885), S. 143 ff.; A. Vachez, »Les livres de raison dans le lyonnais et les provinces voisines«, in: ›Revue du lyonnais‹ 13, 1892, S. 231-35. Ein Beispiel für ein Buch, das von einer Bauernfamilie geführt wurde: A. Vachez, »Le livre de raison d'un paysan du lyonnais au XVIIIe siècle«, ibid., S. 401-17; Paul Delany, *British Autobiography in the Seventeenth Century*, London 1969; Alan MacFarlane, *The Family Life of Ralph Josselin, a Seventeenth-Century Clergyman*, Cambridge 1970, S. 3-11.

33 Geisendorf (wie Anm. 31), S. 13-14; *The Diary of the Rev. Ralph Josselin*, 1616-1683, hrsg. von E. Hockliffe, London 1908 (Camden Society, 3. Ser., 15); in einem provenzalischen Familienarchiv gesammelte *livres de raison:* Le baron du Roure, *Inventaire analytique de titres et documents originaux tirés des archives du Château de Barbegal*, Paris 1903, Nrn. 216, 377, 937, 1657, 2488.

34 De Ribbe (wie Anm. 11), S. 98; Jean de Saulx-Tavannes, *Mémoires de Gaspard de Saulx, Seigneur de Tavannes*, in: J. F. Michaud und Poujoulat, *Mémoires pour servir à l'histoire de France*, Paris 1838, Bd. VIII, S. 23; Charlotte d'Arbaleste de Mornay, *Mémoires*, hrsg. von Madame de Witt, Paris 1868, S. 3; Meyer (wie Anm. 15), S. 324.

35 Davis Bitton, *The French Nobility in Crisis, 1560-1640*, Stanford 1969, Kap. 5; André Devyver, *Le sang épuré: Les préjugés de race chez les gentilshommes français de l'Ancien Régime (1560-1720)*, Brüssel 1973, 1. Teil; Ellery Schalk, »The Appearance and Reality of Nobility in France During the Wars of Religion«, in: ›Journal of Mo-

dern History‹, 48, 1976, S. 19-31; Arlette Jouanna, »L'idée de race en France au XVIe siècle et au début du XVIIe siècle (1498-1614), in: ›Bulletin de l'association d'étude sur l'humanisme, la réforme et la renaissance‹, 1, 1975.

36 De Ribbe (wie Anm. 32), I, S. 7-8.

37 Agrippa d'Aubigné, Mémoires, hrsg. von L. Lalanne, Paris 1889, S. 37-38; Anne Harrison Fanshawe, Memoirs, hrsg. von B. Marshall, London 1905, S. 92; Guibert und Leroux (wie Anm. 18), 8 (1886), S. 620; C. Serfass, »Autobiographie de Jeanne Céard de Vassy (1666-1668)«, in: ›Bulletin de la société de l'histoire du protestantisme français‹, 51, 1902, S. 82-83; De Ribbe (wie Anm. 11), S. 63-64; L. Guibert, »Livre de raison de Joseph Péconnet«, in: ›Bulletin de la société scientifique ... de la Corrèze‹, 9, 1887, S. 316; Vachez (wie Anm. 13), S. 313.

38 Zum Beispiel Serfass (wie Anm. 37), S. 83-84.

39 John Bossy, »The Counter-Reformation and the People of Catholic Europe«, in: ›Past and Present‹, 47, 1970, S. 68-69; Guibert und Leroux (wie Anm. 18), 7 (1885), S. 150-54; Françoise Lehoux, »Le livre de Simon Teste, correcteur à la Chambre des Comptes au XVIe siècle«, in: ›Bulletin philologique et historique du comité des travaux historiques et scientifiques‹, 1940-41, S. 139 (Barbara B. Diefendorf hat mich auf diesen Artikel aufmerksam gemacht); A. Labarre, *Le livre dans la vie amiénoise du seizième siècle*, Paris 1971, S. 261-63.

40 Gaby und Michel Vovelle, *Vision de la mort et de l'au-delà en Provence d'après les autels des âmes du purgatoire, XVe-XXe siècles*, Paris 1970 (Cahiers des Annales, 29), S. 37-42.

41 Clifford Geertz, »Ritual and Social Change: A Javanese Example«, in: ders., *The Interpretation of Cultures: Selected Essays*, New York 1973, S. 142-69 (dt. in: *Dichte Beschreibung*, Frankfurt/M. 1983, S. 96-132); Maurice Bloch, *Placing the Dead: Tombs, Ancestral Villages and Kinship Organization in Madagascar*, London 1971, S. 136-37.

42 Eine neuere Diskussion der in diesem Teil aufgeworfenen Probleme (und bibliographische Angaben) findet man in Mousnier (wie Anm. 8), S. 47-84; Lawrence Stone, »The Rise of the Nuclear Family in Early Modern England«, in: Charles Rosenberg (Hrsg.), *The Family in History*, Philadelphia 1975, S. 14-34; Jean-Louis Flandrin, *Familles: Parenté, maison, sexualité dans l'ancienne société*, Paris 1976, S. 17-110 (dt. Frankfurt/M., Berlin und Wien 1978, S. 21-132); Bertha S. Phillpotts, *Kindred and Clan in the Middle Ages and After*, Cambridge 1913, bes. S. 179-204; E. Forsyth, *La tragédie française de Jodelle à Corneille (1553-1640): le thème de la vengeance*, Paris 1962, S. 17-55; Luigi Passerini, *Genealogia e storia della Famiglia Corsini*, Florenz 1858, S. 27; Pierre Maranda, *French Kinship: Structure and History*, Den Haag 1974, S. 14-16, 137-39.

43 Denis Le Brun, *Traité des communautez ou societez tacites*, gedruckt nach dem *Traité de la communauté entre mari et femme*, Paris 1709, S. 593-638; Jean Gaudemet, *Les communautés familiales*, Paris 1963; Henriette Dussourd, *Au même pot et au même feu: Etude sur les communautés familiales agricoles au centre de la France*, Moulins 1962; E. Le Roy Ladurie, *Les paysans de Languedoc*, Paris 1966, S. 162-68 (dt. gekürzte Ausgabe Stuttgart 1983); Lutz K. Berkner, »The Use and Misuse of Census Data for the Historical Analysis of Family Structure«, in: ›Journal of Interdisciplinary History‹, 5, 1975, S. 721-38. Die Untersuchung der Rolle von Verwandten anhand von Ehe- und Lehrverträgen und Testamenten wurde für Lyon von der Autorin durchgeführt, für Bordeaux

von Robert Wheaton (wie Anm. 1), S. 120, 143-51. Siehe auch R. Muchembled, »Famille, amour et mariage: mentalités et comportements des nobles artésiens à l'époque de Philippe II«, in: ›Revue d'histoire moderne et contemporaine 22‹, 1975, S. 234-37.

44 Vachez (wie Anm. 13), S. 309.

45 Le Roy Ladurie (wie Anm. 23), 1. Teil.

46 *Dictionnaire du droit canonique*, hrsg. von R. Naz, Paris 1935-1965, 7 Bde., Bd. V, S. 262-322.

47 Jean Benedicti, *La Somme des Pechez*, Paris 1595, S. 463; Flandrin (wie Anm. 42), S. 28-38 (dt. S. 30-42); *Inventaire sommaires des archives départementales antérieures* à 1790. Rhône. Série E supplément: *Archives anciennes des communes*, Lyon 1902, E Suppl. 348: »Manière de connaître les degrés de parenté«, gehörte den *curés* von Condrieu; J.-B. Molin und P. Mutembe, *Le rituel du mariage en France du XIIe au XVIe siècle*, Paris 1973, S. 31, 63. Praktisch keiner der Kanonisten oder Theologen verwies auf mißgebildete Kinder als mögliches Ergebnis einer inzestuösen Vereinigung, vielleicht wegen der Präzedenzfälle für solche Ehen zu Adams Zeiten. Der Franziskaner Benedicti erwähnte dagegen die Gefahr einer Totgeburt oder der Geburt eines Monsters, wenn die Empfängnis einem Verkehr während der Regel der Frau folgte – Zeichen der »Zügellosigkeit« der Eltern (*Somme des Pechez*, S. 152). Einen Hinweis auf den *imbecillus foetus* als mögliches Ergebnis eines Inzests findet man in Théodore de Bèze, Tractatio de Repudiis et Divortiis, Genf 1569, S. 36.

48 Jean-Louis Flandrin, *Les amours paysannes (XVIe-XIXe siècles)*, Paris 1970, S. 32-36; John T. Noonan, Jr., *Power to Dissolve: Lawyers and Marriages in the Court of the Roman Curia*, Cambridge, Mass., 1972, Kap. 1, 2, 6; John Baldwin, *Masters, Princes and Merchants: The Social Views of Peter the Chanter and His Circle*, Baltimore 1970, I, S. 332-37. Beispiele für Dispense in Familienarchiven: Du Roure (wie Anm. 33), Nr. 28, 66.

49 J. J. Scarisbrick, *Henry VIII*, London 1971, Kap. 7; H. A. Kelly, *The Matrimonial Trials of Henry VIII*, Stanford 1976; Aurelius Augustinus, *Der Gottesstaat*, Buch 15, Kap. 16.

50 Emond Auger, *Discours du saint sacrement de mariage*, Livres II, Paris 1572, fol. 37vo-49ro.
Ähnliche Argumente in: Nicholas Harpsfield, *A Treatise on the Pretended Divorce Between Henry VIII and Catherine of Aragon*, Westminster 1878 (Camden Society, N.S. 21), S. 35-36, 46-47, 144-45, und Kardinal Robert Bellarmine, *Controversiarum de sacramento matrimonii liber unicus*, Kap. 29, in: *Opera Omnia*, hrsg. von J. Fevre, Paris 1873, Bd. V, S. 143-44. Vgl. auch Marguerite von Navarras Inzest-Geschichte im *Heptameron*, Dritter Tag, 30. Geschichte: »Die beiden liebten sich mit solcher Leidenschaft, daß niemals Mann und Frau größere Liebe zueinander hatten, noch sahen sich Eheleute so ähnlich, denn sie war ja seine Tochter, seine Schwester und seine Gattin, und er war ihr Vater, Bruder und Gatte« (in der Übers. von W. Widmer, München 1979, S. 386).

51 Abgedruckt in Flandrin (wie Anm. 42), S. 30 (dt. S. 38). Vgl. ebenfalls *Decretalis D. Gregorii Papae IX*, Lyon 1584, direkt nach S. 1966; Silvestro da Prierio Mazzolini, *Summae Sylvestrinae*, Venedig 1591, S. 152; Arthur Watson, *The Early Iconography of the Tree of Jesse*, Oxford 1934, Kap. 3; Marjorie Reeves und Beatrice Hirsch-Reich, *The ›Figurae‹ of Joachim of Fiore*, Oxford 1972, S. 24-29; Harry Bober, »An Illustrated Medieval School-Book of Bede's *De Natura Rerum*«, in: ›Journal of the Walters Art Gallery‹, 19-20, 1956-57, S. 83-84; J. D. Farquhar, »Arbre de consanguinité«, in: ›La revue du Lou-

vre et des musées de France‹, 20, 1970, S. 199-202 (für bibliographische Hinweise danke ich Lawrence Silver und Jean Rutenberg).

52 J.-M. Gouesse, »Parenté, famille et mariage en Normandie aux XVIIe et XVIIIe siècles«, in: ›Annales E.S.C.‹, 27, 1972, S. 1139-54; André Burguière, »Endogamia e comunità contadine: sulla pratica matrimoniale a Romainville nel XVIII secolo«, in: ›Quaderni storici‹, 33, 1976, S. 1073-94; Boccaccio, *Das Dekamerone*, 7. Tag, 3. und 10. Geschichte.

53 »Les Ordonnances ecclésiastiques de l'Eglise de Genève, 1561«, in: *Calvini opera omnia*, hrsg. von G. Braun, E. Cunitz und E. Reuss, Braunschweig 1863-96, 59 Bde., Bd. 10, Sp. 109-11; Kingdon (wie Anm. 25), Bd. 1, S. 33-34. De Bèze (wie Anm. 47), 1. Buch und eine Tabelle, keine bildliche Darstellung der von protestantischer Seite verbotenen Grade; Pierre Bels, *Le mariage des protestants français jusqu'en 1685*, Paris 1968, S. 84-88, 220-33.

54 Aymon (wie Anm. 25), S. 7, 19, 21, 25, 29-30, 39, 41, 46, 79, 91-92, 121, 153, 199, 202-203, 218, 236; Bels (wie Anm. 53), S. 37-49.

55 Benjamin Nelson, *The Idea of Usury: From Tribal Brotherhood to Universal Otherhood*, ²Chicago 1969, S. 73-82; ähnlich argumentiert Mervyn James, *Family, Lineage, and Civil Society*, Oxford 1974, S. 183-98.

56 Auger (wie Anm. 50), fol. 47ro-vo; Benedicti (wie Anm. 47), S. 465; De Bèze (wie Anm. 47), S. 204; R. Aubenas, »L'adoption en Provence au moyen âge«, in: ›Revue historique de droit français et étranger‹, 4. Ser., 13, 1934, S. 700-726; Paul Gonnet, *L'adoption lyonnaise des orphelins légitimes (1531-1793)*, Paris 1935, 2 Bde., S. 11-32; Ourliac und Malafosse (wie Anm. 8), Bd. III, S. 79; Robert Wheaton (wie Anm. 1), S. 137, hat festgestellt, daß unter denen, die in der Mitte des 17. Jahrhundert in Bordeaux ihr Testament machten, ›häufig‹ verheiratete kinderlose Paare waren. In diesem Abschnitt verdanke ich viel dem hervorragenden Seminarpapier von Ann Waltner, »Adoption in Early Modern France. A Study of Attitudes and Cases«.

57 Tertullianus, *Apologeticum*, hrsg. und übers. von C. Becker, ³München 1984, Kap. 9, S. 87; Michel de Montaigne, Essais, Buch II, Kap. 8: »De l'affection des peres aux enfans« (dt., Ausg. Lüthy (wie Anm. 14), S. 369-84); De Bèze (wie Anm. 47), S. 36; Benedicti (wie Anm. 47), S. 118; neben vielen anderen Märchen Perraults *Cinderella: Histoires ou Contes du temps passé*, Paris 1697, 6. Geschichte (dt. Auswahl nach der Bertuchschen Ausgabe (1790-1800) hrsg. von F. Apel und N. Miller, München 1984). Maranda (wie Anm. 42), S. 63-64, 116 (»Qui a marâtre a diable en l'âtre«, das dem dt. Sprichwort entspricht: Schwiegermutter ist des Teufels Unterfutter, d. Ü.); Thomas More, *Utopia*, hrsg. von Edward Surtz und J. H. Hexter in *The Complete Works of St. Thomas More*, New Haven 1965, Bd. IV, S. 126-27, 136-37 (dt. in K. J. Heinisch (Hrsg.), Der utopische Staat, Hamburg 1960 ff., S. 54, 59).

58 Simon Vallembert, *Cinq livres de la maniere de nourrir et gouverner les enfans des leur naissance*, Poitiers 1565, ein typisches Handbuch, das Ernährung und Erziehung betont; Juan Huarte de San Juan, *Examen de Ingenios para las Sciencias*, in Spanisch erstmals 1575 veröffentlicht, mit Editionen in französischer (1580), englischer (1594) und italienischer Sprache (1582) im 16. und bis ins 17. Jahrhundert hinein; Jean de Coras, *Arrest memorable du Parlement de Tolose: Contenant une Histoire prodigieuse d'un supposé mari advenue de nostre temps ... Prononcé ès Arrestz generaux, le XII Septembre 1560*, Paris 1560, S. 19; William Shakespeare, *Much Ado About Nothing*, IV, 1, Zeilen

133-37 (zit. nach der dt. Übers. von E. Fried, Berlin 1970, S. 41).

59 Die Fälle stammen aus Gonnet (wie Anm. 56), Bd. 2, S. 15-52, und aus zwanzig Dokumenten, die freundlicherweise von Mlle Jacqueline Roubert, Archivarin der Archives de la Charité de Lyon, transkribiert worden sind.

60 Neben anderen Quellen über die Kontrolle der Jugendlichen: Philippe Ariès, *Geschichte der Kindheit*, München 1978, S. 362-383; Stone (wie Anm. 42), S. 36-49; I. Pinchbeck und M. Hewitt, *Children in English Society*, London 1969, 2 Bde.; die Aufsätze von Richard Trexler, Gerald Strauss, Lewis Spitz und N. Z. Davis in: C. Trinkhaus und H. Oberman (wie Anm. 20), S. 200-336; Steven R. Smith, »The London Apprentices as Seventeenth-Century Adolescents«, in: ›Past and Present‹, 61, 1973, S. 149-61, und ders., »Religion and Youth in Seventeenth-Century England«, in: ›History of Childhood Quarterly‹, 2, 1975, S. 493-516; Yves Poutet, »L'enseignement des pauvres dans la France du XVIIe siècle«, in: *XVIIe siècle*, 90-91 (1971), S. 87-110; M. Félibien und G. Lobineau, *Histoire de la ville de Paris*, Paris 1725, Bd. IV, S. 231-34, 265-67 (Verordnungen aus den Jahren 1673 und 1684 über Gefängnisse für Jugendliche); Benedicti (wie Anm. 47), S. 95-102; Catherine Holmes, *L'éloquence judiciaire de 1620 à 1660*, Paris 1967, S. 76; Ourliac und Malafosse (wie Anm. 8), Bd. III, S. 66; N. Z. Davis, »Women on Top«, in: dies., *Society and Culture in Early Modern France*, Stanford 1975, S. 124-51; Gordon J. Schochet, *Patriarchalism in Political Thought*, Oxford 1975.

61 Joel Hurstfield, *The Queen's Wards: Wardship and Marriage under Elizabeth I*, Cambridge, Mass., 1958, S. 3-7; N. Z. Davis, »The Reasons of Misrule«, in: dies. (wie Anm. 60), S. 97-123; *Dictionnaire de droit canonique* (wie Anm. 46), Bd. VI, S. 739-59; Charles Donahue, Jr., »The Policy of Alexander the Third's Consent Theory of Marriage«, in: Stephan Kuttner (Hrsg.), *Proceedings of the Fourth International Congress of Medieval Canon Law*, Vatikanstadt 1976, S. 251-81 (enthält eine ausführliche Bibliographie über die Theorie der Einwilligung); Molin und Mutembe (wie Anm. 47), S. 25-48.

62 Michael M. Sheehan, »The Formation and Stability of Marriage in Fourteenth-Century England: Evidence of an Ely Register«, in: ›Medieval Studies‹, 33, 1971, S. 228-263; R. H. Helmholz, *Marriage Litigation in Medieval England*, Cambridge 1974, Kap. 1-2; Beatrice Gottlieb, *Getting Married in Pre-Reformation Europe: The Doctrine of Clandestine Marriage and Court Cases in Fifteenth-Century Champagne* (Diss. Columbia University 1974); Stone (wie Anm. 7), S. 594-595; Archives départementales du Rhône, 3 E 7597, 16. Januar 1560, Testament einer Mutter, die das Erbe ihrer Tochter kürzt, falls sie ohne Einwilligung ihres Stiefvaters heiratet; *The Paston Letters*, A.D. 1422-1509, hrsg. von J. Gairdner, London 1904, 6 Bde., Bd. V, S. 36-40; Klandestine Heiraten in England, die einen Goldschmied, einen Kaufmann und die Tochter eines niederen Adligen betreffen, finden sich in Donahue (wie Anm. 61), S. 269-70 und Anm. 67-68.

63 E. V. Telle, *Erasme de Rotterdam et le 7e sacrament: Etude d'évangelisme matrimonial*, Genf 1954; Bels (wie Anm. 53), S. 27-50; Jean de Coras, *Paraphraze sur l'Edict des mariages clandestinement contractez par les enfans de famille, contre le gré et consentement de leurs peres et meres*, Paris 1579, fol. 2ro, 6vo.

64 *Dictionnaire de droit canonique* (wie Anm. 46), Bd. 6, S. 748-749; Gottlieb (wie Anm. 62), Kap. 1-2; Auger (wie Anm. 50), 2. Buch, Kap. 2; Benedicti (wie Anm. 47), S. 70, 455-57, 477-78; Noonan (wie Anm. 48), S. 29.

65 *Ordonnances ecclésiastiques de l'Eglise de Genève* (wie Anm. 53), Bd. X, Sp. 105-7; Aymon (wie Anm. 25), S. 6-7 (Synode von Paris 1559, Art. 34, 38), S. 75 (Synode von Vertueil 1567, Art. 16); Bels (wie Anm. 53), 2. Teil.

66 Flandrin (wie Anm. 48), S. 36-50; Holmes (wie Anm. 60), 1. Buch, 2. Kap.; J. Gaudemet, »Législation canonique et attitudes séculières à l'égard du lien matrimonial au XVIIe siècle«, in: *XVIIe siècle*, 102-103 (1974), S. 15-30; J. Coudert, »Le mariage dans le diocèse de Toul«, in: ›Annales de l'Est‹, 3, 1952, S. 72-92; Mark Cummings, »Elopement, Family, and the Courts: The Crime of *Rapt* in Early Modern France«, in: ›Proceedings of the Annual Meeting of the Western Society for French History‹, 4, 1976, S. 118-25.

67 Lucy Crump, *A Huguenot Family in the Sixteenth Century: The Memoirs of Philippe de Mornay, Sieur du Plessis-Marly, Written by His Wife*, London o. J., S. 140-44.

Glaube und nachbarschaftliche Beziehungen

Literatur

Anthropologische Untersuchungen in Städten:
(mit Dank an Clifford Geertz und Hildred Geertz)

Jeremy Boissevain, *The Italians of Montreal. Social Adjustment in a Plural Society*, Ottawa 1970.

Ders., *Friends of Friends. Networks, Manipulators and Coalitions*, Oxford 1974.

Elizabeth Bott, *Family and Social Network. Roles, Norms and External Relationships in Ordinary Urban Families*, London 1957.

Vincent Crapanzano, *The Hamadsha. A Study in Moroccan Ethnopsychiatry*, Berkeley 1973.

Clifford Geertz, *The Social History of an Indonesian Town*, Cambridge, Mass., 1963.

Ders., »Ritual and Social Change: A Javanese Example«, in: *The Interpretation of Cultures*, New York 1973 (dt. in: *Dichte Beschreibung. Beiträge zum Verstehen kultureller Systeme*, Frankfurt/M. 1973, S. 96-132).

Ulf Hannerz, *Soulside. Inquiries into Ghetto Culture and Community*, New York 1969.

William Mangin (Hrsg.), *Peasants in Cities. Readings in the Anthropology of Urbanization*, Boston 1970.

Julian Pitt-Rivers, »Spiritual Kinship in Andalusia«, in: *The Fate of Shechem, or the Politics of Sex. Essays in the Anthropology of the Mediterranean*, Cambridge 1977.

Robert Redfield, *The Folk Culture of Yucatan*, Chicago 1941.

Milton Singer, »The Radha-Krishna Bhajanas of Madras City«, in: *When a Great Tradition Modernizes. An Anthropological Approach to Indian Civilization*, New York 1972.

Peter Willmott und Michael Young, *Family and Class in a London Suburb*, London 1960.

Michael Young und Peter Willmott, *Family and Kinship in East London*, London 1957

Nachbarschaft in Florenz

Samuel K. Cohn, Jr., *The Laboring Classes in Renaissance Florence*, New York 1980.

Dale Kent, »The Florentine Reggimento in the Fifteenth Century«, in: ›Renaissance Quarterly‹, XXVIII, 1975, S. 575-638.

Francis William Kent, *Household and Lineage in Renaissance Florence: The Family Life of the Capponi, Ginori and Rucellai*, Princeton 1977.

Christiane Klapisch-Zuber, »Parenti, amici e vicini: il territorio urbano d'una famiglia mercantile nel XV secolo«, in: ›Quaderni storici‹ 33, 1976, S. 953-982.

Richard C. Trexler, *Public Life in Renaissance Florence*, New York/London 1980.

Ronald F. E. Weissmann, *Ritual Brotherhood in Renaissance Florence*, New York 1981.

Frankreich im 16. Jahrhundert

Philip Benedict, *Rouen during the Wars of Religion*, Cambridge u. a. 1981.

David Rosenberg, *Social Experience and Religious Choice: A Case Study. The Protestant Weavers and Woolcombers of Amiens in the Sixteenth Century*, Diss. Yale University 1978.

Lyon und das Kirchspiel von Sainte-Croix (Auswahl)

René Fédou, *Les hommes de loi lyonnais à la fin du Moyen Age*, Lyon 1964.

Richard Gascon, *Grand commerce et vie urbaine au XVIe siècle. Lyon et ses marchands*, Paris u. a. 1971, 2 Bde.

Archives départementales du Rhône, insbesondere: 3 E 608, 3 E 609, 3 E 2810-13, 3 E 2826, 3 E 4957-59, 3 E 7180; 10 G 1612, 10 G 3623, 10 G 3626.

Archives d'Etat de Genève. Notaires, Jovenon, vol. I.

Archives municipales de Lyon, besonders CC 1174; EE 22, EE 25; GG 384, GG 388, GG 718.

Archives nationales (Paris), JJ 263^{a}, 207^{r}-208^{r}, JJ 263^{b}, 158^{v}.

Jean Guéraud, *La chronique lyonnaise de Jean Guéraud, 1536-1562*, hrsg. von Jean Tricou, Lyon 1929.

Das Heilige und der gesellschaftliche Körper

Für Unterstützung bei der Vorbereitung dieses Essays danke ich dem Humanities Research Council der University of California, Berkely, dem Institute for Advanced Study, Princeton, und dem Committee on Research in the Humanities and Social Sciences der Princeton University. Neben vielen Kollegen, die mir nützliche kritische Hinweise zum vorliegenden Material gegeben haben, möchte ich insbesondere Clifford Geertz, Claudia Koonz und James K. McConica danken.

Die folgenden Abkürzungen werden benutzt: A.N. (Archives nationales, Paris); A.D.R. (Archives départementales du Rhône); A.M.L. (Archives municipales de Lyon); A.Ch.L. (Archives de la Charité de Lyon); A.H.D.L. (Archives de l'Hôtel-Dieu de Lyon); A.E.G. (Archives d'Etat de Genève).

1 Die Reformation als aus einem Konflikt zwischen Laien und Klerus hervorgehend wird besonders gut in dem wichtigen Buch von Steven E. Ozment, *The Reformation in the Cities: The Appeal of Protestantism to Sixteenth-Century Germany and Switzerland*, New Haven, Conn., 1975, dargestellt.

2 Ernst Troeltsch, *Die Soziallehren der christlichen Kirchen und Gruppen*, Tübingen 1922 (3. ND Aalen 1977) (= *Ges. Schriften*, Bd. 1); Max Weber, *Gesammelte Aufsätze zur Religionssoziologie*, Tübingen 1920-23, 3 Bde (div. photomech. Nachdr.) (Davis zitiert die Übers. von E. Fischoff, Weber, *The Sociology of Religion*, Boston 1963, bes. Kap. 13); Bernd Moeller, *Reichsstadt und Reformation*, Gütersloh 1962 (Schriften des Vereins für Reformationsgeschichte, 180), bes. S. 34-55.

3 Gideon Sjoberg, *The Preindustrial City. Past and Present*, New York 1960, Kap. 9; Harvey Cox, The Secular City, New York 1965; Peter L. Berger, *The Sacred Canopy: Elements of a Sociological Theory of Religion*, New York 1969, Kap. 5 (dt. *Zur Dialektik von Religion und Gesellschaft*, Frankfurt/

M. 1973); Gerhard Lenski, *The Religious Factors: A Sociologist's Inquiry*, New York 1961; Robert Bellah, *Beyond Belief*, New York 1970, Kap. 2: »Religious Evolution«; Max Weber, *Die protestantische Ethik und der Geist des Kapitalismus*, 7Gütersloh 1984, Kap. 2; S. N. Eisenstadt (Hrsg.), *The Protestant Ethic and Modernisation*, New York 1968, darin bes. S. N. Eisenstadt, »The Protestant Ethic Thesis in an Analytical and Comparative Framework«, S. 3-45. Ein Versuch, die Möglichkeiten zu überdenken, die Religion im städtischen Kontext bietet, ist Paul Tillich, »The Strange and the Familiar in the Metropolis«, in: Robert M. Fisher (Hrsg.), *The Metropolis in Modern Life*, New York 1955, S. 347-48; Max L. Stackhouse, *Ethics and the Urban Ethos: An Essay in Social Theory and Theological Reconstruction*, Boston, Mass., 1972.

4 Vgl. als Beispiel einer gedankenreichen Diskussion einiger Probleme, die sich bei der Interpretation von rituellen Symbolen stellen, Ronald Grimes, *Symbol and Conquest: Public Ritual and Drama in Santa Fe*, New Mexico, Ithaca, N.Y., 1976, S. 43-46; Ernst H. Kantorowicz, *The King's Two Bodies: A Study in Medieval Political Theology*, Princeton 1957; Ralph Giesey, *The Royal Funeral Ceremony in Renaissance France*, Genf 1960; Frances A. Yates, *Astrea: The Imperial Theme in the Sixteenth Century*, London 1975. Einige wichtige Arbeiten von Historikern, die feinfühlig die Natur des religiösen Symbolismus und die Beziehung des Heiligen zum gesellschaftlichen Leben untersuchten, sind: Peter Brown, *The World of Late Antiquity*, London 1971 (dt. *Die letzten Heiden*, Berlin 1986); Peter Brown, »Society and the Supernatural: A Medieval Change«, in: ›Daedalus‹, 1975 (Sondernummer »Wisdom, Revelation and Doubt: Perspectives on the First Millennium B.C.«), S. 133-51; John Bossy, »Blood and Baptism: Kinship, Community and Christianity in Western Europe from the Fourteenth to the Seventeenth Centuries«, in: D. Baker (Hrsg.), *Sanctitiy and Secularity: The Church and the World*, Oxford 1973 (Studies in Church History, X), S. 129-143; John Bossy, »The Social History of Confession in the Age of the Reformation«, in: ›Transactions of the Royal Historical Society‹, 5. Ser., XXV, 1975, S. 21-38; Richard Trexler, »Florentine Religious Experience: The Sacred Image«, in: ›Studies in the Renaissance‹, XIX, 1972, S. 7-41; ders., »Ritual Behavior in Renaissance Florence: The Setting«, in: ›Medievalia et Humanistica‹, IV, 1973, S. 125-44; ders., »Ritual in Florence: Adolescence and Salvation in the Renaissance«, in: C. Trinkaus und H. Oberman (Hrsg.), *The Pursuit of Holiness in Late Medieval and Renaissance Religion*, Leiden 1974, S. 200-64; ders., *Public Life in Renaissance Florence*, New York 1980. Vgl. auch das Buch des Anthropologen William Christian, Jr., *Local Religion in Sixteenth-Century Spain*, Princeton 1981.

Einen besonders hilfreichen Blick auf die modernisierten Züge der katholischen wie der protestantischen Reformation findet man in: Jean Delumeau, *Naissance et affirmation de la Réforme*, Paris 1965, und ders., *Le catholicisme entre Luther et Voltaire*, Paris 1971.

5 Über Lyon im 16. Jahrhundert vgl. Richard Gascon, *Grand commerce et vie urbaine au XVIe siècle: Lyon et ses marchands*, Paris 1971, 2 Bde.; Jean-Pierre Gutton, *La société et les pauvres: l'exemple de la généralité de Lyon, 1534-1789*, Paris 1969; N. Z. Davis, *Society and Culture in Early Modern France*, Stanford 1975, Kap. 1-3, 7 (die Material zum Grad der Lese- und Schreibfähigkeit enthalten). Die *république des clercs* des 15. Jahrhunderts ist dargestellt worden von René Fedou, *Les hommes de loi lyonnais à la fin du moyen âge:*

étude sur les origines de la classe de robe, Paris 1964.

Um die geographische Herkunft von Männern und Frauen, die ständig in Lyon wohnten, zu erfassen, habe ich alle Eheverträge in A.D.R., Serien 3 E und B *(Insinuations)* für die Jahre von Ostern 1557 bis Ostern 1561 (d. h. bis zum Jahresende von 1560 nach der alten Zählung) ausgewertet. Ein Viertel der 529 Frauen, die einen Ehevertrag abschließen, waren bereits Witwen, was etwas über die altersmäßige Streuung in dieser Stichprobe aussagt. Von den 529 Bräutigamen waren 61 % Handwerker, eine Aussage über die soziale Streuung der Stichprobe. Diese Quelle schien mir besser zu sein als die Aufnahmen ins *Hôtel-Dieu*, die Richard Gascon in seinem Artikel »Immigration et croissance urbaine au XVIe siècle«, in: ›Annales E.S.C.‹, XXV, 1970, S. 988-1001, benutzt. Die Bücher des Hospitals betreffen nur die ärmste Schicht der Bevölkerung und mischen ohne Unterschied Reisende und in Lyon Wohnende.

6 Guillaume Paradin, *Memoires de l'histoire de Lyon*, Lyon 1573, S. 1, 305-6; Claude de Rubys, *Les privileges, franchises et immunitez octroyees par les roys treschrestiens, aux consuls, eschevins, manans et habitans de la ville de Lyon*, Lyon 1574, S. 48-49; Nicolas de Nicolay, *Généralle description de l'antique et célèbre cité de Lyon*, (Handschrift in der Bibliothèque nationale, 1573), hrsg. von der Société de topographie historique de Lyon, Lyon 1881, Kap. 18-20. Außer Gascon gibt es die älteren Arbeiten von Marc Brésard, *Les foires de Lyon aux XVe et XVIe siècles*, Lyon 1914; Natalis Rondot, *L'ancien régime du travail à Lyon*, Lyon 1897; Henri Hauser, *Ouvriers du temps passé*, [5]Paris 1927, Kap. 7. 1588 wurden die Apotheker ein fünftes *métier juré* in Lyon.

7 Gascon (wie Anm. 5), S. 357-69 und passim. Viel Material über die Italiener findet man auch in: E. Picot, »Les italiens en France au seizième siècle«, in: ›Bulletin italien‹, I, 1901, S. 92-137, 269-94; II, 1902, S. 23-53, 108-45; IV, 1904, S. 294-315; XVII, 1917, S. 160-84; XVIII, 1918, S. 28-36. *La magnificence de la superbe et triumphante entree de la noble et antique cité de Lyon faicte au treschrestien roy de France Henry deuxiesme de ce nom ... MDXLVIII* (Lyon 1549), hrsg. von Georges Guigue, Lyon 1927, S. 11-12, 63-64; *La chronique lyonnaise de Jean Guéraud*, 1536-1562, hrsg. von Jean Tricou, Lyon 1929, S. 66-67, 71-82, 89-93, 114; Jean Tricou, *Les enfants de la ville*, Lyon 1938; A.M.L., BB 55, fols. 36ro, 92vo-93ro.

Von den 14 Florentiner Kaufleuten, die 1541 im Vertrag mit den Dominikanern die in Lyon residierende Florentiner Nation repräsentierten, wurden nur drei naturalisierte Bürger Frankreichs: Palla Strozzi (A.D.R., BP 3640, fol. 67^{ro-vo}), Leonard Spini und Pierre Orlandini (A.N., JJ 249[1], fols. 3ro, 34^{ro-vo}). Mehrere der Anwesenden, etwa Jehan Bonguillaume und Nicolas Manelle, hatten bereits 1502, wenn nicht früher, Vertreter ihrer Familien, die in Lyon residierten: Gascon (wie Anm. 5), S. 907.

8 A.M.L., BB 55, fols. 92vo-93ro; La magnificence de la suberbe ... entree de ... Henry deuxiesme (wie oben), S. 12. Von allen nicht in Lyon gebürtigen Handwerkern, die 1557-60 in Lyon heirateten, ehelichte nur ein Zehntel Frauen aus ihrer Heimatprovinz oder ihrem Heimatland, 57 % in Lyon gebürtige Frauen, weitere 13 % Witwen, die sich in Lyon niedergelassen hatten, und ein Viertel heiratete Frauen, die in Lyon lebten, aber im Lyonnais oder in anderen Regionen geboren waren. Diese Verteilung kann nur durch den differentiellen Unterschied zwischen männlicher und weiblicher Zuwanderung nach Lyon erklärt werden: 80 % der zugewanderten Frauen heirateten entweder in Lyon gebürtige Männer

oder aus anderen Regionen als denen, in welchen sie selbst geboren waren.

9 Symphorien Champier, *Sensuyt ung petit traicte de la noblesse et anciennete de la ville de Lyon: ensemble de la rebeine ou rebellion du populaire de la dicte ville*, Paris 1529, fol. VIIIro-vo; ders., *Cy commence ung petit livre du royaulme des Allobroges*, in: P. Allut, *Etude biographique et bibliographique sur Symphorien Champier*, Lyon 1859, S. 396. Champiers Satz lautet genau: »mieulx vault ung escu entre les siens, que ung noble avec les estranges et differens de meurs et conditions.« Ein *noble* war eine englische Münze aus der Regierungszeit Edwards III., die mehr wert war als der französische *écu*. Paradin (wie Anm. 6), fols. *2vo-*3ro, S. 282-83, 372; Antoine du Pinet, *Plantz, pourtraitz et descriptions de plusieurs villes et forteresses, tant de l'Europe, Asie et Afrique, que des Indes et terres neuves*, Lyon 1564, S. 35-36; De Rubys (wie Anm. 6), S. 53-55, 57; [Gabriel de Saconay], *Cantique d'oraison pour le peuple de Lyon: le tombeau du Calvinisme, renay en l'an 1517, mort et r'enterré l'an 1568*, Lyon 1568, fol. q2ro; *Egloque de deux bergers, demonstrant comme la ville de Lyon a esté reduite à la religion vrayement chrestienne*, Lyon 1564, fol. A3vo.

10 A.M.L. (Inventaire-Sommaire), AA 151; *Documents relatifs à l'histoire de l'industrie et du commerce en France*, hrsg. von G. Fagniez, Paris 1898-1900, 2 Bde. (Collection de textes pour servir à l'enseignement de l'histoire, XXII, XXXI), Bd. 2, S. 279-84; André Bassard, »La querelle de consuls et des artisans à Lyon, 1515-1521«, in: ›Revue d'histoire de Lyon‹, VIII, 1909, S. 3 ff.

11 Über Antoine du Pinet, gebürtig aus Besançon in der Franche-Comté, vgl. Antoine du Pinet, *La conformité des eglises reformees de France, et de l'eglise primitive en police et ceremonies*, o. O. 1564, S. 9-14, Widmung aus Lyon an die Herren der Regierung von Besançon, 18. April 1564; François de La Croix Du Maine, *Premier volume de la bibliothèque*, Paris 1584, S. 19-20; Eugénie Droz, »Antoine Pinet, traducteur de Bucer«, in: dies., *Chemins de l'hérésie: textes et documents*, Genf 1970-76, 4 Bde., Bd. II, S. 55-146.

Unter den Männern aus dem Seidengewerbe im Reformierten Konsistorium in der Zeit von 1562 bis 1564 waren Claude Gousset alias Luguin, *veloutier* (Sammetmacher); Jean Darut, ein Seidenfabrikant, gebürtig aus der Franche-Comté; Gabriel Veny, *marchand de draps de soie* (Händler mit Seidenstoffen); und Jean-Pierre Grand, ein Seidenfärber, gebürtig aus Verona: A.M.L., GG 84, 13. Nov. 1564; A.M.L., GG 84, *liasse* 107, *pièce* 2; Nicolay (wie Anm. 6), S. 160; A.E.G., Notare, Jovenon, III, fols. 291ro-294vo, Testament von Jean-Pierre Grand. *Ordonnance du roy et de Monseigneur de Soubize, commandant pour le service de dieu et dudit sieur roy a Lyon ... pour la seureté et protection des manans et habitans de ladite ville, et autres frequentans et negocians en icelle, tant en foire que hors foire*, Lyon 1562; A.M.L., BB 83, fols. 105vo-106ro.

De Rubys (wie Anm. 6), S. 30, 49, 71. De Rubys war mit Diamante de La Volpe, in Padua gebürtig, verheiratet, die im Dezember um *lettres de naturalisation* nachsuchte: A.D.R, BP 3645, fol. 126ro-vo.

12 Ich werde dies Material ausführlich in meinem in Vorbereitung befindlichen Buch *Society and Salvation at Lyon* behandeln.

13 Über Protestanten im Druckgewerbe und unter den Frauen Lyons vgl. Davis (wie Anm. 5), Kap. 1,3; zum Grad der Lese- und Schreibfähigkeit, ebenda, S. 72-73, 209-10. Über Frauen im Druck- und Gastgewerbe vgl. meinen Aufsatz »Women in the *arts mécaniques* in Sixteenth-Century Lyon«, in: *Lyon*

et l'Europe, hommes et sociétés: Mélanges d'histoire offerts à Richard Gascon, Lyon 1980, 2 Bde., Bd. 1, S. 139-67.

14 Die wichtigsten der reformierten Kaufleute oder Kaufherren und Bankiers, die von außerhalb des Königreichs kamen, waren Männer wie Georg Obrecht, aus Straßburg gebürtig; Christophe Neythart (Neidhart), gebürtig aus Augsburg; Jean Baptist Balian (Giovanni Battista Imperiali Baliani) aus Genua, 1564 einer der Ältesten des Konsistoriums (A.M.L., GG 87, *liasse* 1, *pièce* 2); und Julien Calendrin (Giuliano Calandrini) aus Lucca, einer der ersten Organisatoren des Konsistoriums 1558-59. Von den Florentinern war Bonacorsi Bonacorsi (Buonaccorsi) eine Zeitlang Protestant (A.M.L., BB 83, fol. 59ro, und CC 1110, fol. 362^{ro-vo}); er kam aber nicht aus einer der großen Familien, sondern diente vielmehr als Agent für ein mailändisches Haus und als Bankkurier.

15 Von 33 Pfarrern, die von 1560 bis 1572 in Lyon predigten, waren zwei in Lyon gebürtig und beide (der Wundarzt Antoine Royet und der Buchdruckermeister François Gaillard) dienten nur für kurze Zeit: A.D.R., 3 E 4061, 16. Nov. 1566; A.Ch.L., E 19, S. 491; A.D.R., 3 E 8030, 26. Okt. 1565, und 3 E 4542, 15. Juli 1566. Die geographische Herkunft der anderen Pfarrer: Auvergne 1, Berry 1, Burgund 2, Dauphiné 2, Ile-de-France 2, Languedoc 3, Normandie 5, Provence 4, Schweiz 3, Italien 1, Piemont 1, unbekannt 6. Über Pierre Viret vgl. Jean Barnaud, *Pierre Viret, sa vie et son oeuvre*, St.-Amans 1911; Robert D. Linder, *The Political Ideas of Pierre Viret*, Genf 1964.

16 Pierre Viret, *Les cauteles et canon de la messe*, Lyon 1563, S. 113-16, 118-20, 151-3 166-8; ders., *Du vray usage de la salutation faite par l'ange à la vierge Marie*, [Genf] 1556, S. 15, 37; Antoine de Marcourt, *The Boke of Marchauntes, Right Necessarye unto All Folkes*, London 1534, S.T.C. 17313-3, fols. A III^{vo} - A VII^{ro}, B III^{ro-vo} (eine Übersetzung der wichtigsten Flugschrift, die aus der frühreformatorischen Bewegung in Lyon hervorgegangen ist: Antoine de Marcourt, *Le livre des marchans, fort utile a toutes gens* (Neuchâtel/Neuenburg 1533); [Nicolas Barnaud], *Le cabinet du roy de France*, o. O. 1582, S. 19 ff. (über die Konkubinen der Kirche von Lyon); E.P.D., »Epigramme du dieu des papistes«, in: *Discours de la vermine et prestraille de Lyon, dechassé par le bras fort du seigneur*, o. O. 1562 (Ex. in der Bibliothèque Méjanes, Aix-en-Provence): »charmes, signes, singeries et mines«; *La polymachie des marmitons, ou la gendarmerie du pape*, Lyon 1563.

»Saincte et franche communaute«, zitiert nach Pierre Viret, *Instruction chrestienne en la doctrine de la loy et de l'evangile, et en la vraye philosophie et theologie*, Genf 1564, 2 Bde., Bd. I, S. 86.

17 Zu den Domherren und Grafen von Lyon vgl. J. Beyssac, *Les chanoines de l'Eglise de Lyon*, Lyon 1914. Gabriel Saconay, der aus einer alteingesessenen Familie des Lyonnais stammte, wurde 1528 Domherr und nahm eine Reihe wichtiger Ämter in der Kathedrale bis zu seinem Tod im Jahre 1580 wahr. Die Informationen über die soziale und geographische Herkunft der Kanoniker in St. Paul und St. Nizier sind A.D.R., 13 G 13 und 15 G 22-9, entnommen. Guillaume Pignot, Priester und Vikar des Pfarrbezirks St. Sorlin von 1539 bis in die sechziger Jahre, war Bruder eines *teinturier* (Färbers) und Onkel eines Sammetmachers und von Druckern: A.D.R., 3 E 7595, 30. März 1538 (1539), 2. Sept. 1539; 3 E 7184, fol. 249^{ro-vo}; 3 E 3908, fols. 29ro-32ro; 27 H 408, 17. Mai 1550. Zur Herkunft der Franziskaner in St. Bonaventure vgl. A.D.R., 4 H 27, 12. Aug. 1576. Über Emond Auger vgl. A. de Backer und C. Sommer-

vogel, *Bibliothèque de la Compagnie de Jésus*, neue Ed., Brüssel 1890-1932, 12 Bde., Bd. I, S. 631-642; Frances A. Yates, *The French Academies of the Sixteenth Century*, London 1968, S. 165-67; A. Lynn Martin, *Henry III and the Jesuit Politicians*, Genf 1973.

18 A.D.R., 3 H 40, 1. Mai 1541, 1. April 1588; 3 H 52, 11. Aug. 1517. Die Deutschen gründeten 1491 eine Bruderschaft im Dominikanerkonvent (A.D.R., 3 H 39), während die Luccheser Kaufleute eine Bruderschaft im Konvent der Minderbrüder auf der Saôneseite außerhalb der Stadt hatten (A.D.R., 3 E 4494. fol. 219ro). Diese Bruderschaften waren sehr viel weniger aktiv als die der Florentiner. Über die Heiligkreuz-Bruderschaft vgl. A.D.R., 10 G 3623, 10 G 3626, fols. 7ro, 49ro, und 3 E 346, fols. 208ro-219vo; J. B. Vanel, »L'abbé Joseph Courbon, 1748-1823: le custode de Saint Croix«, in: ›Bulletin historique du diocèse de Lyon‹, I, 1922, S. 59. Über die Bruderschaft von St. Jacques vgl. A.D.R., 15 G 25, fols. 158vo-159ro; 15 G 157; 3 E 7184, fol. 203ro-vo; A.M.L., CC 684, fol. 3vo. Zur Kapelle St. Jacquême vgl. Paradin (wie Anm. 6), S. 266; A. Kleinclausz (Hrsg.), *Lyon des origines à nos jours*, Lyon 1925, S. 16. Eine der Forderungen der Handwerker, die 1517-20 die fiskalischen und politischen Strukturen Lyons reformieren wollten, war, daß die Wahl der Konsuln in der Kapelle St. Jaquême und nicht im Rathaus stattfinden sollte: Claude de Rubys, *Histoire veritable de la ville de Lyon*, Lyon 1604, S. 360.

19 A.D.R., 4 G 22, 24. Juni 1572; A.M.L., GG 528-9.

20 Die Mehrheit der Verleger und wichtigen Buchdruckermeister waren in den sechziger Jahren des 16. Jahrhunderts Anhänger der reformatorischen Bewegung. Ebenso Jean Tricaud, der die Barchentherstellung in Lyon eingeführt hatte; gleiches gilt u. a. für die erfolgreichen Seidenfabrikanten Claude Gapaillon und René Laurencin. Faktisch alle Uhrmacher Lyons waren Protestanten; Protestanten waren auch der Waffenschmied und -händler Jacques Buellstrat, gebürtig aus Brabant, und der Artillerie- und Kanonengießer Robert de Chinon, gebürtig aus der Bretagne. Im Gegensatz dazu blieben die meisten Florentiner Bankiers katholisch.

21 *Procès de Baudichon de la Maisonneuve, accusé d'hérésie à Lyon*, hrsg. von J. G. Baum, Genf 1873, S. 56; A.M.L., GG 1-3; GG 269-70; L. Niepce, »Les trésors des églises de Lyon«, in: ›Revue layonnaise‹, VI, 1883, S. 425-28, 572-84; VII, 1884, S. 496-507; VIII, 1885, S. 35-77; A.D.R., 15 G 109, 13. Aug. 1528, 25. Okt. 1575; 16 G 16, 11. Juni 1538; 3 H 52, 11. Aug. 1517; 27 H 402; A.M.L. (Inventaire-Sommaire), BB 90, 1572; Champier (wie Anm. 9), fol. XXIIIvo; De Rubys (wie Anm. 6), S. 27-8; Jean de Saint-Aubin, *Histoire ecclesiastique de la ville de Lyon ancienne et moderne*, Lyon 1666, S. 69-78; J.-B. Martin, *Histoires des églises et chapelles de Lyon*, Lyon 1908, 2 Bde., Bd. II, S. 102; L. A. Pavy, *Les grands cordeliers de Lyon, ou l'église et le couvent de Saint-Bonaventure*, Lyon 1835, S. 72-4.

22 A.D.R., 10 G 3626, fol. 4vo; 16 H 1, fol. 2ro; 13 G 87, 23. Dez. 1610; Jean-Marie H. Forest, *L'école cathédrale de Lyon*, Paris 1885, S. 170-77; Paradin (wie Anm. 6), S. 416-44, 47-8; Champier (wie Anm. 9), fol. IIro-vo.

23 *Du benefice de Iesuchrist crucifie, envers les chrestiens. Traduict de vulgaire Italien, en langage Francoys*, ²Paris 1548, fol. 5ro, abgedruckt von Salvatore Caponetto in: Benedette da Mantova, *Il beneficio di Cristo*, Florenz 1972 (Corpus Reformatorum Italicorum), S. 96, 506. Erstdruck des *Benefice*: Lyon 1545. Maurice Scève, *Saulsaye*, Lyon 1547, S. 8; Nicolay (wie Anm. 6), S. 16; Paradin (wie Anm. 6), S. 16-7, 200-2; Forest (wie Anm.

22), S. 155-61; Bonaventure Des Periers, »Du voyage de Lyon à Nostre Dame de L'isle, 1539«, in: *Recueil des oeuvres de feu Bonaventure des Periers*, hrsg. von Antoine du Moulin, Lyon 1544, S. 52; A.N., JJ 251, fols. 93vo-94ro; De Rubys (wie Anm. 18), S. 500-1; V. L. Saulnier, *Maurice Scève*, Paris 1948, 2 Bde., Bd. I, S. 194-201.

24 *Du benefice de Iesuchrist* (wie Anm. 23), fol. 5ro; Paradin (wie Anm. 6), S. 2-4, 141-2; Scève (wie Anm. 23), S. 8; M.-C. Guigue, *Recherches sur Notre-Dame de Lyon*, Lyon 1876; Kleinclausz (wie Anm. 18), S. 14-16; A.M.L. (Inventaire-Sommaire), CC 655, CC 665, BB 25, BB 27; *Chronique lyonnaise de Jean Guéraud* (wie Anm. 7), S. 115; A. Sachet, *Le pardon annuel de la Saint Jean et de la Saint Pierre*, Lyon 1918, 2 Bde., Bd. I, S. 391-92. Über die Überschwemmung der Rhône im Jahre 1570 vgl. *Discours sur l'espouvantable et merveilleux desbordement du Rosne*, Lyon 1570, abgedruckt in: L. Cimber und F. Danjou (Hrsg.), *Archives curieuses de l'histoire de France*, Paris 1834-1840, 24 Bde., Bd. VI, S. 395-405; *De l'effroyable et merveilleux desbord de la riviere du Rhosne en 1570*, Paris 1576 (nachgedr. von P. M. Gonon, Lyon 1848), bes. S. 6; Paradin (wie Anm. 6), S. 386-89; De Rubys (wie Anm. 6), S. 29; (J. Ricaud), *Discours du massacre de ceux de la religion Réformée par les catholiques romains ... l'an 1572*, Lyon 1574 (ND Lyon 1848), S. 110. Über das *cheval fol* zu Pfingsten vgl. De Rubys (wie Anm. 18), S. 502-3; [Louis Garon], *Stances sur l'ancienne confrairie du Sainct Esprit fondee en la chapelle du pont du Rhosne a Lyon, avec l'origine du cheval fol et la resiouissance des Lyonnois aux festes de la Pentecoste*, Lyon 1609, ND in: ›Revue du Lyonnais‹, V, 1836, S. 447-56. Vgl. Jean Baumel, *Le ›masque-cheval‹ et quelques autres animaux fantastiques: étude de folklore, d'ethnographie et d'histoire*, Paris 1954; Jean-Claude Schmitt, »›Jeunes‹ et danse des chevaux de bois: le folklore méridional dans le littérature des ›exempla‹«, in: *La religion populaire en Languedoc du XIIIe siècle à la moitié du XIVe siècle*, Toulouse 1976 (Cahiers de Fanjeaux, XI), S. 127-55.

25 A.D.R., 10 G 6326, fol. 30vo; 10 G 3623. Die hier beschriebene Route ist die einer *allgemeinen* Prozession an Fronleichnam; die Kirchspiele hatten an diesem Feiertag oft ihre eigenen Prozessionen. Allgemeine Prozessionen zu anderen Gelegenheiten umfaßten ebenfalls Haltepunkte beiderseits der Saône.

26 Bittagsprozessionen in Lyon gingen den Hügel von Fourvière hinauf zu St. Just und St. Irénée und zu verschiedenen Stationen an Kirchen beiderseits der Saône; sie markierten nicht die Stadtgrenze, sondern verbanden verschiedene Teile der Stadt: A.D.R., 10 G 3626, fols. 6vo-7ro; 14 G 66, fols. 22ro, 29ro; *Liber sacerdotalis seu rituale, secundum usum primae Lugdunensis ecclesiae*, Lyon 1692, Kap. über »Processions«; Forest (wie Anm. 22), S. 149 ff. Über ländliche Prozession an den Bittagen vgl. Arnold Van Gennep, *Manuel de folklore français contemporain*, Paris 1943-72, 4 Bde., Bd. III, S. 1640-9. Zu der sozialen Bedeutung von Prozessionen in europäischen Städten siehe Samuel Berner, »Florentine Society in the Late Sixteenth and Early Seventeenth Centuries«, in: ›Studies in the Renaissance‹, XVIII, 1971, S. 221-7; Claude Gauvin, »La fête-dieu et le théâtre en Angleterre au quinzième siècle«, in: J. J. Jacquot und E. Konigson (Hrsg.), *Les fêtes de la Renaissance*, Paris 1956-75, 3 Bde., S. 440-9; und die in Anm. 4 zitierten Arbeiten von Richard Trexler. Über katholische Prozessionen als symbolische Eroberung des städtischen Raums im heutigen Santa Fe, Neumexiko, vgl. Grimes (wie Anm. 4), S. 51-76.

27 Zum Streit über den Viehmarkt am Croix de Colle gegenüber

vom Konvent der Minimen siehe A.D.R., 16 H 1, fols. 4ro, 100ro. Dieser in Italien von St. Francois de Paule gegründete Bettelorden ließ sich 1553 in Lyon nieder: A.D. R., 10 G 588, Okt. 1497, Nov. 1544, März 1577. Über die Händler und Läden um St. Nizier vgl. A.D.R., 15 G 95-6, 15 G 163. Vgl. die freimütige Aktion, die der Rektor der Kapelle St. Côme und St. Damien 1554 unternahm, als die Kaufleute Simon und Nicolas de Fert (beide frühe Anhänger der reformatorischen Lehren) einige Häuser in der Nähe mieteten, hämmernde Handwerker in sie setzten und insbesondere Latrinen und Abtritte gleich neben den Kirchenmauern bauten. Zu den letzteren wurde befohlen, sie abzureißen oder eine Zwischenwand zu ziehen: A.D.R., 27 H 440.

28 Zur Einstellung der Reformierten zum richtigen und falschen Gebrauch von Gebeten, Objekten und Prozessionen vgl. [Antonio Mainardo], *Anatomie de la messe et de messel*, [Lyon] 1562, S. 367, 396, 411-3; Pierre Viret, *Du vray usage de la salutation faite par l'ange de la vierge Marie*, [Genf] 1556; ders., *Exposition familiere de l'oraison de nostre seigneur Iesus Christ*, Genf 1551; ders., *De l'institution des heures canoniques et des temps determinez aux prieres des chrestiens*, Lyon 1564, S. 13-9 (eine Prozession war ursprünglich militärischer Herkunft; es ist notwendig, daß »Christen immer auf der Hut (*au guet* – Wache schieben, d. Ü.) sind«, S. 15; N. Z. Davis, »The Protestant Printing Workers of Lyon in 1551«, in: G. Berthoud u. a., *Aspects de la propagande religieuse*, Genf 1957, S. 247-57; Pierre Viret, *Disputations chrestiennes, touchant l'estat des trepassez, faites par dialogues*, Genf 1552, S. 33. Zum Bildersturm und den Umbauten der Calvinisten 1562-3 siehe die *Chronique lyonnaise de Jean Guéraud* (wie Anm. 7), S. 155-8; Gabriel de Saconay, *Discours des premiers troubles advenus à Lyon*, Lyon 1569, S. 284 ff. und passim; A.M.L. (Inventaire-Sommaire), AA 46, BB 83, 91, 95, 97, 111, 117, 129; A.D. R., 13 G 13, fols. 133ro-134ro; 15 G 24, fol. 29ro (ein Uhrmacher in der Kapelle Nôtre Dame de Rue Neuve); 15 G 157, Akt von 1573 (ein Tuchhändler hatte in der Kapelle von St. Jacquême einen Laden aufgemacht); 2 H 35; 3 H 53 (Inventar der Besitztümer des Dominikanerkonvents, erstellt von den Reformierten; Auflistung der dort lebenden Pfarrer und ihrer Frauen); 11 H 40; A.D.R., 3 E 566, 10. Mai 1562; 3 E 7179, fols. 411ro-421ro; A.M.L., GG 77, *pièce* 1.

29 Zur Weise, wie Netzwerke für Verkehr (Transport von Menschen und Gütern) und zur Kommunikation (Verbindung menschlicher Aktivitäten) eine Handelsstadt prägen, vgl. die faszinierende Studie von Sibyl Moholy-Nagy, *Matrix of Man: An Illustrated History of Urban Environment*, New York 1968, Kap. 5, »Linear Merchant Cities«. So wie Moholy-Nagy diese Kommunikationskanäle von diversen Arten von Triumphstraßen unterscheidet, kann man die Lichtung des Raums im protestantischen Lyon unterscheiden vom »Bau schnurgerader Verbindungsstraßen zwischen den sieben bedeutendsten Wallfahrtskirchen« in Rom zur Zeit von Sixtus V. (ebenda, S. 143). Nach den Maßstäben Moholy-Nagys ist das katholische Lyon ein gemischter Typus: eine lineare Kaufmannsstadt, mit Elementen des »Geomorphischen« und des »Konzentrischen« (Aufmerksamkeit sowohl für die geographische Gestalt wie für geweihte Orte). Das calvinistische Lyon entfernte sich von den geomorphischen Elementen, generalisierte die symbolischen Züge der Stadt, und verstärkte ihren linearen Charakter.

Zur Neufestlegung der städtischen Pfarrbezirke und insbesondere zur Schwächung ihrer Macht im Hinblick auf stadtweite Institutionen in anderen protestantischen Gebieten siehe Robert M. Kingdon, »Protestant Parishes in the Old World and the New: The Cases of Geneva and Boston«, in: ›Church History‹, XLVIII, 1979, S. 290-304; Bernard Vogler, *Vie religieuse en pays rhénan dans la seconde moitié du XVIe siècle, 1556-1619*, Lille 1974, 2 Bde., Bd. I, S. 532-44.

30 Siehe die nützliche Diskussion von Webers Unterscheidung zwischen »traditionalen« und »rationalisierten« Religionen in: Clifford Geertz, »›Internal Conversion‹ in Contemporary Bali«, in seinem *The Interpretation of Cultures*, New York 1973, S. 171-5 (fehlt in der dt. Teilausgabe Frankfurt/M. 1983). Ich versuche hier, die Frage der »Immanenz« neu und anders zu behandeln, die in dem provozierenden, aber nicht überzeugenden Buch von Guy E. Swanson, *Religion and Regime: A Sociological Account of the Reformation*, Ann Arbor, Mich., 1967, Kap. 1, aufgeworfen wurde.

31 Mainardo (wie Anm. 28), S. 158-9, 161, 249 ff., 367; Viret, *Disputations chrestiennes* (wie Anm. 28), S. 33; Ricaud (wie Anm. 24), S. 157.

32 *Eglogue de deux bergers* (wie Anm. 9), fols. A III^{vo} - B I^{ro}; Jean Aymon, *Tous les synodes nationaux des églises Réformées de France*, Den Haag 1710, S. 26; *Ordonnances du roy et de Monseigneur de Soubize ... pour assister aux preches et prieres publiques: et ne tirer hacquebouzes ne sonner tabourins durant lesditz presches et aussi de n'user de blasphemes ny de ieuz dissoluz*, Lyon 1562, fols. A III^{vo}-A IV^{ro}: *revendeurs* und *revenderesses* (Wiederverkäufern und Wiederverkäuferinnen) wurde es verboten, Stände in der Nähe von Gotteshäusern, vor, während und nach dem Gottesdienst aufzubauen, insbesondere nicht in der Nähe von St. Nizier, und zwar bei Strafe der Beschlagnahme der Waren beim ersten, von Gefängnis und einer Geldstrafe beim zweiten Verstoß.

Über die Spannungen, die in ein Gemälde durch die Gegenüberstellung von Märkten und geweihten Gebäuden hineingebracht werden, vgl. Keith P. F. Moxey, »The ›Humanist‹ Market Scenes of Joachim Beuckelaer: Moralizing Exempla or ›Slices of Life‹«, in: *Koninklijk Museum voor Schone Kunsten-Antwerpen: Jaarboek* (1976), S. 109-86. Beim Versuch zu verstehen, in welcher Weise »profane« Aktivitäten manchmal die Heiligkeit von in der Nähe stattfindenden religiösen Aktivitäten eher unterstreichen als bedrohen können, haben mir Gespräche mit Bruce Kapferer und Alfonso Ortiz sehr geholfen.

Zu *späteren* Entwicklungen in der Architektur der Gegenreformation, die ihr einen allgemeineren und gleichförmigeren Charakter gaben und sie vielleicht weniger tolerant für das Profane in der Nähe ihrer Mauern machte, siehe Pierre Charpentrat, »L'architecture et son public: les églises de la Contre-Reforme«, in: ›Annales E.S.C.‹, XVIII, 1973, S. 91-108.

33 3. Mai, Kreuzauffindung (Heiligkreuzbruderschaft); 22. Mai, *fête* von St. Yves (Bruderschaften der Bazoche und der königlichen Amtsträger in der kleinen Kirche St. Alban nahe der Kathedrale); 22. Juni *fête* von St. Alban (begangen von denselben Bruderschaften); 24. Juni, *féte* von Johannes dem Täufer (Bruderschaft der Kürschner in der Kathedrale); 25. Juli, »Königreich« von Skt. Christophorus (gefeiert in Ste. Croix); 16. August, »Königreich« von Skt. Rochus (gefeiert in St. Pierre-le-Vieux). Alle diese Kirchen liegen zu Fuß nur einige Minuten voneinander entfernt. M. C. und G. Guigue, *Bibliothèque historique du lyonnais*, Lyon 1886, S. 54-8; Sachet (wie Anm. 24), Bd. 1, S. 321, 323, 535-6; A.D.R., 10 G 3626, fols. 7ro, 33ro, 47vo, 52vo; A.M. L., GG 270, fol. 6vo; GG 388, 22. Mai 1584; Martin (wie Anm. 21), Bd. II, S. 60. Über vom Konsulat organisierte *fêtes* vgl. Paradin (wie Anm. 6), S. 301-3; De Rubys

(wie Anm. 18), S. 501. Zum Tanz in den Straßen an Skt. Peter und zu Pfingsten siehe ebenda, S. 406, 502.

34 Charles Pythian-Adams, »Ceremony and the Citizen: The Communal Year at Coventry, 1450-1550«, in: Peter Clark und Paul Slack (Hrsg.), *Crisis and Order in English Towns, 1500-1700*, Toronto 1972, S. 57-85. Siehe ebenfalls Mikhail Bakhtin, *Rabelais and his World*, übers. H. Iswolsky, Cambridge, Mass., 1968, S. 154 (dt. Frankfurt/M. Herbst 1986). »So führte Lyon jedes Jahr zwei Monate lang ein Karnevals- und Messeleben, denn selbst wenn streng genommen kein Karneval war, seine Atmosphäre herrschte bei jeder Messe.« Ich möchte hier darauf hinweisen, daß manchmal die »Zeit der Kirche« (»temps de l'église«) die »Zeit des Kaufmanns« (»temps du marchand«) verstärkt hat und gerade nicht mit ihr in Spannung stand; vgl. J. Le Goff, »Temps de l'église et temps du marchand«, in: ›Annales E.S.C.‹, XV, 1960, S. 417-433 (dt. in: C. Honegger (Hrsg.), *Schrift und Materie der Geschichte*, Frankfurt/M. 1977, S. 393-414); A. Y. Gourevitch, »Le temps comme problème d'histoire culturelle«, in: Paul Ricoeur (Hrsg.), *Les cultures et le temps*, Paris 1975, S. 257-76.

35 Zeugnis von Claude Monier, 1551, in: Jean Crespin, *Histoire des martyrs persecutez et mis à mort pour la verité de l'evangile*, hrsg. von D. Benoît, Toulouse 1885-89, 3 Bde., Bd. I, S. 553; Viret, *De l'institution des heures canoniques* (wie Anm. 28), S. 18-25; François Bourgoing, *Paraphrase ou briefve explication sur le catechisme*, Lyon 1564, S. 416; *Ordonnance du roy et de Monseigneur de Soubize ... pour assister aux presches* (wie Anm. 32), fol. A IIvo; Jean Calvin, *Commentaire de M.Iean Calvin sur les cinq livres de Moyse*, Genf 1564, S. 529-30; Théodore de Bèze, *Confession de la foy chrestienne*, [Genf] 1559, S. 167-9; *Discours catholique sur les causes et remedes des malheurs intentés au roy*, Lyon 1568, S. 69-70; A.E.G., MS., Jérome Desgouttes, »Recit de la maizon et origine des Goutes« (geschrieben von einem calvinistischen Kaufmann und Seidenfabrikant über seine Familie, die aus St. Symphorien-le-Chateau im Lyonnais stammt, und über sein Leben in Lyon), fols. 12vo-13ro, 15ro, 18vo, 20vo-21ro.

36 An wertvollen Untersuchungen über die Metapher des Körpers und den Körpersymbolismus vgl. Kantorowicz (wie Anm. 4); Raymond Firth, *Symbols Public and Private*, London 1973, Kap. 8-9; Mary Douglas, *Purity and Danger*, London 1966; dies., *Natural Symbols: Explorations in Cosmology*, New York 1970 (dt. Frankfurt/M. 1974, 1981); John Blacking (Hrsg.), *The Anthropology of the Body*, London 1977 (Assoc. Social Anthrop. Monograph, XV); Leonard Barkan, *Nature's Work of Art: The Human Body as Image of the World*, New Haven, Conn., 1975.

37 [De Saconay] (wie Anm. 9); Anselme du Chastel, *Notables sentences de la Bible, tournees en quatrains*, Lyon 1579, fols. 27ro, 30ro; De Saconay (wie Anm. 28), S. 219, 222; De Rubys (wie Anm. 6), S. 16-17, 37; Claude de Rubys, *Oraison prononcee a Lyon a la creation des conseillers et eschevins de ladicte ville en l'église S. Nizier, le iour de la feste S. Thomas, 21 de Decembre 1567*, Lyon 1568, fol. Bb 4ro; Gabriel de Saconay, *De la providence de dieu sur les roys de France treschrestiens, par laquelle la saincte religion catholique ne defaudra en leur royaume*, Lyon 1568, S. 165. Über katholische Unruhen vgl. »The Rites of Violence«, in Davis (wie Anm. 13), Kap. 6.

38 Emond Auger, *De la vraye, reale et corporelle presence de Iesus Christ au sainct sacrement de l'autel*, Paris 1566, S. 225; ders., *Continuation de l'insitution, verite et utilite du sacrifice de la messe*, Paris 1566, S. 108-10, 173; ders., *Du sacrament de penitence, livres III,*

Paris 1571, fol. C I^ro^. Vgl. ebenfalls Gabriel de Saconay, *Du vrays corps de Iesu Christ au s. sacrament de l'autel*, Lyon 1567, S. 79-80, 109, 167.

39 Jean Benedicti, *La triomphante victoire de la vierge Marie sur sept malins esprits finalement chassés du corps d'une femme dans l'eglise des cordeliers de Lyon*, Lyon 1583; Roland Antonioli, *Rabelais et la médecine*, Genf 1976, S. 227-34 (zur zeitgenössischen medizinischen Theorie über die Rolle des Bluts, des Herzen und der Leber bei der Ernährung des Körpers); François Rabelais, *Le tiers livre des faicts et dicts heroiques du bon Pantagruel*, Kap. 3-4, in: *Oeuvres complètes*, hrsg. von J. Boulenger und L. Scheler, Paris 1959 (Bibliothèque de la Pleiade).

40 Viret, *Institution chrestienne*, Pkt. 2, S. 360-3; ders., *Response aux questions proposees par Iean Ropitel, minime aux ministres de l'église Reformée de Lyon*, Lyon 1565, S. 87. Über den Pastor als »Mund« des Herrn und »Mund« der Gemeinde, siehe Pierre Viret, *Du vray ministere de la vraye église de Iesus Christ, et des vrais sacremens d'icelle*, [Genf] 1560, S. 53-61; ders., *Exposition familiere des principaux poincts du catechisme et de la doctrine chrestienne, faicte en forme de dialogue*, [Lyon] 1562, S. 170; ders., *Le manuel, ou instruction des curez et vicaires, de l'église romaine*, Lyon 1564, S. 169-71. Vgl. ebenfalls Bourgoing (wie Anm. 35), S. 239-44, wo die Kommunikation unter den Mitgliedern der Kirche und mit Christus nicht mit der Bewegung des Bluts, sondern mit der Aktion der Seele verglichen wird: »So also haben die Glieder ihren Teil an dem, was der Kopf ihnen durch die Seele mitteilt, die im ganzen Körper ausgebreitet ist, die auch allen seinen Gliedern Leben gibt.«

Die Bilder Virets und Bourgoings gehen hier über das von Paulus in seinem Brief an die Epheser (IV, 15-16) gebrauchte hinaus: »Ains à fin que suyvans verité avec charité nous croissions en tout en celuy qui est le chef, à scavoir Christ Duquel tout le corps bien adiousté et serré ensemble par toutes les iointures du fournissement, prend accroissement de corps selon la vigueur qui en est la mesure de chacune partie pour l'edification de soy-mesme en charité«: *La Bible, qui est toute la saincte escriture*, [Genf 1565]. Deutsch: »(15) Wir sollen vielmehr, die Wahrheit in Liebe festhaltend, in allen Stücken hinanwachsen zu ihm, der das Haupt ist, Christus. (16) Und von ihm aus vollbringt der ganze Leib, durch alle sich unterstützenden Gelenke zusammengefügt und zusammengehalten, nach der jedem einzelnen Gliede zugemessenen Wirksamkeit das Wachstum des Leibes zu seiner eigenen Auferbauung in Liebe.« (Epheser IV, 15-16, hier zitiert nach der Zürcher Bibel, Zürich 1971, NT, S. 257)

41 Pierre Viret, *L'interim, fait par dialogues*, Lyon 1565, S. 59-60; Du Pinet (wie Anm. 11), S. 85-98; *La forme des prieres et chantz ecclesiastiques, avec la maniere d'administrer les sacremens, et consacrer le mariage: selon la coustume de l'eglise ancienne*, Genf 1542 (Faksimile-ND Basel 1959), fol. 1 7vo.

42 *La confession generale de Pasques*, o. O., o. J. [vor 1500], Ex. in A.H.D.L., fol. a 7ro-vo^; Jean Bendicti, *La somme des pechez, et le remede d'iceux*, Paris 1595, S. 229; *Statuts et ordonnances synodales de l'église metropolitaine de Lyon*, Lyon 1578, fol. 11ro.

43 R. E. Siegel, *Galen on Sense Perception*, Basel 1970, S. 4; Rabelais (wie Anm. 39), Kap. 3-4; Viret, *De l'institution* (wie Anm. 28), S. 19-20; ders., *Disputations* (wie Anm. 28), S. 248-9; Claude Monier, in: Crespin (wie Anm. 35), Bd. I, S. 555. Wenn wir auf der Grundlage einer Stichprobe von 70 Testamenten urteilen können, die von Personen aus Handwerk und Handel in den Jahren 1562-80 gemacht wurden, so nahmen Calvinisten die

Aufforderung zur Nächstenliebe und Mildtätigkeit ernst: 52 der 70 Personen vermachten entweder den Armen der Reformierten Kirche, der *Aumône-Générale* oder dem *Hôtel-Dieu* etwas oder hinterließen sowohl kirchlichen wie städtischen Wohltätigkeitsorganisationen etwas: A.D.R., 3 E 2810-12, 5296, 6942, 7170, 7184-5; A.E.G., Notare, Jovenon, I, mit in Lyon aufgenommenen Testamenten.

Mainardo (wie Anm. 28), S. 18-19, 233-4; Pierre Viret, *De la communication des fideles, qui cognoissent la verité de l'evangile, aux ceremonies des papistes*, o. O. 1560, S. 91-3.

44 Viret, *Instruction chrestienne*, Pkt. 1, S. 564-5; *Le blason des basquines et vertugalles*, Lyon 1563; Charlotte Arbaleste, *Mémoires de Madame de Mornay*, hrsg. von Henriette de Witt, Paris 1869, 2 Bde., Bd. II, S. 283-97.

45 Zum Beispiel erleichterte die Förderung von Handwerker-Bruderschaften manchmal die Existenz von Organisationen von Gesellen, die dazu genutzt werden konnten, an die Meister Forderungen zu stellen und Druck auszuüben.

46 Es gab vermutlich einige Predigten in italienischer Sprache, denn einer der Pastoren, Jean-François Salluard, war aus Piemont gebürtig, und der Florentiner predigte 1561, vor seiner Wiederbekehrung zum Katholizismus, eine Zeitlang in Italienisch. Es gab einige Sorgen wegen radikaler protestantischer Strömungen unter den Italienern: Henri Meylan, »Bèze et les italiens de Lyon«, in: ›Bibliothèque d'humanisme et renaissance‹, XIV, 1952 S. 234-9. Aber gemeinsame Umgangssprache ersetzten sowohl lokale Mundarten und Sprachen als auch das klerikale Latein. Siehe Abner Cohen, *Two Dimensional Man: An Essay on the Anthropology of Power and Symbolism in Complex Society*, Berkeley 1976, S. 84-6, über »das Problem kultureller Heterogenität«: »eine Gruppe, die wirkungsvolle Aufgaben der Kommunikation wahrnimmt, kann es sich leisten, auch weniger wirksame Funktionen der Unterscheidung innezuhaben.«

47 »(24) Somit ist das Gesetz nur ein Zuchtmeister für uns geworden bis zu Christus, damit wir aus Glauben gerechtgesprochen würden. (26) Nachdem aber der Glaube gekommen ist, sind wir nicht mehr unter einem Zuchtmeister.« (Galater III, 24-5, zitiert nach der Zürcher Bibel, wie Anm. 40, NT, S. 251). Dieser Text spielte eine wichtige Rolle in der Predigttätigkeit von Aimé Maigret, dem ersten Kleriker in Lyon, der sich den reformatorischen Lehren anschloß: Aimé Meigret, *Epistre en latin ... à messeigneurs de parlement de Grenoble: plus un sermon en françois presché à Grenoble ... l'an de grace mil cinq cens vingtquatre*, o. O. 1524, fols. d VI^{ro}-d VIII^{vo}; Henri Hours, »Procès d'hérésie contre Aimé Maigret, Lyon-Grenoble, 1524«, in: ›Bibliothèque d'humanisme et renaissance‹, XIX, 1957, S. 14-43.

48 Über die Anstrengungen, protestantische Ideen im Lyonnais zu verbreiten, siehe A.D.R., B, Sénéchaussée, *Sentences*, 1556-9 (Urteilsspruch vom Juli 1559); *Ordonnance du roy et de Monseigneur de Soubize ... pour assister aux presches: avec commandement à tous les lieux circonvoisins de ce pays de se pourvoir de pasteurs et ministres*, Lyon 1562, fol. B I^{ro}. Zum Interesse von Jérome Desgouttes und seinem Cousin Symphorien Thelusson an der ländlichen Manufaktur im Lyonnais vgl. Gascon (wie Anm. 5), S. 626. Später, im Exil in der Schweiz, versuchte Jérome in der ländlichen Umgebung Berns eine Wollmanufaktur zu etablieren, »wo ich, Gott sei gepriesen für seine Gnade, mit meiner Familie lebe, daß Er verherrlicht werde und wir gute Beispiele und Vorbilder für die Einwohner sind«: A.E.G., MS., Desgouttes (wie Anm. 35), fol. 11vo.

49 Der Stich in: *Histoire de la*

mappemonde papistique ... Composee par M. Frangidelphe Escorche-Messes. Imprimee en la ville de Luce Nouvelle, par Brifaud Chassediables, [Genf] 1567 (ein Exemplar befindet sich in der Bibliothèque publique et universitaire de Genève). Natalie Rondot, »Pierre Eskirch, peintre et tailleur d'histoires à Lyon au XVIe siècle«, in: ›Revue du Lyonnais‹, XXXI, 1901, S. 241-261, 321-50; Paul Chaix, *Recherches sur l'imprimerie à Genève de 1550 à 1564*, Genf 1954, S. 99; A. Cartier, *Bibliographie des editions des De Tournes, imprimeurs lyonnais*, Paris o. J., S. 21, 105; A.M.L. Lehren anschloß: Aimé Maigret, (Inventaire-Sommaire), CC 150, 151, 1112, 1225; A.M.L., EE 25, fol. 31ro.

Skandal im »Hôtel-Dieu«

1 *La Police de l'aulmosne de Lyon*, Lyon 1539, S. 46-54, nachgedruckt von Guillaume Paradin, *Memoires de l'Histoire de Lyon*, Lyon 1573, S. 303-307. Zur Reform der Hospitäler vgl. Jean Imbert, *Les Hôpitaux en France*, Paris 1966; E. Coyecque, *L'Hôtel-Dieu de Paris au Moyen-Age*, Paris 1891, I, S. 173-199; Jean-Pierre Gutton, *La Société et les pauvres: L'Exemple de la généralité de Lyon*, 1534-1789, Paris 1971.

2 *Sensuit le droit chemin de lhopital et les gens qui le trouvent par leurs oeuvres et maniere de vivre*, nachgedruckt von Pierre Allut, *Etude biographique et bibliographique sur Symphorien Champier*, Lyon 1859, S. 119-26. Robert de Balsac zugeschrieben, erschien der Text erstmals zusammen mit Champiers *Nef des Princes* im Jahre 1502.

3 Archives municipales de Lyon (ab jetzt zit. als A.M.L.), GG 128, Untersuchung vom 15. 10. 1561; GG 137, 1. 10. 1542; Gutton (wie Anm. 1), S. 263-265.

4 Archives de l'Hôtel-Dieu de Lyon (ab jetzt zit. als A.H.D.L.), F 20; außer in *La Police de l'aulmosne de Lyon* findet man Beschreibungen des *Hôtel-Dieu* in M.-C. Guigue, *Recherches sur Notre-Dame de Lyon*, Lyon 1876; Auguste Croze, *L'Hôtel-Dieu de Lyon*, Lyon 1939; und Roland Antonioli, *Rabelais et la médecine*, Genf 1976, S. 86-104.

5 A.H.D.L., F 18, fol. 29vo, 36ro; A.M.L., GG 122, »Inquisition faicte par le Consulat sur les malversations faictes a lhospital par les meres ylaire et coronne«, 4.-6. Dezember 1543; N. Z. Davis, *Society and Culture in Early Modern France*, Stanford 1975, S. 23.

6 Paradin (wie Anm. 1), S. 305.

7 *La Chirurgie de Paulus Aegineta ... traduit de Latin en Francoys par Maistre Pierre Tolet Medecin de l'Hospital*, Lyon 1540, Datierung der Widmung von Tolet: 20. August 1539. A.H.D.L., E 2, S. 4, 23, 39. A.M.L., BB 60, fol. 45ro-46ro.

8 Paradin (wie Anm. 1), S. 303-305. A.H.D.L., F 20, Personalstand am 14. Juni 1539.

9 Guigue (wie Anm. 4), S. 114, 118; Paradin (wie Anm. 1), S. 304.

10 A.M.L., GG 122, »Inventaire des biens meubles de lhostel dieu du pont nu Rosne de Lyon,« 18. April 1548, fol. 5vo-6ro, 15ro-vo. Archives départementales (ab jetzt zit. als A.D.R.), 10 G 3626, fol. 30vo.

11 A.M.L., GG 129, Register der für das Hôtel-Dieu gestifteten Mahlzeiten; GG 137, fol. 43vo und 27. August 1542. A.H.D.L., E 2, S. 9, S. 54-57. *Livre de la Confrérie de Sainte Croix*, Lyon 1761 (Bibliothèque Municipale de Lyon, Fonds Coste 805180). Paradin (wie Anm. 1), S. 304; A.M.L. (Inventaire-Sommaire), BB 53, CC 849. A.D.R., 15 G 20, fol. 277ro-279ro. (Jean de Vauzelles), *Police subsidiaire a celle quasi infinie multitude de povres survenus a Lyon Lan Mil cinq cens trente Ung*, Lyon, o. J., B IIIvo.

12 A.M.L., BB 55, fol. 18vo-19ro. *Les Simulachres et historiees faces de la mort*, Lyon 1538, A II^{ro}, A IV^{vo} (Faksimileausg. München 1903; dt. Textausg. Basel/Bern, bei Huldreich Fröhlich, 1588). »Visite faite en leglise et monastere de St Pierre de Lion es annees 1503 et 1504« (Bibliothèque municipale de Lyon, Fonds Coste 299). Vauzelles (wie Anm. 11), B IV^{vo}; Archives de la Charité de Lyon (ab jetzt zit. als A.Ch.L.), E 4, fol. 1ro. Über Vauzelles vgl. Davis (wie Anm. 5), S. 29-36.

13 Jean Lacassagne und Alice Picornot, *Vieilles études de Lyon et d'ailleurs. Un curieux procès du XVe siècle relatif aux étuves de la Pêcherie*, Lyon 1943. Jacques Rossiaud, »Prostitution, jeunesse et société dans les villes du Sud-Est au XVe siècle«, in: ›Annales E.S.C.‹, 31, 1976, S. 289-325 (dt. in: Ph. Ariès und A. Béjin, Hrsg., *Die Masken des Begehrens und die Metamorphosen der Sinnlichkeit*, Frankfurt/M. 1984, S. 97-120: erweiterte Fassung). Nicolas de Nicolay, *Generale description de . . . Lyon* (1573), Lyon 1881, S. 126-127; Paradin (wie Anm. 1), S. 192. A.M.L. (Inventaire-Sommaire), BB 30, BB 32. *Statuta ecclesie Lugduni*, Lyon o. J. (um 1488), C II^{ro}; Archives Nationales, JJ 255^{a}, fol. 30^{ro-vo}.

14 A.M.L., CC 39, fol. 103vo; BB 57, fol. 185vo-186vo, BB 65, fol. 38ro-39ro; Antonioli (wie Anm. 4), S. 88, Anm. 112.

15 Guigue (wie Anm. 4), S. 110-118. A.M.L. (Inventaire-Sommaire), BB 24, 25, 33, 36, 38, 39. A.M.L., GG 122, »Inventaire des biens . . . de lhostel dieu«, fol. 16vo-17ro; GG 131, recettes, 7. Juli 1527-St. Jean-Baptiste 1532, fol. 48ro. H. Naëf, *Les origines de la Réforme à Genève*, Genf 1936, S. 169.

16 A.M.L., GG 122, »Inquisition faicte par le Consulat sur les malversations . . .«; A.H.D.L., E 2, p. 13, 23, 33. Rossiaud (wie Anm. 13), S. 305-306.

17 *Die Legenda aurea des Jacobus de Voragine*, aus dem Lateinischen übersetzt von Richard Benz, ^{9}Heidelberg 1979, S. 115-117. Coyecque (wie Anm. 1), I, S. 31, Anm. 4. Zu finanziellen Regelungen mit den Müttern später in den vierziger Jahren des 16. Jahrhunderts vgl. A.H.D.L., E 2, S. 63-64. A.M.L., GG 122, »Inquisition faicte par le Consulat sur les malversations . . .«, 4.-6. Dezember 1543; BB 60, fol. 48ro.

18 A.H.D.L., E 2, S. 89-90, 243. Pietro Aretino, *Ragionamenti*, Dritter Tag (erschien 1534 erstmals in italienischer Sprache), dt. *Die Gespräche des göttlichen Pietro Aretino*, dt. von Heinrich Conrad, Leipzig 1903, 2 Bde., hier: Bd. I, S. 285.

19 A.M.L. (Inventaire-Sommaire), CC 912, 913.

20 Dieses Porträt der Konvente der Franziskaner und Dominikaner in Lyon stützt sich auf A.D.R., 4 H 30, 4 H 27, 3 H 40, 3 H 52; L. A. Pavy, *Les Grands Cordeliers de Lyon*, Lyon 1835; Jean Beyssac, *Les Prieurs de Notre-Dame de Confort*, Lyon 1909; A. Taillandier (Hrsg.), Procès d'Estienne Dolet, Paris 1836, S. 4; Davis (wie Anm. 5), S. 30-32, 52-53.

21 A.M.L., GG 137, 27. August 1542.

22 Zu den *Abbayes de Maugouvert* und ihrer Sexualkultur vgl. Davis (wie Anm. 5), Kap. 4; Rossiaud (wie Anm. 13), S. 309-319; und Nicole Pellegrin, Les Bachelleries. Organisations et fêtes de la jeunesse dans le Centre-Ouest, XVe-XVIIIe siècles, Poitiers 1982, Kap. 4-5. Über sexuelle Spiele zwischen Ordensbrüdern und -schwestern im *Hôtel-Dieu* in Paris vgl. Coyecque (wie Anm. 1), I, S. 192-193, II, Dok. 1656, 1711, 1765.

23 A.H.D.L., E 2, S. 15.

24 A.M.L., BB 60, fol. 45ro-46vo, 48ro-49ro, 54ro-55vo. Ich danke Herrn Henri Hours, Archivar des Archives municipales de Lyon, der mir Fotokopien dieses Materials zur Verfügung gestellt hat.

25 A.M.L., BB 60, fol. 46ro; A.H.D.L., E 2, S. 63-64. Ludovic de

Vauzelles, »Notice sur Jean de Vauzelles«, in: ›Revue du Lyonnais‹, 3. Ser., 13, 1872, S. 60-66.

Die Gaben des Michel de Montaigne

1 Fred Chapell, »Six Propositions about Literature and History«, in: ›New Literary History‹ 1, 1969-1970, S. 514 f.
2 N. Z. Davis, »Charivari, Honor, and Community in Seventeenth-Century Lyon and Geneva«, und Frank W. Wadsworth, »Rough Music«, in: *»The Duchees of Malfi:* Webster's Dance of Madmen and the Charivari Tradition«, in: John J. MacAloon (Hrsg.), Rite, Drama, Festival, Spectacle: Rehearsals Towards a Theory of Cultural Performance, Philadelphia 1984, S. 42-75.
3 Michel de Montaigne, *Essais,* in: *Oeuvres complètes de Montaigne* (hrsg. von Albert Thibaudet und Maurice Rat), Paris 1962 (Bibliothèque de la Pléïade), Buch II, Kap. 8, S. 367 (im folgenden zitiert: II: 8, S. 367) (dt. Michel de Montaigne, *Essais,* Auswahl und Übertragung von Herbert Lüthy, [5]Zürich 1984, S. 372).
4 II: 8, S. 373 (dt. Ausg. von Lüthy (wie Anm. 3), S. 375).
5 II: 8, S. 377 (dt. Übertr. von mir, d. Ü.; in der Ausgabe von Lüthy ausgelassen).
6 II: 8, S. 383 (dt. Ausg. von Lüthy, S. 383).
7 Z. B. Donald Frame, *Montaigne: A Biography,* New York 1965, S. 28, 39, 91; Roger Trinquet, »Montaigne et l'argent«, in: Raymond C. La Charité (Hrsg.), *»O Un Amy!« Essays on Montaigne in Honor of Donald M. Frame,* Lexington, Ky., 1977 (French Forum Monographs, 5), S. 297; Géralde Nakam, *Montaigne et son temps, les évènements et les Essais: l'histoire, la vie, le livre,* Paris 1982, S. 121.
8 Frame (wie Anm. 7), S. 100, 195. Craig Bush benutzt den Essay als Quelle für Montaignes Haltung zum Alter in: »What Montaigne Has To Say About Old Age«, in: *»O Un Amy!«* (wie Anm. 7), S. 95.
9 Antoine Compagnon, *Nous Michel de Montaigne,* Paris 1980, S. 175 f.; Robert Cortrell, *Sexuality/Textuality: A Study of the Fabric of Montaigne's Essais,* Columbus, Ohio, 1981, S. 130 f.; Richard L. Regosin, *The Matter of My Book: Montaigne's Essais as the Book of Self,* Berkeley, Cal., 1977, S. 153-156.
10 Richard A. Sayce, *The Essays of Montaigne: A Critical Exploration,* London 1972, S. 270; Frederick Rider, *The Dialectic of Selfhood in Montaigne,* Stanford, Cal., 1973, Kap. 8.
11 Nach der *Ordonnance* von Villers-Cotterets aus dem Jahre 1539 mußten alle Schenkungen von Erbgut vor dem Notar geschehen und bei den königlichen Gerichten registriert werden, um gültig zu sein. So wurde Pierre Eyquems Schenkung eines Viertels der Einkünfte des château de Montaigne an Michel »zugunsten seiner Ehe« nicht nur in Montaignes Ehevertrag erwähnt, sondern auch bei der *Sénéchaussée* des Périgord »insinuée« (gemeldet), vgl.: Archives historiques du département de la Gironde 10 (1868), Nr. 87, 92.
12 *Les Coustumes Generales de la Ville de Bourdeaux, Sénéchaussée de Guyenne et païs de Bourdelois, Bourdeaux,* 1626, S. 20-27; Charles Bourdot de Richebourg, *Nouveau Coutumier General, ou Corps des Coutumes generales et particulieres de France et des Provinces,* Paris 1724, Bd. 4, S. 889-902, Art. 54-78. Das Gewohnheitsrecht von Bordeaux wurde 1521 kodifiziert; in Montaignes Ehevertrag wird darauf Bezug genommen, als es um die Besitzrechte seiner Frau an den Juwe-

len und Ringen geht, die er ihr schenken würde. Zu den Gewohnheitsrechten in Montaignes Bibliothek vgl. »Dans la ›Librairie‹ de Montaigne«, in: ›Bulletin des Amis de Montaigne‹, 6, 1939, S. 59 f.; Zu Erbrecht und Erbfolge in diesem Gebiet vgl. Jean Yver, *Egalité entre héritiers et exclusion des enfants dotés. Essai de géographie coutumière*, Paris 1966, S. 155-173; Jacques Lafon, *Régimes matrimoniaux et mutations sociales. Les Epoux Bordelais, 1450-1550*, Paris 1972, S. 59-64; Robert Wheaton, »Affinity and Descent in Seventeenth-Century Bordeaux«, in: Robert Wheaton und Tamara K. Hareven (Hrsg.), *Family and Sexuality in French History*, Philadelphia 1980, S. 111-134.

13 A. Salles, »Le second Testament du père de Montaigne, 22 septembre 1567«, in: ›Bulletin des Amis de Montaigne‹, 2. Ser., 4, 1938, S. 6 f.; Archives Nationales, 1 AP 251, no. 147.

14 Zu den *livres de raison* und weiteren bibliographischen Angaben vgl. N. Z. Davis, »Die Geister der Verstorbenen, Verwandtschaftsgrade und die Sorge um die Nachkommen«, in diesem Band S. 19-51; Jean Calvin, *Institution de la Religion Chrestienne* (hrsg. von J. Pannier), Paris 1961, 4 Bde., Bd. 1, S. 249-54, über das 5. Gebot (die Protestanten änderten die von der katholischen Kirche festgelegte Reihenfolge der Gebote); Jean Benedicti, *La Somme des Pechez et le Remede d'iceux*, Paris, Denis Binet, 1595, Buch II, Kap. 1-3, über das vierte Gebot; Simon Vallembert, *Cinq Livres De la maniere de nourrir et gouverner les enfans des leur naissance*, Poitiers, 1565.

15 Yver (wie Anm. 12), S. 91-110; E. Le Roy Ladurie, »Structures familiales et coutumes d'héritage en France au XVIe siècle«, in: ›Annales E.S.C.‹, 27, 1972, S. 825-846.

16 Claude du Rubys, *Sommaire explication des articles de la Coustume du Païs et Duché de Bourgogne*, Lyon 1580, S. 42-49; Ralph Giesey, »Rules of Inheritance and Strategies of Mobility in Prerevolutionary France«, in: ›American Historical Review‹, 82, 1977, S. 271-289; eine exzellente Darstellung der realen Erbpraxis gibt Barbara B. Diefendorf, *Paris City Councillors in the Sixteenth Century: The Politics of Patrimony*, Princeton 1983, Kap. 8.

17 II: 8, S. 378 (dt. von mir, d. Ü.); als Beispiele solcher Substitutionsreihen, die in vielen Testamenten zu finden sind, vgl. das Testament von Pierre Eyquem, in: Salles (wie Anm. 13), S. 10, und das des Onkels von Montaignes Frau, Guillaume de La Chassaigne, in: ›Archives historiques du département de la Gironde‹, 10, 1868, S. 277 f.

18 »Partage de la succession de Pierre Eyquem de Montaigne entre ses quatre fils«, abgedruckt in ibid., Nr. 106. Pierres letztes Testament, in dem er allen Landbesitz an Michel vermachte, entsprach nicht dem Gewohnheitsrecht von Bordeaux für adliges Land: die *légitime* an Söhne, die nicht Universalerben waren, mußte zur Hälfte in Land und zur Hälfte in Geldvermögen bestehen. Nur Schwestern erhielten ihre *légitime* ausschließlich als Geldzahlung, vgl. *Coustumes generales* (wie Anm. 12), S. 26.

19 Wheaton (wie Anm. 12), S. 119 f.

20 Théodore Agrippa d'Aubigné, *Oeuvres complètes* (Hrsg. E. Réaume und F. de Caussade), Paris 1873-1892, 6 Bde., Bd. 4, S. 15-27, Bd. 1, S. 122 (Übers. von mir, d. Ü.).

21 Calvins Erörterung bewegt sich ausschließlich in den Begriffen des Ungehorsams und der »degrez de préeminence« (Stufen des gebührenden Vorrangs), vgl. *Institution* (wie Anm. 14), Bd. 1, S. 249-251, während der Franziskaner Benedicti in seinen Gewissensfällen einige Sünden der Nachlässigkeit von Eltern gegenüber ihren Kindern aufnimmt, vgl. *Somme* (wie Anm. 14), Bd. 2, S. 95-97.

22 Archives d'Etat de Genève, »Recit de la Maizon et origine des des Gouttes«, fols. 15^{r-v}, 19^{r-v}.
23 *Le Livre de Raison de Montaigne sur l'Ephemeris historica de Beuther* (Hrsg. von Jean Marchand), Paris 1958; Montaigne, *Essais*, I: 35, S. 221 (in dt. Ausg. nicht enthalten).
24 II: 8, S. 382 (dt. Ausg. Lüthy, S. 383).
25 Über Inzest als Sünde gegen die Nächstenliebe, weil sie die Ausdehnung sozialer Bindungen einschränkt, vgl. Aurelius Augustinus, *Der Gottesstaat* (dt. von Wilhelm Timm), ²Zürich/München 1985, Bd. 2, Buch 15, Kap. 16; Emond Auger, *Discours de saint sacrement de mariage, Livres II*, Paris, Gabriel Buon, 1572, fol. 38^{r}; Davis, »Die Geister der Verstorbenen ...« (wie Anm. 14), S. 19-51.
26 II: 8, S. 383 (dt. Ausg. von Lüthy, S. 383); allgemein zu Büchern als Geschenken vgl. N. Z. Davis, »Beyond the Market: Books as Gifts in Sixteenth-Century France«, in: ›Transactions of the Royal Historical Society‹, 5. Ser., 33, 1983, S. 69-88.
27 Compagnon (wie Anm. 9), S. 215 ff.

Gesellschaft und Geschlechter

Die Arbeit an diesem Aufsatz ist durch eine Forschungsbeihilfe der University of California, Berkeley, unterstützt worden.

1 Philip A. Stadter, *Plutarch's Historical Methods: An Analysis of the ›Mulierum Virtutes‹*, Cambridge, Mass., 1965.

Giovanni Boccaccio, *De Claris Mulieribus* (um 1359); dt. Boccaccios Buch *Von den fürnembsten Weibern*, Ulm, Joh. Zainer, 1473 (ND Potsdam und München 1924). Giovanni Filippo Foresti, *Bergomensis, De plurimis claris sceletisque mulieribus*, Ferrara 1497, mit 172 Holzschnitten. Francesco Agostino della Chiesa, *Theatro delle donne letterate*, Mondovi 1620.

Christine de Pisan, *La cité des dames* (um 1405), gedruckt als *Trésor de la cité des dames* in Paris 1497, 1503 und 1536. Antoine Dufour, *Les vies des femmes célèbres* (Manuskript 1504), mit einer Einleitung veröffentlicht von G. Jeanneau, Genf 1970. Pierre de Bourdeille, seigneur de Brantôme (1537-1614), *Les Dames*, zuerst veröffentlicht in Leiden 1665-1666, in drei Bänden (der erste Teil, *Vies des dames illustres*, handelte von den zeitgenössischen Königinnen Frankreichs und Englands; die anderen beiden Teile, *Vies des dames galantes*, beschäftigten sich mit den Liebesabenteuern zeitgenössischer adliger Frauen); dt. Teilausgabe der *Vies des dames galantes*: Frankfurt/M. 1981. Abbé Joseph de la Porte und Jean-François de La Croix, *Histoire littéraires des femmes françoises*, Paris 1769. Marguerite U. F. Bernier Briquet, *Dictionnaire historique, littéraire et bibliographique des françaises et des étrangères naturalisées en France connues par leurs écrits ...*, Paris 1804.

Polycarp Friedrich Schacher, *Dissertatio historica-critica de Feminis ex arte medica claris* Leipzig 1738.

Osbern Bokenham (frühes 15. Jh.), *Legends of Hooly Wommen*, ediert von M. S. Serjeantson (Ms. Arundel 327), »Early English Text Society«, Nr. 206, 1930. Thomas Heywood, *Gynaikeion, or Nine Books of Various History, concerning Women*, London 1624. John Shirley, *The Illustratious History of Women*, London 1686. George Ballard, *Memoirs of several Ladies of Great Britain who have been celebrated for their writings or skill in the Learned Languages, Arts and Sciences*, Oxford 1752. Agnes und Elizabeth Strickland, *Lives of the Queens of England from the Nor-*

man Conquest ... Now first published from official records ..., London, 1840-1848, 1851-1852 und spätere Editionen.

2 Baudonia, Nonne aus Poitiers (lebte um 600), »De Vita Sanctae Radegundis Libri Duo«, in: *Monumenta Germanicae Historica. Scriptores rerum merovingicarum*, Hannover 1885-1919, 7 Bde., Bd. 2, S. 358-395. Hroswitha (lebte um 965), »Primordia Coenobii Gendeshemensis«, in: *Hrosvithae Opera*, hrsg. von P. de Winterfeld, Berlin 1902 (Scriptores Rerum Germanicarum in usum scolarum, 48), S. 229-246. Bertha, Nonne aus Willich (11. Jh.), »Vita Adelheidis Abbatissae Vilicensis«, in: *Monumenta Germanicae Historica. Scriptores*, Hannover 1826-1937, 32 Bde., Bd. 15^2, S. 754-763.

3 William Camden, *Annales. The True and Royall History ... of Elizabeth Queen of England*, London 1625. Camden schrieb die *»Annales«* zuerst in lateinischer Sprache. Madame de La Fayette, *Vie de la Princesse d'Angleterre* (eine Lebensbeschreibung von Henriette d'Angleterre), zuerst posthum gedruckt in Amsterdam 1720 und jetzt neu herausgegeben von M. T. Hipp, Genf 1967. Françoise Madeleine de Chaugy, *Vies de VIII vénerables veuves, religieuses de l'ordre de la Visitation Sainte-Marie*, Annecy 1659.

[Marie Geneviève Charlotte Thiroux d'Arconville (1720-1805)], *Vie de Marie de Médicis, princesse de Toscane, Reine de France et de Navarre*, Paris, Ruault, 1774, 3 Bde., Bd. 1, Vorwort und S. 51.

4 Thiroux d'Arconville (wie Anm. 3), Bd. 3, S. 515. Interessanterweise benutzt die radikale Whig-Historikerin Catherine Sawbridge Macauley ebenfalls traditionelle Bilder des Männlichen und Weiblichen in ihrer Beurteilung Elisabeths I., deren Ruhm sie für »unverdient« hielt. Die Laster der Königin konnten nicht in jemandem existieren, der ein gutes Herz hatte, und ihre Schwächen nicht in jemandem mit einem guten Kopf, »sondern sie verdankt den unzählbaren Capricen eifernden Parteigeistes den Ruf, Qualitäten zu haben, die einem männlichen Geist Ehre machen würden«. (*The History of England from the Accession of James I to that of the Brunswick Line*, London 1763, S. 2.)

5 P. Nettl, Rosa Luxemburg, London 1966, 2 Bde. (dt. vom Autor gekürzte und bearbeitete Sonderausgabe Köln 1965).

Nancy L. Roelker, *Queen of Navarre: Jeanne d'Albret, 1528-1572*, Cambridge, Mass., 1968. Margaret George, *One Woman's ›Situation‹. A Study of Mary Wollstonecraft*, Urbana, Ill., 1970. Elianor Flexner, *Mary Wollstonecraft. A Biography*, New York 1972. Claire Tomalin, *The Life and Death of Mary Wollstoncraft*, London 1974.

6 Zum Beispiel [Louis-Sébastien Mercier], *Tableau de Paris*, Amsterdam 1782-1788, 12 Bde. (dt. Teilausgabe Frankfurt/M. 1978). Frederick Morton Eden, *The State of the Poor or, An History of the labouring classes from the conquest to the present period*, London, J. Davis, 1797. Friedrich Engels, *Die Lage der arbeitenden Klassen in England*, Leipzig 1845 (jetzt: *MEW*, 2, Berlin [DDR] 1972, S. 225-506. Henri Mayhew, *London Labour and the London Poor*, London 1861-1864.

A. J. B. Parent-Duchatelet, *De la prostitution dans la ville de Paris*, Paris 1836, mit einem wichtigen historischen Teil. Paul La Croix, *Histoire de la prostitution chez tous les peuples du monde*, Paris 1851-1853. A. P. E. Rabutaux, *De la prostitution en Europe depuis l'antiquité jusqu'à la fin du 16e siècle*, Paris 1851.

Henri Klimrath, *Travaux sur l'histoire du droit français*, Paris 1843, mit Material über Familie, Heirat, Scheidung, Erbschaft usw.

Henry Bourne, *Antiquitates Vulgares; or the Antiquities of the Common People*, Newcastle, 1725.

John Brand, *Observations on Popular Antiquities*, Newcastle und London 1777. Joseph Strutt, *Glig-gamena angel-deud. Or the Sports and pastimes of the people of England*, [1]London 1801. Jacques-Antoine du Laure, *Des divinités generatrices, ou du Culte du phallus chez les anciens et les modernes*, Paris 1805. *Memoires de l'académie celtique ou Recherches sur les antiquités celtiques, gauloises et françaises, publiés par l'Académie Celtique*, I-VI (1807-1812).

7 Vorüberlegungen von mir zu diesem Thema in »Women on Top«, in: N. Z. Davis, *Society and Culture in Early Modern France. Eight Essays*, Stanford 1975, S. 143-144.

8 William Alexander the Younger, *The History of Women from the Earliest Antiquity to the Present Time*, London 1799, 2 Bde. Georgiana Hill, *Women in English Life from Medieval to Modern Times*, London 1896.

Christoph Meiners, *Geschichte des weiblichen Geschlechts*, Hannover 1788-1800, 4 Bde. Karl Weinhold, *Die deutschen Frauen in dem Mittelalter*, Wien 1851.

Alexander Joseph Pierre, Vicomte de Ségur, *Les femmes, leur condition et leur influence dans l'ordre social chez différens peuples anciens et modernes*, Paris 1803, 3 Bde. Charles de Ribbe, *La famille et la société en France avant la Révolution d'après des documents originaux*, Paris 1873.

9 J. J. Bachofen, *Das mutterrecht. Eine untersuchung über die gynaikokratie der Alten Welt nach ihrer religiösen und rechtlichen natur*, Stuttgart 1861 (Frankfurt/M. 1975). Friedrich Engels, Der Ursprung der Familie, des Privateigenthums und des Staats, Zürich 1884 (jetzt: *MEW*, 21, Berlin [DDR] 1972, S. 27-173.

10 Weinholds *Die deutschen Frauen in dem Mittelalter* kam 1897 in einer neuen, auf 2 Bände erweiterten Auflage heraus, und zumindest drei Bücher über verwandte Themen erschienen in den Jahrzehnten vor oder nach diesem Datum: Gustav Reinsch, *Stellung und leben der deutschen frau im mittelalter*, Berlin 1882. Wilhelm Behagel, *Die gewerbliche stellung der frau im mittelalterlichen Köln*, Berlin und Leipzig 1910. Karl Blücher, *Die Frauenfrage im Mittelalter*, Tübingen 1910.

Isadero del Lungo, *La Donna fiorentina del buon tempo antico*, Florenz 1905.

René-Alphonse-Marie de Maulde la Clavière, *Vers le bonheur! Les femmes de la Renaissance*, Paris 1898. 1899 widmete Henri Hauser in der ersten Auflage seines Buchs *Ouvriers du temps passé*, Paris 1899, ein Kapitel der »Arbeit der Frauen«. G. Fagniez, *La femme et la société française dans la première moitié du 17e siècle*, Paris 1929; die Kapitel 1-4 waren bereits 1909-1912 in der ›Revue des deux mondes‹ erschienen.

11 Alice Clark, *Working Life of Women in the Seventeenth Century*, London 1919, Vorwort. Rebecca Scott, Autorin einer neueren ›M.-Phil.thesis‹ an der London School of Economics über »Women in the Stuart Economy«, hat mir freundlicherweise einige Details über Alice Clark übermittelt. Clark schrieb sich 1912 als erwachsene Studentin aus Somerset an der L.S.E. ein, mit der Absicht, Geographie und Didaktik zu studieren. Sie wurde im darauffolgenden Jahr zum »Shaw Scholar« ernannt und begann schnell, sich auf Geschichte zu spezialisieren: 1917-18 arbeitete sie mit Dorothy Knowles, ein Jahr später belegte sie einen Kurs in Sozialpsychologie bei Graham Wallis.

12 Gyges (pseud.), *Les juifs dans la France d'aujourd'hui*, Paris 1965, S. 161. 1889 geboren, veröffentlichte Abensour sein erstes Buch über Feminismus, als er kaum älter als 20 Jahre war: *Le féminisme sous le règne de Louis-Philippe et en 1848*, [2]Paris 1913, mit einem Vorwort des Dichters Jules Bois. *Les Vaillantes*.

Héroines, martyres et remplaçantes kam während des Krieges (1917) heraus, mit einem Vorwort des Literatur- und Musikkritikers L. Barthou; und die *Histoire générale du féminisme des origines à nos jours* folgte 1921.

1906 erschien George Ascolis langer »Essai sur l'histoire des idées féministes en France du XVIe siècle à la Révolution« in der ›Revue de synthèse historique‹. In der Folgezeit sehen wir nur einen mühseligen Literaturbericht von S. Jankelevitch im Jahr 1910 und einen mäßig interessanten Artikel von R. Bouvier im Jahr 1929: »Les femmes et la science«, 47, 1929, S. 99-110. Die ›Annales‹, die im gleichen Jahr zum ersten Mal erschienen, brachten ihren ersten Artikel über die Familie 1936: ›La famille dans l'ancienne Provence‹, geschrieben von dem Juraprofessor R. Aubenas. Lucien Febvres erste wichtige Arbeit, die sich auf Frauen bezog, war seine Studie über Marguerite de Navarre: *Autour de l'Heptameron, amour sacré, amour profane*, Paris 1944.

13 Abensour benutzte zwar einige Manuskripte der Archives Nationales, arbeitet aber hauptsächlich mit den Inventaires sommaires des archives départementales für alle Départements, die oft ausführliche Inhaltsangaben der Originaldokumente enthalten (*La femme et le féminisme*, S. 464.) Für die heutige Forschung wäre das zwar kaum angemessen, aber sein Kapitel über »Die Frau aus dem Volke« mit Material über Frauenarbeit auf dem Lande und in der Stadt, über weibliche Kriminalität und Frauen, die sich zusammenschlossen, über die Rolle von Frauen bei Aufständen zeigt die Richtungen an, in die er durch seinen nur begrenzten Kontakt mit Archiven gedrängt wurde.

14 Emmanuel Le Roy Ladurie, *Les paysans de Languedoc*, Paris 1966, 2 Bde., S. 271-80 und Annex 8, S. 758 (dt. Teilausgabe Stuttgart 1983). Pierre Goubert, *Beauvais et le Beauvaisis de 1600 à 1730*, Paris 1960, 2 Bde., S. 139-40, 296-97. Olwen H. Hufton, »Women and the Family Economy in Eighteenth-Century France«, in: ›French Historical Studies‹, 9, 1975, S. 1-22 und dies., *The Poor of Eighteenth-Century France*, Oxford 1974, passim. N. Z. Davis, »City Women and Religious Change«, in: *Society and Culture* (wie Anm. 7), S. 70-71, 291.

15 Joan W. Scott und Louise A. Tilly, »Women's Work and the Family in Nineteenth-Century Europe«, in: ›Comparative Studies in Society and History‹, 17, 1975, S. 36-64; Louise A. Tilly und Joan W. Scott, mit Unterstützung von R. Burr Litchfield, »Married Women and Work in Nineteenth-Century France and England«, bei der »Second Berkshire Conference on the History of Women, Radcliffe College«, 25.-27. 10. 1974, präsentiertes »Paper«. Louise Tilly, »Women at Work in Milan, Italy, 1880-World War I«, bei der Jahrestagung der American Historical Association, New Orleans, La., am 28. 12. 1972 präsentiertes »Papier«.

Sidney Mintz, »Men, Women and Trade«, in: ›Comparative Studies in Society and History‹, 13, 1971, S. 247-69. Ester Boserup, *Women's Role in Economic Development*, London 1970.

16 Abensour, *La femme et le féminisme* (wie Anm. 12), S. 462.

17 Clark (wie Anm. 11), S. 305-306.

18 Anne Harrison Fanshawe (1625-1680), *Memoirs of Lady Fanshawe*, hrsg. von B. Marshall, London und New York 1905. Sie zählt 18 Schwangerschaften zwischen Februar 1644 und 1655 auf, von denen 4 mit einer Fehlgeburt endeten. Als ihr Ehemann 1666 starb, hatte sie fünf überlebende Kinder im Alter von 13, darunter vier Mädchen und einen Jungen.

Ursula Cowgill, »The People of York: 1538-1812«, in: ›Scientific American‹, 223, 1970, S. 108. E. Wrigley, *Population and History*, London 1969. Pierre Goubert (wie

Anm. 14), S. 30-82; ders., »Historical Demography and the Reinterpretation of Early Modern French History: A Research Review«, in: ›Journal of Interdisciplinary History‹, 1, 1970, S. 37-48 (enthält Daten über Variationen der Fruchtbarkeit, darunter – fast mit Angaben von Jahr zu Jahr – für die Bretagne im 18. Jahrhundert); ders., »Les fondements démographiques«, in: *Histoire économique et sociale de la France*, Hrsg. F. Braudel und E. Labrousse, Paris 1970, Bd. 2, S. 9-87, besonders S. 33-34. Thomas Hollingsworth, »The Demography of the British Peerage«, Beilage zu: ›Population Studies‹, 18.2 (1964), Claude Lévy und Louis Henry, »Ducs et pairs sous l'Ancien Régime«, in: ›Population‹, 15, 1960, S. 807-830. Louis Henry, »Fécondité des mariages dans le quart sud-ouest de la France de 1720 à 1829«, in: ›Annales E.S.C.‹, 27, 1972, S. 612-40, 977-1023. Ansley J. Coale, »The Decline of Fertility in Europe from the French Revolution to World War II«, in: S. J. Behrman u. a. (Hrsg.), *Fertility and Family Planning: A World View*, Ann Arbor, Mich., 1969, S. 3-24. Daniel Scott Smith, »A Homeostatic Demographic Regime: Patterns in West European Family Reconstitution Studies«, bei der »Conference on Behavioral Models in Historical Demography«, University of Pennsylvania, 24.-26. 10. 1974, präsentiertes »Paper« (exzellenter Literaturüberblick).

Maurice Garden, *Lyon et les lyonnais au XVIIIe siècle*, Paris 1970, S. 95-140: hohe Sterblichkeit und hohe Fruchtbarkeit in Handwerkerfamilien im Lyon im 18. Jahrhundert. Er findet Fleischerfamilien, bei denen jährliche Geburten die Norm sind. Dies steht in Gegensatz zur Lage in Lyon im 16. Jahrhundert, dessen noch erhaltene Kirchenregister ich alle ausgewertet habe: der Geburtenabstand bei eingesessenen Handwerksfamilien liegt in den ersten Ehejahren nur ausnahmsweise unter zwei Jahren.

E. Le Roy Ladurie, »L'aménorrhée de famine, 17e au 20e siècle«, in: ›Annales E.S.C.‹, 24, 1969, S. 1589-160; Rose E. Frisch, »Demographic Implications of the Biological Determinants of Female Fecundity«, bei der Jahrestagung der »Population Association of America« im April 1974 präsentiertes »Paper«.

19 Zusätzlich zur oben genannten Literatur, in der das Problem der Geburtenbeschränkung häufig diskutiert wird, vgl. Louis Henry, *Anciennes familles genevoises. Etude démographique, XVIe-XXe siècle*, Paris 1956. J. Dupaquier und M. Lachiver, »Les débuts de la contraception en France ou les deux malthusianismes«, in: ›Annales E. S.C.‹ 24, 1969, S. 1391-1406. E. Wrigley, »Family Limitation in Pre-Industrial England«, in: ›Economic History Review‹, 2. Ser., 19, 1966, S. 82-109. Die englische Aristokratie scheint Maßnahmen der Geburtenkontrolle später ergriffen zu haben als die Familien des französischen Hochadels. Hufton, *The Poor* (wie Anm. 14), S. 329 ff., über »das unerwünschte eheliche Kind«.

20 Zum Beispiel H. J. Habakkuk, »Marriage Settlements in the Eighteenth Century«, in: *Transactions of the Royal Historical Society*, 1950, S. 15-30; Lawrence Stone, *The Crisis of the Aristocracy*, Oxford 1965, Kap. 11: Ehe und Familie; Stanley Chojnacki, »Dowries and Kinsmen in Early Renaissance Venice«, in: ›Journal of Interdisciplinary History‹, 5, 1975, S. 571-600.

Jean Yver, *Egalité entre héritiers et exclusion des enfants dotés. Essai de géographie coutumière*, Paris 1966. Diese Arbeit diskutiert E. Le Roy Ladurie in: »Structure familiale et coutumes d'héritage en France au XVIe siècle: Système de la coutume«, in: ›Annales E.S.C.‹, 27, 1972, S. 825-46. G. Duby, »Lignage, noblesse et chevalerie au XIIe siècle dans la region mâconnaise«, in: ›Annales E.S.C.‹, 27, 1972, S. 803-824; Ralph Giesey, »National Stability and Hereditary Transmission of Political and Economic Power«, beim »Fourteenth International Congress of Historical Sciences«, San Francisco, 22.-29. 8. 1975, präsentiertes »Paper«.

Philippe Ariès, *L'Enfant et la vie familiale sous l'ancien régime*, ²Paris 1973 (dt. München 1978). Diane Owen Hughes, »Urban Growth and Family Structure in Medieval Genoa«, in: ›Past and Present‹, 66, 1975, S. 3-28. Yves Castan, *Honnêteté et relations sociales en Languedoc 1715-1780*, Paris 1974. N. Z. Davis, »The Reasons of Misrule: Youth Groups and Charivaris in Sixteenth-Century France«, in: ›Past and Present‹, 50, 1971, S. 41-75, abgedruckt in: *Society and Culture* (wie Anm. 7), Kap. 4. John R. Gillis, *Youth and History. Tradition and Change in European Age Relations, 1770-Present*, New York 1974.

21 Peter Laslett (Hrsg.), mit Unterstützung von Richard Wall, *Household and Family in Past Time*, Cambridge, Mass., 1972. A. Collomp, »Famille nucléaire et famille élargie en Haute Provence au XVIIIe siècle«, in: ›Annales E.S. C.‹, 27, 1972, S. 969-75 (dt. in: H. Medick und D. Sabean (Hrsg.), *Emotionen und materielle Interessen*, Göttingen 1984, S. 199-230). E. Le Roy Ladurie, *Les paysans* (wie Anm. 14), S. 160-168 über die »frérèche«. Ders., »Le domus à Montaillou et en Haute Ariége au XIVe siècle«, in: D. Fabre und J. Lacroix (Hrsg.), *Communautés du sud*, Paris 1975, bes. S. 198-213. Lutz K. Berkner, »The Stem Family and the Development Cycle of the Peasant Household: An Eighteenth-Century Austrian Example«, in: ›American Historical Review‹, 77, 1973, S. 398-418; ders., »Recent Research in the History of the Family in Western Europe«, in: ›Journal of Marriage and the Family‹, 35, 1973, S. 395-405; ders., »The Use and Misuse of Census Data for the Historical Analysis of Family Structure«, in: ›Journal of Interdisciplinary History‹, 5, 1975, S. 721-38. Robert Wheaton, *Bordeaux before the Fronde: A Study of Family, Class and Social Structure* (unveröff. Diss. Harvard University 1973); ders., »Family and Kinship in Western Europe: The Problem of the Joint Family Household«, in: ›Journal of Interdisciplinary History‹, 5, 1975, S. 601-28.

22 Daten zur Migration in N. Z. Davis, »City Women and Religious Change«, in: *Society and Culture* (wie Anm. 7), S. 69, 291. Richard Gascon, »Immigration et croissance urbaine au XVIe siècle: l'exemple de Lyon«, in: ›Annales E.S.C.‹, 25, 1970, S. 994. David Herlihy, »The Tuscan Town in the Quattrocento. A Demographic Profile«, in: ›Medievalia et Humanistica‹, n.s., 1, 1970, S. 99-100. Marcel Lachiver, *La population de Meulan du 17e au 19e siècle*, Paris 1969. Peter Clark, »The migrant in Kentish towns«, 1580-1640, in: Peter Clark und Paul Slade (Hrsg.), *Crisis and Order in English Towns, 1500-1700*, Toronto 1972, S. 117-63. Maurice Garden (wie Anm. 18), S. 67-81, 643-47. A. Chatelain, »Migrations et domesticité féminine urbaine en France, 18e-20e siècle«, in: ›Revue d'histoire économique et sociale‹, 47, 1969, S. 506-28. Etienne Van de Walle, *The Female Population of France in the Nineteenth-Century: a reconstruction of 82 départements*, Princeton 1974, S. 79-98.

23 C. Gegot, »Etude par sondage de la criminalité dans le bailliage de Falaise (XVIIe-XVIIIe siècle)«, in: ›Annales de Normandie‹, 1966, S. 103-49, bes. S. 126. P. Petrovitch, »Recherches sur la criminalité à Paris dans la seconde moitié du XVIIIe siècle«, in: A. Abiateci u. a., *Crimes et criminalité en France, 17e-18e siècles*, Paris 1971, S. 187-261 (Cahiers des Annales, 33).

Arlette Farge, *Le vol d'aliments à Paris au XVIIIe siècle*, Paris 1974.

Barbara Hanawalt, »The Peasant Family and Crime in England«, in: ›Journal of British Studies‹, 13, 1974, S. 1-18; dies., »The Female Felon in Fourteenth-Century England«, in: ›Viator‹, 5, 1974, S. 253-68. Martha Ellis Francois, »Women against the Law in Elizabethan Essex«, bei der »Second Berkshire Conference on the History of Women« präsentiertes »Paper«. Carol Z. Wiener »Sex Roles and Crime in Late Elizabethan Hertfordshire«, in: ›Journal of Social History‹, 8, 1975, S. 38-60. John Beattie, »The Criminality of Women in Eighteenth-Century England«, in: ›Journal of Social History‹, 8, 1975, S. 80-116.

E. William Monter, »Patterns of Witchcraft in the Jura», in: ›Journal of Social History‹, 5, 1971, S. 1-25. H. C. Erik Midelfort, *Witch Hunting in Southwestern Germany, 1562-1684*, Stanford 1972, S. 178-190. Alan Macfarlane, *Witchcraft in Tudor and Stuart England. A Regional and Comparative Study*, London 1970, bes. S. 147-207.

24 Carol Cipolla, *Literacy and Development in the West*, New York 1969, S. 45-67, 85-86. N. Z. Davis, *Society and Culture* (wie Anm. 7), S. 72-73, 209-210. Jan de Vries, *The Dutch Rural Economy in the Golden Age*, 1500-1700, New Haven 1974, der die Arbeit von S. Hart in niederländischer Sprache über Amsterdam im 17. Jahrhundert zitiert. Pierre Deyon, *Amiens, capitale provinciale au XVIIe siècle*, Paris 1967, S. 342-343. M. Fleury und P. Valmary, »Les progrès de l'instruction élémentaire de Louis XIV à Napoléon III«, in: ›Population‹, 12, 1957, S. 71-90. Garden (wie Anm. 18), S. 350-53. Roger Girod, »Le recul de l'analphabétisme dans la région de Genève à la fin du XVIIIe siècle et au début du XIXe siècle«, in: *Mélanges d'histoire économique et sociale en hommage au professeur Antony Babel*, Genf 1963. Michael Sanderson, »Literacy and Social Mobility in the Industrial Revolution in England«, in: ›Past and Present‹, 56, 1972, S. 75-103.

25 Nicole Castan, »La criminalité familiale dans le ressort du Parlement de Toulouse, 1690-1703«, in: *Crimes et criminalité* (wie Anm. 23), S. 91-107.

26 Vgl. zum Beispiel Philippe Wolff, *Commerce et marchands de Toulouse (vers 1350-vers 1450)*, Paris 1954, S. 441-45. Le Roy Ladurie, *Les paysans de Languedoc* (wie Anm. 14), S. 276-79, Annex 32, S. 859. Pierre Goubert, *Beauvais* (wie Anm. 14), S. 139-40, 296-97, 550-575 passim. G. E. und K. R. Fussell, *The English Countrywomen. A Farmhouse Social History, A.D. 1500-1900*, London 1953 (ND New York 1971), S. 95. F. M. Eden, *The State of the Poor* (wie Anm. 6) S. 733. Zur Nahrungsmittelverteilung innerhalb der Familie in der Arbeiterklasse im 19. Jahrhundert vgl. Laura Oren, »The Welfare of Women in Laboring Families: England, 1860-1950«, in: ›Feminist Studies, 1:3-4, 1973, S. 107-25, wieder abgedruckt in: Mary Hartman und Lois W. Banner (Hrsg.), *Clio's Consciousness Raised. New Perspectives on the History of Women*, New York 1974, S. 226-44.

27 Vgl. zum Beispiel John Noonan, Jr., Contraception. A History of its Treatment by the Catholic Theologians and Canonists, Cambridge, Mass., 1966. J. L. Flandrin, »Contraception, mariage et relations amoureuses dans l'Occident chrétien«, in: ›Annales E.S.C.‹, 24, 1969, S. 1370-90; ders., »Mariage tardif et vie sexuelle: discussion et hypothèse de recherche«, in: ›Annales E.S.C.‹, 27, 1972, S. 1351-78. André Burguière, »De Malthus à Max Weber: le mariage tardif et l'esprit d'entreprise«, in: ›Annales E.S.C.‹, 27, 1972, S. 1128-1138. Keith Thomas, »The Double Standard«, in: ›Journal of the History of Ideas‹, 20, 1959, S. 195-216.

Robert V. Schnucke, »La position puritaine à l'égard de l'adultere«, in: ›Annales E.S.C.‹, 27, 1972, S. 1379-88; ders., »Elizabethan Birth Control and Puritan Attitudes«, in: ›Journal of Interdisciplinary History‹, 5, 1975, S. 655-67. Nicholas James Perella, *The Kiss Sacred and Profane. An Interpretive History of Kiss Symbolism and Related Religio-Erotic Themes*, Berkeley und Los Angeles 1969.

Neuere Arbeiten über das 19. Jahrhundert: William Langer, »The Origins of the Birth Control Movement in England in the Early Nineteenth Century«, in: ›Journal of Interdisciplinary History‹, 5, 1975, S. 669-86. Angus McLaren, »Some Secular Attitudes toward Sexual Behavior in France, 1760-1860«, in: ›French Historical Studies‹, 8, 1974, S. 604-25.

28 Über Homosexualität findet man nützliches historisches Material in: Derrick S. Bailey, *Homosexuality and the Western Christian Tradition*, London und New York 1955; Gordon Rattray Taylor, »Historical and Mythological Aspects of Homosexuality«, in: Judd Marmor (Hrsg.), *Sexual Inversion: The Multiple Roots of Homosexuality*, New York 1965; Philip E. Slater, *The Glory of Hera*, Boston 1968; Arno Karlen, *Sexuality and Homosexuality: A New View*, New York 1971; Dolores Klaich, *Woman plus Woman: Attitudes Toward Lesbianism*, New York 1974. Caroline Bingham, »Seventeenth-Century Attitudes Toward Deviant Sex«, in: ›Journal of Interdisciplinary History‹, 1, 1971, S. 447-67. E. W. Monter, »La sodomie à l'époque moderne en Suisse romande«, in: ›Annales E.S.C.‹, 29, 1974, S. 1023-1035.

Zur Prostitution vgl. Jacques Solé, »Passion charnelle et société urbaine d'Ancien Régime: amour vénal, amour libre et amour fou à Grenoble au milieu du règne de Louis XIV«, in: *Villes de l'Europe méditerranéenne et de l'Europe occidentale du Moyen Age* (Actes du colloque de Nice, 27-28 mars 1967), Annales de la Faculté des Lettres et Sciences Humaines de Nice 9-10 (1969), S. 211-32; Richard C. Cobb, *The Police and the People. French Popular Protest, 1789-1820*, Oxford 1970, S. 234-39. Brian Pullan, *Rich and Poor in Renaissance Venice*, Cambridge, Mass., 1971, S. 376-94. Judith R. Walkowitz und Daniel J. Walkowitz, »›We Are Not Beasts of the Field‹: Prostitution and the Poor in Plymouth and Southampton Under the Contagious Diseases Act«, in: ›Feminist Studies‹, 1:3-4, 1973, S. 73-106, wieder abgedruckt in *Clio's Consciousness Raised* (wie Anm. 26), S. 192-225; Judith R. Walkowitz, »The Making of an Outcast Group: Prostitutes and Working Women in Ninteenth-Century Plymouth and Southampton, in: Martha Vicinns (Hrsg.), *Be Still: Women in the Victorian Age*, Indiana 1972; Richard J. Evans, »Prostitution, State and Society in Imperial Germany«, in: ›Past and Present‹, 70, 1976, S. 106-129. Jacques Rossiaud, »Prostitution jeunesse et société dans les villes du Sud-Est au XVe siècle«, in: ›Annales E.S.C.‹, 31, 1976, S. 289-325.

29 R. P. Neuman, »Industrialization and Sexual Behaviour: Some Aspects of Working-Class Life in Imperial Germany«, in: Robert J. Bezucha (Hrsg.), *Modern European Social History*, Lexington, Mass., 1972, S. 270-300; Edward Shorter, »Différence de classe et sentiment depuis 1750. L'exemple de France«, in: ›Annales E.S.C.‹, 29, 1974, S. 1034-57.

Michael M. Sheehan, »The Formation and Stability of Marriage in Fourteenth-Century England: Evidence of an Ely Register«, in: ›Mediaeval Studies‹, 33, 1971, S. 228-63; Edward Shorter, »Sexual Change and Illegitimacy: The European Experience«, in: *Modern European Social History* (s. o.), S. 231-69; Jacques Depauw, »Amour illégitime et société à Nantes au XVIIIe siècle«, in: ›Annales E.S.C.‹, 27, 1972, S. 1155-82.

30 J. L. Flandrin, *Les amours paysannes (XVIe-XIXe siècle)*, Paris 1975. Die vertragliche Einigung vor dem Notar zwischen einer unverheirateten Mutter oder einer schwangeren Frau und dem Vater des Kindes kommt als eine neue Quelle zu den Gerichtsakten, Visitationsabschieden und Hospitalregistern hinzu, die von J.-L. Flandrin und in den in Anm. 29 zitierten Artikeln benutzt werden. Beispiele aus Lyon aus dem Jahre 1556 zeigen uns etwas von der Beziehung zwischen einer Bäckerstochter und einem Tagelöhner in einer Färberei, die beide in Lyon leben, oder zwischen einer Fuhrmannstochter und einem Kaufmann, der mit Leinwand handelt und in Villefranche im Beaujolais lebt, vgl. Archives départementales du Rhône, 3 E 348, fol. 4ro-6vo, 137ro, 138vo, 143vo-144vo.

31 Edward Shorter, »Female Emancipation, Birth Control and Fertility«, in: ›American Historical Review‹, 78, 1973, S. 605-640, bes. S. 626.

John Benton, »Clio and Venus: An Historical View of Medieval Love«, in: F. X. Newman (Hrsg.), *The Meaning of Courtly Love*, Albany, N.Y., 1971, S. 32 und Anm. S. 41-42. Michel Millot und Jean l'Ange, *The School of Venus*, übers. von Donald Thomas, New York 1971, S. 157 (frz. Erstdruck 1655) (»es ist Doktoren wohl bekannt und durch Erfahrung bewiesen, daß Empfängnis und Schwangerschaft durch zwei Orgasmen, die zusammenkommen, verursacht werden«). Noonan (wie Anm. 27), S. 405-406 (er zitiert zum weiblichen Orgasmus den Theologen Alphonse Liguori (1750): »Nach allgemeiner Auffassung trägt er viel zur Vollendung der Leibesfrucht bei (...) er ist notwendig, oder zumindest hilfreich für die Zeugung«). Interessanterweise haben mir mehrere Student(inn)en in Toronto und Berkeley – besonders solche, die aus dem Mittelmeerraum stammen – erzählt, daß ihre Eltern ihnen beigebracht haben, daß der weibliche Orgasmus notwendig ist, um schwanger zu werden.

32 Dorfhebammen glaubten – eine Auffassung, die man auch in griechischen und in den medizinischen Schriften aus der Renaissance finden kann –, daß die Wanderung der Gebärmutter wegen unzureichenden Geschlechtsverkehrs die Hysterie verursache (vgl. Ilza Veigh, *Hysteria. The History of a Disease*, Chicago 1965). Sammlungen der Hebammengeheimnisse enthielten immer auch ein Heilmittel für den »Sitz der Mutter«, wie die Gebärmutter genannt wurde, zum Beispiel das von Trotula von Salerno, »die Gebärmutter« von innen und von außen einzuölen und Schröpfgläser in der Leistengegend und auf dem Schamhaar der Frau anzusetzen (Trotula von Salerno, *The Diseases of Women*, übers. von Elizabeth Mason-Hohl, Los Angeles 1940, S. 10-11; lat.: *Experimentarius medicinae*, Straßburg 1544, S. 3-36). Noch im 18. Jahrhundert hielt der Arzt Jean Astruc die Ehe für das »allerbeste Heilmittel« gegen weibliche Hysterie (Jean Astruc, *A treatise on all the Diseases Incident to Women ... Translated from a manuscript copy of the Author's Lectures read at Paris 1740*, London 1743, S. 290).

Das Zitat im Text stammt aus: Philibert Guybert, *Toutes les oeuvres charitables de Philibert Guybert Escuyer, Docteur Regent en la Faculté de Medecine à Paris*, Lyon 1654. Wie andere Ärzte auch glaubte Guybert, daß es bei Männern und Frauen eine natürliche Bildung und Stauung sexueller Flüssigkeit gebe, die einen maßvollen Abfluß durch Geschlechtsverkehr erforderlich machten (S. 505-508).

33 Vgl. zum Beispiel Eric Partridge, *Shakespeare's Bawdy: A literary and psychological essay and a comprehensive glossary*, London

(überarb. Aufl.) 1955, und Mikhail Bakhtin, *Rabelais and His World*, übers. von Helene Iswolsky, Cambridge, Mass., 1968 (dt. Frankfurt/M. 1985). Ein volkstümliches Sprichwort für einen »wirklich vom Pech verfolgten Mann«: »Il est plus malheureux qu'une femme qui n'a point de con« (er ist unglücklicher als eine Frau ohne Möse), zitiert von Jacques Duval, *Des Hermaphrodits, accouchemens des femmes et traitement qui est requis pour les relever en santé*, Rouen 1612, S. 278.

34 Unter den Erörterungen der jahreszeitlichen Schwankungen des Geschlechtsverkehrs vgl. Giovanni Boccaccio, *Das Decamerone*, 2. Tag, 10. Geschichte; Jean Benedicti, *La Somme des Pechez, et le Remede d'iceux*, Paris 1595, S. 154-56; Cowgill (wie Anm. 18), S. 104-110; Smith (wie Anm. 18), S. 29-32.

35 Martina Horner, »Toward an Understanding of Achievement-Related Conflicts in Women«, in: ›Journal of Social Issues‹, 28, 1972, S. 157-75.

36 Ein gutes Beispiel für diesen neuartigen Forschungsansatz ist Ralph Giesey (wie Anm. 20), der aufzeigt, daß der »Besitzindividualismus« im englischen Denken des 17. Jahrhunderts besser als »Familienbesitzgier« verstanden werden sollte.

37 Arnold Van Gennep, *Manuel de folklore français contemporain*, Paris 1943-1972, 4 Bde., Bd. I, S. 2155, 2622. Ein anderes in Frankreich im 16. Jahrhundert gängiges, die Menstruation betreffendes Tabu: trächtige Stuten haben eine Fehlgeburt, wenn sie von menstruierenden Mädchen oder Frauen berührt werden, besonders wenn es die erste Regel des Mädchens ist (Jean Massé, *L'art veterinaire ou grande marechalerie*, Paris, fol. 164vo.) Aletta Biersack (Universität Michigan) hat mir von einem Gespräch mit einer deutschen Einwanderin berichtet, daß in Deutschland bis zum zweiten Weltkrieg menstruierende Frauen nichts einmachen sollten, aus Angst, sie würden das Eingemachte verderben.

38 Vgl. Roland Mousnier, *Les institutions de la France sous la monarchie absolue*, Paris 1974, und Lawrence Stone, »Social Mobility in England, 1500-1700«, in: ›Past and Present‹, 33, 1966, S. 16-55. Beide Arbeiten sprechen in nützlicher und nuancierter Weise über die Sozialstruktur in der frühen Neuzeit, registrieren aber nur Männer. Zu Anstrengungen außerhalb der historischen Zunft, die Kategorien männlich/weiblich zu benutzen, um den Status zu ermessen, und von einem multidimensionalen Modell der Sozialstruktur auszugehen vgl. Peter Rossi u. a., »Measuring Household Social Standing«, in: ›Social Science Research‹, 3, 1974, S. 169-90; George DeVos, »Social Stratification and Ethnic Pluralism«, in: ›Race‹, 13, Juli 1971-April 1972, S. 435-60; ders., »Conflict, Dominance, and Exploitation«, in: Nevitt Sanford und Craig Cromstock (Hrsg.), *Sanctions for Evil*, San Francisco 1971, S. 155-73.

39 An relevanten Studien vgl. z. B. Keith Thomas, »Double Standard« (wie Anm. 27); Claude Lévi-Strauss, »The Family«, in: H. L. Shapiro (Hrsg.), *Man, Culture and Society*, New York 1956; Pierre Bourdieu, »Les stratégies matrimoniales dans le système de réproduction«, in: ›Annales‹, 27, 1972, S. 1105-27; Jack Goody und S. J. Tambiah, *Bridewealth and Dowry*, Cambridge 1973 (Cambridge Papers in Social Anthropology, 7). Bridget O'Laughlin, »Mediation of Contradiction: Why Mbum Women Do Not Eat Chicken«, in: Michelle Zimbalist Rosaldo und Louise Lamphere (Hrsg.), *Woman, Culture and Society*, Stanford 1974, S. 301-318.

40 Kathleen Gough, *The Origin of the Family*, Toronto 1973. David M. Schneider und Kathleen Gough (Hrsg.), *Matrilinal Kinship*, Berkeley und Los Angeles 1962, bes. S. 1-29. Peggy Sandale, »Female Sta-

tus in the Public Domain«, in: Rosaldo und Lamphere (wie Anm. 39), S. 189-206. Melveena McKendrick, *Woman and Society in the Spanish Drama of the Golden Age. A Study of the ›Mujer Varonil‹*, Cambridge 1974; Walter Kendrick, »Earth of Flesh, Flesh of Earth: Mother Earth in the ›Faerie Queene‹«, in: ›Renaissance Quarterly‹, 26, 1974, S. 533-48; N. Z. Davis, »Women on Top«, in: *Society and Culture* (wie Anm. 7), Kap. 5.

41 Eric Wolf, »Society and Symbols in Latin Europe and in the Islamic Near East: Some Comparisons«, in: ›Anthropological Quarterly‹, 42, 1968, S. 287-301 (ich danke Aletta Biersack, die mich auf diesen Artikel aufmerksam gemacht hat). Die Essais von M. Rosaldo und L. Lamphere in: Rosaldo und Lamphere (wie Anm. 39), S. 1-16, und von Sherry B. Ortner in: ›Feminist Studies‹, 1:2, 1973, S. 5-32, wieder abgedruckt in: Rosaldo und Lamphere (wie Anm. 39), S. 67-88.

42 Mary Wakeman, Mary Callaway u. a., »Images of Women in the Bible«, in: ›Women's Caucus-Religious Studies Newsletter‹, 2:3 1974.

43 Lionel Gossman, *Medievalism and the Ideologies of the Enlightenment. The World and Work of La Curne de Sainte-Palaye*, Baltimore 1968, S. 176, 353; Clifford Geertz, *The Interpretation of Cultures. Selected Essays*, New York 1973, Kap. 2-3 (fehlen in der dt. Auswahl). Brian Tierney, *Medieval Poor Law. A Sketch of Canonical Theory and its Application in England*, Berkeley and Los Angeles 1959, Kap. 2, bes. S. 43. Eine Erörterung der Verschiebung der Grenze zwischen privat und öffentlich im 19. Jahrhundert und des unterschiedlichen Charakters des den Männern oder den Frauen vorbehaltenen und des gemischten Raums findet man in: Maurice Agulhon, »Les Chambrées en Basse-Provence: histoire et ethologie«, in: ›Revue historique‹, 498, 1971, S. 337-68, und Erna Olafson Hellerstein, »French Women and the Orderly Household, 1830-1870«, bei der »Western Society for French History«, Denver, Colorado, am 5. Dezember 1975 präsentiertes »Paper«.

44 Davis, »Women on Top«, in: *Society and Culture* (wie Anm. 7), Kap. 5.

45 Janet Zollinger Giele, »Centuries of womanhood: An evolutionary perspective on the feminine role«, in: ›Women's Studies‹, 1, 1972, S. 97-110. Randall Collins, »A Conflict Theory of Sexual Stratification«, in: ›Social Problems‹, 19, 1971, S. 2-21 (ich danke Thomas Reicher, der meine Aufmerksamkeit auf diesen Artikel gelenkt hat).

46 Vgl. den neueren interessanten Aufsatz von Lawrence Stone, »The Rise of the Nuclear Family in Early Modern England«, in dem er u. a. einige der Unterschiede in der Entwicklung der Familie in den verschiedenen Klassen berücksichtigt, in: Charles E. Rosenberg (Hrsg.), *The Family in History*, Philadelphia 1975, S. 13-57.

47 Emily R. Coleman, »Infanticide dans le Haut Moyen Age«, in: ›Annales‹, 29, 1974, S. 315-35 und Anm. 63, in der sich Prof. Coleman für die Anregung Le Roy Laduries zu diesem Thema bedankt.

48 Ellen E. McDonald (Gumperz), »Educated Women: The Last Minority«, in: ›Columbia University Forum‹, 10:2, 1967, S. 30-35.

49 N. Z. Davis, City Women and Religious Change, in: *Society and Culture* (wie Anm. 7), Kap. 3.

Quellen

Bindung und Freiheit

Unter dem Titel »Boundaries and the Sense of Self in Early Modern France« erschienen in Ian Watt (Hrsg.), *Reconstructing Individualism*, Stanford (Stanford University Press) 1986.

Die Geister der Verstorbenen ...

Unter dem Titel »Ghosts, Kin and Progeny: Some Features of Family Life in Early Modern France« erschienen in ›Daedalus‹, Sondernummer zum Thema Familie, Cambridge, Mass., Frühjahr 1977, S. 87-114.

Glaube und nachbarschaftliche Beziehungen

Vortrag mit dem Titel »Religion in the Neighborhood: The Stones of Sainte-Croix Parish« am 28. Dezember 1979 auf einem Treffen der American Historical Association. Bisher unveröffentlicht.

Das Heilige und der gesellschaftliche Körper

Unter dem Titel »The Sacred and the Body Social in Sixteenth-Century Lyon« erschienen in ›Past and Present‹, 90, Cambridge 1981, S. 40-70.

Skandal im »Hôtel-Dieu«

Originaltitel: »Misrule at the Hôtel-Dieu (Lyon, 1537-1543)«; unter dem Titel »Scandale à l'Hôtel-Dieu (Lyon, 1537-1543)« erschienen in *La France d'Ancien Régime. Etudes réunis en l'honneur de Pierre Goubert*, Toulouse (Privatdruck) 1984, I, S. 175-188.

Die Gaben des Michel de Monteigne

Unter dem Titel »A Renaissance Text to the Historian's Eye: The Gifts of Montaigne« erschienen in ›Journal of Medieval and Renaissance Studies‹, 15:1, Frühjahr 1985, S. 47-56.

Gesellschaft und Geschlechter

Unter dem Titel »›Women's History‹ in Transition: The European Case« erschienen in ›Feminist Studies‹, III, Frühjahr-Sommer 1976, S. 83-103.

Zur Autorin

Natalie Zemon Davis wurde 1928 in Detroit geboren. Sie lehrte Geschichte an der University of Toronto, der University of California, Berkeley, und an der Ecole des Hautes Etudes en Sciences Sociales in Paris. Seit 1977 ist sie Professorin für Geschichte an der Princeton University.

Sie veröffentlichte u. a.:
Society and Culture in Early Modern France. Eight Essays, Stanford (Stanford University Press) 1975.
The Return of Martin Guerre, Harvard University Press 1983; dt. *Die wahrhaftige Geschichte von der Wiederkehr des Martin Guerre*, München (Piper) 1984.
Spruchweisheiten und populäre Irrlehren, in: Richard van Dülmen und Norbert Schindler (Hrsg.), *Volkskultur. Zur Wiederentdeckung des vergessenen Alltags*, Frankfurt/M. (Fischer) 1984, S. 78-116 und 394-406 (es handelt sich dabei um den Essay »Proverbial Wisdom and Popular Errors«, Kap. 8 aus *Society and Culture in Early Modern France*).
Über einen anderen Umgang mit der Vergangenheit. Ein Gespräch, in ›Freibeuter‹, 24, Berlin (Wagenbach) 1985, S. 65-75; das Gespräch, das Judy Coffin und Robert Harding führten, ist dem von Henry Abelove u. a. herausgegebenen Band *Visions of History. Interviews with E. P. Thompson e.a. ...*, New York (Pantheon) 1983, S. 99-122 entnommen.

WEIBLICHKEIT

GISELA DISCHNER
Caroline und der Jenaer Kreis
Ein Leben zwischen bürgerlicher Vereinzelung und romantischer Geselligkeit

Die Romantikerin Caroline (1763-1809) ist das Zentrum jener frühromantischen Kulturrevolution, deren Aktualität heute erst langsam erahnt wird. Gisela Dischner zeichnet das bewegte Leben Carolines nach und kommentiert ausgewählte Briefe, die als besonders lebendiges Zeugnis sowohl für den Alltag wie auch über die literarischen Produktionen, Programme und Skandale des ›Jenaer Kreises‹ gelten.

WAT 61. 208 Seiten mit zahlreichen Abbildungen. DM 9.50

BARBARA SICHTERMANN
Weiblichkeit Zur Politik des Privaten

Zehn aufregende Versuche, die Liebe zwischen den Geschlechtern und die Lust auf Kinder zu verteidigen, ohne den Feminismus preiszugeben: über Weiblichkeit als Emanzipation.

WAT 106. 128 Seiten. DM 11.–

GISELA ANNA ERLER
Frauenzimmer Für eine Politik des Unterschieds

Gisela Anna Erler entwirft in diesem Buch eine selbstbewußte Frauenpolitik der Ungleichheit: daß Frauen anders sind, sieht sie nicht als Mangel, sondern als Chance. Gestützt auf neueste Forschungsergebnisse ermuntert sie Frauen zu einem selbstbewußten Umgang mit Macht, Beziehungen und Technik – und möchte Männern verständlich machen, daß sie dabei wenig zu verlieren, aber viel zu gewinnen hätten.

WAT 118. 192 Seiten. DM 14.50

Lysistrata

Die Komödie des Aristophanes, neu übersetzt von Erich Fried. Mit einem Kommentar von Barbara Sichtermann und einer Materialsammlung von Heinke Lehmann.

WAT 127. 144 Seiten mit zahlreichen Abbildungen. DM 14.–

DJUNA BARNES
Ladies Almanach

Im Jahre 1928 machte ein anonymer Privatdruck in den Bohèmekreisen von Paris Furore: ein ›Ladies Almanack‹, verfaßt und illustriert von einer ›Lady of Fashion‹.
Die witzige, unanständige und kunstvolle Persiflage auf den berühmten lesbischen Zirkel der Amerikanerin Natalie Clifford Barney erscheint hier zum ersten Mal auf deutsch, wird ergänzt durch zahlreiche unveröffentlichte Bilder und ein ausführliches Nachwort, das die bisher verschlüsselten Ladies identifiziert, nach zeitgenössischen und neu entdeckten Quellen.

Englische Broschur. 144 Seiten mit zahlreichen Fotos und Zeichnungen. DM 24.80

Verlag Klaus Wagenbach Berlin